파드칼레
두애
아라스
노르
솜
야미엥
엔
아르덴
센 앵페리외르
랑
메지에르
루앙
우아즈
보배
모젤
마른
뫼즈
메스
망슈
외르
샬롱
바르르튀크
라 뫼르트
바랭
쿠탕스
칼바도시
캉
에브뢰
센 에 우아즈
낭시
스트라스부르
피니스테르
생브리외
오른
파리
센 에
오브
보주
코트 뒤 노르
알랑송
베르사유
마른
트루아
쇼몽
에피날
콜마르
캥페르
모르비앙
렌
(일 에 빌렌)
메옌
사르트
외르 에 루아르
센
오트마른
오트손
오랭
반
낭트
리발
르망
샤르트르
오세르
오트손
브줄
브장송
루아르 앵페리외르
멘 에 루아르
블루아
루아레
욘
코트 도르
디종
앵드르 에 루아르
투르
루아르 에 셰르
오를레앙
니에브르
느베르
쥐라
롱르소니에
방데
비엔
셰르
손 에 루아르
두
퐁트네 르콩트
되세브르
푸아티에
앵드르
사토루
부르주
물랭
마콩
샤랑트
앵페리외르
오트
비엔
크뢰즈
게레
알리에
론 에 루아르
리옹
부르
앵
생트
앙굴렘
리모주
클레르몽 페랑
퓌드돔
이제르
코레즈
튈
캉탈
생플루르
오트 루아르
르퓌
프리바
로망
그르노블
지롱드
도르도뉴
페리괴
로제르
망드
아르데슈
드롬
오트잘프
가프
보르도
로 에 가론
로
로데즈
아베롱
아장
카오르
디뉴
바스잘프
랑드
제르
타른
에로
가르
님
부슈 뒤 론
바르
몽 드 마르상
오슈
카스트르
몽펠리에
마르세유
툴롱
나바랑스
바스피레네
타르브
오트가론
푸아
오드
카르카손
에로
오트피레네
아리에주
페르피냥
피레네조리앙탈

코르시카
아작시오

━━ 1789년의 국경
── 도 경계
• 중심도시

1790년 프랑스의 83개 도

Liberté

프랑스
혁명사
10부작

05

왕의 도주

벼랑 끝으로
내몰린
루이 16세

Liberté — 프랑스 혁명사 10부작 제5권

왕의 도주 — 벼랑 끝으로 내몰린 루이 16세

2017년 3월 27일 초판 1쇄 발행
2022년 6월 10일 초판 3쇄 발행

지은이 ㅣ 주명철
펴낸곳 ㅣ 여문책
펴낸이 ㅣ 소은주
등록 ㅣ 제406-251002014000042호
주소 ㅣ (10911) 경기도 파주시 운정역길 116-3, 101-401호
전화 ㅣ (070) 8808-0750
팩스 ㅣ (031) 946-0750
전자우편 ㅣ yeomoonchaek@gmail.com
페이스북 ㅣ www.facebook.com/yeomoonchaek

ISBN 979-11-956511-0-8 (세트)
　　　979-11-87700-13-5 (04920)

이 도서의 국립중앙도서관 출판시도서목록(cip)은 e-CIP 홈페이지(http://www.nl.go.kr/ecip)에서
이용하실 수 있습니다(CIP 제어번호: 2017005321).

이 책은 한국출판문화산업진흥원의 출판콘텐츠 창작자금을 지원받아 제작되었습니다.

- '리베르테Liberté'는 '자유'라는 뜻으로 혁명이 일어난 1789년을 프랑스인들이
  '자유의 원년'이라고 부른 데서 따온 시리즈명입니다.
- 여문책은 잘 익은 가을벼처럼 속이 알찬 책을 만듭니다.

Liberté

프랑스
혁명사
10부작
05

주명철 지음

왕의 도주

벼랑 끝으로
내몰린
루이 16세

여문책

차례

제 2 부 왕의 도주와 파국

'프랑스 혁명사 10부작'의 중간 지점인 제5권을 준비하는 동안, 한국의 정치상황은 한 치 앞을 내다볼 수 없을 정도로 혼미해졌다. 도박꾼을 잡고 보니 유력한 검사에게 뇌물을 준 정황을 파악하게 되고, 거기서 주변을 파헤치다 보니 권력형 비리가 줄줄이 엮여 있음을 알게 되었다. 시민들은 한때 역대 정권 가운데 비교적 깨끗한 정권의 비리를 조사한다는 명분을 앞세우면서도 정확한 증거를 제시하지도 않은 채 온갖 방식으로 조롱하고 모욕을 주던 검사들이 승승장구했고, 자신들과 측근들의 주머니를 불리는 일을 하면서 권력을 남용했다는 혐의를 보면서, 또 그들 식이라면 어떻게든 '포괄적 뇌물수수 혐의'를 씌울 수 있겠다고 생각하면서 분노했다. 더욱이 박근혜 대통령이 부적절한 관계를 국정에 끌어들여 헌정질서를 무너뜨렸다는 증거가 믿을 만한 언론인 손에 들어가 하나둘 드러나면서, 국민이 그동안 잘 이해할 수 없었던 대통령의 말투나 소통방식에 대한 의문을 하나씩 풀 수 있었다. 박근혜 대통령의 최측근인 최순실(최서원보다 이 이름이 입에 감긴다)이 대통령을 등에 업고 청와대 보좌관들의 도움을 받으면서 온갖 추잡한 비리를 저질렀고, 대통령에게 직접 영향력을 행사했다는 사실을 알게 된 국민의 절대다수는 충격에 휩싸였다. 그리하여 시민들은 날마다 광장으로 몰려나가 대통령의 무능력을 질타하고 하야하라는 구호를 외쳤다. 이명박과 박근혜 정권을 계속 칭찬하던 종편조차 대통령을 버리고 새로운 인물을 내세울 준비를 마친 듯하다.

이와 같은 상황에서 나는 공교롭게도 한국의 정치상황과 프랑스에서 226년 전에 일어난 일이 겹치는 착시현상을 겪었다. 1791년 6월 21일 밤 1시경 루이 16세는 가족과 함께 변장한 뒤 튈르리 궁을 몰래 빠져나가 룩상부르(룩셈부르크) 쪽 국경을 향해 달려갔다가, 결국 밤 11시에 국경 근처의 작은 마을 바렌에서 붙잡혔다. 날이 밝자 튈르리 궁이 발칵 뒤집혔다. 도대체 왕은 간밤에 어디로 사라졌을까? 세월호가 침몰할 때 대통령이 일곱 시간 동안 무엇을 했는지 아직도 완전히 밝혀지지 않은 시점에 루이 16세의 실종사건에 당황하는 궁전 사람들과 그 소식을 들은 국회의원들, 파리 시민들의 놀라는 표정이 우리의 모습과 겹친다. 물론 우리나라에서 304명의 귀중한 목숨을 구하지 못한 대통령의 책임이 226년 전 감시의 눈을 피해 도주한 루이 16세의 책임보다 훨씬 크다. 정보통신 기술이 눈부시게 발달한 대한민국에서 일어난 대참사를 대통령이 일곱 시간 동안 제대로 파악하지 못했다는 사실만 가지고도, 국민은 그의 국정수행 능력을 충분히 의심할 만하다.

루이 16세는 이튿날인 6월 22일 아침에 파리를 향해 출발하여 지나는 곳마다 주민들의 싸늘한 대우를 받았고 나흘 뒤인 25일 낮에 튈르리 궁으로 되돌아갔다. 그 뒤 여론은 왕을 폐위하라고 난리였다. 그러나 국회는 여론을 외면했다. 정치가들은 왕이 순진하게 꾐에 빠져 납치당했다고 하면서 도주의 혐의를 벗겨주었다. 대중은 청원서를 제출하면서 압박했고, 파리 시장은 계엄령을 내려 집회에 참가한 사람들에게 총격을 가해 여남은 명이나 학살했다. 여기서 하고 싶은 말은 우리나라 전직 대통령이나 옛 프랑스의 왕을 모두 피해자로 둔갑시키려는 세력이 있고, 대중은 거기에 속지 않았다는 것이다. 그럼에도 정치권력을 쥔 사람들은 대중의 의견을 존중하고 타협하는 척하면서 자신들에게 유리한 방향으로 정국을 이끌려고 노력한다. 예나 지금이나 그들은 정치영역에만 전념하면 되지만, 일반인은 생업에 종사해야 하기 때문에 늘 권력자들에게 농락당하기 일쑤다. 누구나 어느 분야에 1만 시간(하루에 5시간이면 2,000일, 5~6년)을 투자하면 달인이 될 수 있다고 하는데, 환갑을 훨씬 넘긴 박근혜 대통령은 겉으로 정의와 원칙을 내세웠지만, 그 원칙을 위해 1만 시간 동안 전념한 적이 없음을 스스로 증명했다. 그에게는 대통령직이 너무 버겁다.

건국한 지 98년이 되었고 민주주의를 도입한 지 거의 70년이 되는 동안 우리나라에서 4·19혁명이 일어나 진정한 민주주의 국가를 만들기 시작했지만, 곧 군사정변으로 권력을 잡은 박정희 일당이 민주주의를 다시 유린했다. 그리고 56년이 흐르는 동안 3·1만세운동의 정신과 4·19혁명의 정신은 죽지 않았다. 그럼에도 아직까지 부일세력이 국가의 권력을 장악하고 자신들에게 유리하게 역사를 왜곡하고 있다. 다행히도 이 10부작의 제1권을 쓰기 시작할 때부터 부일세력에 대한 저항이 전보다 더 분명히 나타나기 시작했다. 권력자들과 싸우는 민주세력에게는 추위가 약점이지만, 젊은이들이 일본대사관 앞에 설치한 소녀상을 철거하려는 부일세력의 시도를 매서운 추위를 견디면서 막아냈다. 또한 무지막지한 물대포에 쓰러진 민주투사 백남기 농민의 시신을 빼앗아 부검해서 사인을 '병사'라고 규정하여 책임을 벗어나려는 정권 차원의 음모를 자발적으로 모인 시민들이 결국 무산시키고 고인의 가족들이 무사히 장례를 치르도록 만들었다. 그리고 최순실의 탐욕에 놀아나고 망가진 대한민국의 헌정질서를 바로 세우려고 시민들이 대거 광장으로 모이고, 전국에서 국가의 장래를 위한 일에 너도나도 동참하는 사람들이 이제야말로 온전한 법치주의가 뿌리를 내리는 나라를 만들자고 외친다.

나는 투표권을 제대로 행사한 덕에 이러한 일이 일어날 수 있었다고 생각한다. 정부와 여당은 장기집권을 위해 개헌을 하려고 생각했지만, 현명한 국민은 여소야대 정국을 만들어주었다. 그 덕에 국정농단의 실상도 드러나고 국회에서 대통령을 탄핵할 수 있었다. 게다가 특검은 경제보다 정의를 앞세우면서 대통령이 관련된 온갖 비리의 실체에 다가섰다. 나는 이제 우리나라의 운이 다시 한번 국민의 손에서 결정 나는 기회가 왔다고 생각했다. 지금까지는 일부 깨어 있는 시민만이 부일세력이 영구집권하려는 시도에 맞서거나, 안타깝지만 어쩔 수 없이 지켜봐야 했다. 이제 박근혜 대통령과 최순실의 관계가 만천하에 드러나면서 국가가 망가질 대로 망가졌음을 통탄하는 시민들이 누가 시키지 않아도 앞다투어 광장에 모여 대통령의 퇴진, 하야, 즉각 구속을 외치게 되었다. 초등학생까지 최순실이 대통령과 관계를 맺으면서 온갖 비리를 저질렀다는 사실을 알고, 중·고등학생들은 이런 나라에서 공부할 의욕이 나지 않는다고 목소리를 높이며 열린 공간에서 박근혜보다 훨씬 논리적으로 연설하고 있다. 이런 힘이 지금까지 부일세력의 손에서 기울 대로 기운 국운을 바꿀 수 있다고 생각하면 가슴이 벅차다. 1789년 6월 17일 국회를 선포하고 20일 죄드폼의 선서에 참여한 의원들과 그들을 지켜보던 참관인들의 가슴이 얼마나 벅찼을지 오롯이 느낄 수 있다. 4·19혁명에서 가족이나 친구를 잃었지만, 독재자를 물리치고 새로운 나라를 건설하는 데 동참할 수 있어서 행복했을 분들의 감격도 느낄 수 있다. 지나는 길에 말하자면, 만일 박정희가 순수하게 이승만 정권을 몰아내려고 군사정변을 일으켰다면, 나는 그를 좋아할 수도 있었을 것이다. 그러나 그는 독재정권 아래서는 숨죽이고 있다가 방금 틔운 민주주의의 싹을 잘라버렸다. 늘 비겁했던 그를 도저히 용서할 수 없다.

다시 프랑스의 상황으로 돌아가보면 프랑스 혁명에서 피를 흘린 사람과 그 덕을 본 사람이 점점 일치하지 않게 되었다. 피를 흘린 사람 가운데 국회의원이 된 사람도 있지만, 대부분의 국회의원은 피를 흘리지 않았으면서도 기득권을 이용해서 전국신분회 대표로 뽑힌 뒤 정치가가 되었다. 그렇게 해서 정치가가 본업인 사람들은 또다시 자신들이 만드는 체제를 지키려고 계엄령을 이용했다. 세상이 급변할 줄 알았던 민중은 실망해서 저항했지만, 생업 때문에 항상 저항할 수는 없었다. 그들은 계속 좌절했다. 그러나 제7권에서 보게 되듯이 1792년 8월 10일에 '제2의 혁명'이 일어나 왕국은 공화국으로 발전하게 된다. 우리는 어떠한가? 4·19혁명에서 피를 흘린 사람은 5·16군사정변으로 구악舊惡에 속하게 되었다. 그러나 구악을 일소하던 박정희가 또다시 구악이 되었고, 잠시 민주화의 열망이 불타올랐다. 또 다른 군사정권이 섰다가 민주주의의 실험을 거친 뒤, 결국 군사독재자의 딸이 대통령이 되었지만, 그전부터 비밀리에 유지하던 부적절하고 위험한 관계를 청와대까지 연장해서 늘 투명해야 할 국정을 혼미하게 만들었다. 이제 더는 이런 불행한 사태를 참지 못하겠다는 시민들의 민주화 열망이 들끓는 시점에 '프랑스 혁명사 10부작'의 제5권을 쓰면서 만감이 교차한다.

1790년 7월 12일, 샹드마르스에서 전국연맹제 준비가 막바지에 달했을 때 국회에서는 성직자 시민헌법을 제정했다.* 루이 16세는 내키지 않아서 망설이던 끝에 7월 22일에 그 법을 받아들였지만, 8월 24일까지 아무런 후속조치를 취하지 않다가 압력에 못 이겨 승인하고 난 뒤 왕비의 친구인 스웨

---

* 제3권 제2부 5장 "성직자 시민헌법" 참조.

덴 귀족 페르센 백작에게 몹시 후회하는 투로 말했다.

"나는 프랑스에서 왕 노릇을 하기보다 차라리 메스에서 왕 노릇을 하고 싶소."

루이 16세의 이 한마디는 그 뒤의 여러 사건을 한데 묶을 수 있는 고리 역할을 한다. 그는 1789년 10월 6일부터 굴욕적으로 거의 신체상 자유를 잃은 채 튈르리 궁에 갇혀 살다가 1790년 초여름에야 겨우 생클루 궁에 가서 조금이나마 압박에서 벗어날 수 있었다. 그러나 그는 다시 감옥 같은 튈르리 궁으로 돌아가야 했다. 그는 국회가 제정한 법을 마뜩찮게 생각하면서도 결국 승인해야 하는 처지가 되어 자괴감에 시달렸다. 그러므로 그는 실속 없이 '프랑스인의 왕'이라는 허울을 쓰느니 차라리 믿음직스러운 부이예 장군이 있는 메스에서 몸과 마음 편히 왕 노릇을 하고 싶어했다. 부이예 장군은 제4권에서 읽은 낭시 군사반란을 진압한 프랑스 동부전선 총사령관이었으니 루이 16세는 자기 주위에 충직한 군대만 있어도 정국을 주도할 수 있을 것으로 생각했던 것이다. 왕의 군대가 국민의 군대로 나아가는 과정에서 아직까지 왕에게 믿을 만한 장수가 있었다는 것은 큰 위안이었음이 분명하지만, 그를 믿고 감행하는 일이 실패할 경우는 치명상을 입을 터였다.

루이 16세가 메스의 왕 노릇을 하고 싶다는 말을 밖으로 내뱉었다는 것은 이미 수십 번, 수백 번 그 생각을 했고 현실화하기를 간절히 바랐음을 보여준다. 이미 오래전부터 왕당파 귀족들은 그에게 자유를 찾아주고자 여러 모로 궁리하고 실천하려다 미수에 그쳤다. 왕의 도주계획 가운데 첫 번째는 1790년 3월 왕의 조영총관(왕궁이나 공공건물 등의 건축총책임자) 앙지빌리에 백작이 책임지고 세운 것으로서 왕을 파리에서 빼돌려 콩피에뉴를 거쳐 가장 가까운 국경을 넘어 브뤼셀로 가는 것이었다. 물론 이것은 더욱 구체적으로 진행되지 않았다. 아무튼 왕이 정확히 언제부터 도주를 생각했는지 말하기는 어렵지만, 왕의 처지를 안타까워하는 충성스러운 사람들이 왕을 구해야 한다고 생각한 것은 1789년 혁명 초기부터였음이 분명하다. 그런데 이제는 루이 16세가 직접 그 말을 꺼내다니. 일단 말을 꺼내면 그다음에는 어떻게든 행동이 뒤따르게 마련이다. 그 말을 들은 사람(들)은 거기에 맞게 준비한다. 그렇게 해서 준비를 갖춘 뒤 실행에 옮긴 것이 1791년 6월 하순 루이 16세의 도주사건이었다. 24시간 동안 일어난 도주행각으로 루이 16세의 처지는 더욱 비참해졌고 혁명도 더욱 급물살을 탔다. 무엇보다도 왕에게 우호적인 여론이 더욱 설자리를 잃었고, 제헌의회가 서둘러 사건을 덮고 헌법을 완성하면서 새 체제의 틀을 갖추어주었지만 그들이 남긴 숙제를 물려받은 입법의회는 초창기부터 전쟁에 휩쓸리게 되었던 것이다. 이 책에서는 왕이 벼랑 끝까지 몰려 마침내 도주를 결행할 때까지 이모저모를 알아본 뒤, 도주 경로를 추적하고 결국 바렌에서 붙잡히는 장면까지 다루기로 한다.

2017년 3월 10일 오전 11시 21분, 이정미 헌법재판소 소장 권한대행은 "피청구인 대통령 박근혜를 파면한다"고 선고했다. 그동안 가슴 졸이며 최종 선고를 기다리던 국민이 마침내 승리했다. 국민은 평화적인 '촛불혁명'으로 나라의 주인임을 증명했다. 그럼에도 갈 길은 멀다. 4·19혁명의 성과를 박정희 군사정권에 빼앗긴 경험을 되돌아보면서, 이제 겨우 놓은 '제2의 혁명'의 역사적 머릿돌 위에 반듯한 헌정질서를 확립할 사명을 잊지 말아야 한다. 국민이 관심을 갖지 않으면 민주주의를 지킬 수 없기에 언제나 선의의 감시와 간섭을 해야 한다. 왕이 혁명으로 잃은 힘을 되찾으려고 도주하는 과정을 다룬 이 책을 출판하기 직전에 우리는 '제2의 민주혁명'을 평화적으로 시작했다. 어느 때보다 가슴 벅차다.

벼랑 끝으로 내몰리는
루이 16세

제 1 부

1
성직자 시민헌법을
둘러싼 갈등

아비뇽에서 태어나 샬롱Châlons의 트루아에서 귀족 대표로 진출한 크리옹 백작이 1789년 5월 28일에 "우리는 모두 헌법을 유지하기보다 헌법을 만들기 위해 여기 모였다"고 말했듯이, 제헌의회는 계속해서 절대군주정의 헌법을 부정하면서 입헌군주정의 헌법을 하나하나 만들어나갔다. 그중에서 버젓이 '헌법'이라고 이름을 붙인 것은 1790년 7월 12일에 통과시키고 7월 22일에 루이 16세의 승인을 받은 성직자 시민헌법Constitution civile du clergé이었다. 그만큼 그것은 중요한 법이었다. 그 헌법으로 1,000년의 뿌리를 내린 정교일치의 원칙을 버리고 그동안 시민사회의 위에 있던 가톨릭교회를 시민사회의 일부로 편입시키는 문화혁명이 본격적으로 시작되었다. 그리하여 "가장 독실한 기독교도"인 루이 16세는 자기가 지키려던 가치에서 점점 멀어지고 행동과 양심의 자유까지 빼앗기는 처지에서 자신에게 충성하는 부이예 장군이 있는 메스로 갈 수만 있다면 혁명을 정지시키거나 그 흐름을 자기가 주도할 수 있으리라고 생각했다.

성직자 시민헌법에 대한 맹세는 프랑스 왕국 전체를 둘로 쪼갰다. 맹세는 구체제 아래서도 중요한 역할을 했지만 혁명기에는 더욱 중요한 역할을 했다. 구체제 아래서는 장인이 조합에 가입할 때 직업에 충실하겠다고 맹세했다면, 혁명기에는 국민, 법, 왕에게 충성하는 행동으로 맹세를 자주 활용했다. 이처럼 양심의 문제를 행동으로 검증하는 맹세를 성직자 시민헌법에 대해서도 적용했고, 그 결과 선서 사제와 비선서 사제가 생기는 데 그치지 않고 신도들마저 양편으로 갈라서게 되었던 것이다. 1790년 2월 6일 종교위원회가 발의해서 논의하기 시작한 성직자 시민헌법은 4월 14일 첫 보고를 시작으로 7월 12일에 통과될 때까지 점점 더워지는 계절의 국회를 열띤 토론으로 더욱 뜨겁게 달구었다. 그런데 국새경이 국회에 보낸 7월 22일의 편지를 보면 루이 16세가 이 법을 시행할 의지가 별로 없었다는 사실을 알 수 있다.

"왕은 7월 12일에 제정한 성직자 시민헌법도 받아들이셨고accepté, 따라서 이 법을 확실히 시행하는 데 필요한 조치를 신중하게dans sa sagesse 내릴 것이다."

과연 한 달이나 지난 8월 19일, 엑스 세네쇼세 제3신분 출신으로 엑스 고등법원 변호사로 일하다가 진출한 부슈 의원은 왕이 성직자 시민헌법을 사실상 승인sanction하지 않는다고 불만을 터뜨렸다.

"국새경은 왕이 아직 승인하지 않은 성직자 시민헌법을 인쇄하는 문제에 대해 국회의장에게 편지로 답했습니다. 그는 성직자 시민헌법을 시행하려면 어느 정도 말미를 두고 사전에 해야 할 일이 있다고 말했습니다. 왕은 로마 교황에게 양심의 가책을 느끼는 사람들을 진정시켜주도록 교회에 관한 일을 민간에게 이양하도록 허락하는 교서를 보내달라고 간청했다고 합니다. 국회는 자기가 제정한 법을 집행하게 만들어야 합니다. 따라서 나는 지체하지 않고 포고령을 내려야 한다고 요구합니다."

루이 16세는 승인을 늦출 만큼 늦추다가 결국 8월 24일에 승인했으며, 그 뒤에도 계속해서 교황 비오 6세의 눈치를 살피면서 이 헌법을 반포하는 일을 미루었다. 국회는 계속해서 헌법의 세부사항에 대해 토론했다. 교황 비오 6세는 1717년 12월 25일 이탈리아에서 태어나 페라라 대학에서 민법과 교회법을 공부하고 토마소 루포 추기경의 비서, 교황 베네딕토 14세의 비서를 거쳐 1758년에 사제가 되었고, 1775년에 4개월의 지루한 선거를 거쳐 교황이 되었다. 원래 새로운 사상을 싫어하던 그는 프랑스 혁명에서 종교인들의 긍정적 역할을 기대했지만 정치와 종교를 분리하는 과정을 보면서 혁명을 몹시 싫어했다. 그는 프랑스 국회가 1789년 11월 2일 교회 재산을 국유화하고, 1790년 2월 13일 수도성직자의 서원誓願을 폐지한 뒤 성직자 시민헌법을 제정하는 과정을 지켜보면서, 그 결과가 가톨릭교를 국가의 통제 아래두는 데 그치지 않고 자신에게 들어오는 수입(새로 임명된 주교는 1년치 봉급을 교황에게 세금으로 냈다)도 막는다는 사실을 알고 화가 났다. 3월 29일 추기경회의를 열고 「인간과 시민의 권리선언」을 규탄한 그는 성직자 시민헌법을 제정하기 이틀 전에 루이 16세에게 도착한 편지로 시민헌법에 반대의사를 알렸지만 이미 때가 늦었다. 그런 그가 가톨릭교를 자기 밑에서 떼어내고 프랑스 민간정부 아래에 두는 성직자 시민헌법을 좋아할 리 없었다.

종교인의 재산을 국유화해서 나라 살림에 보태자는 데 찬성했던 고위직 종교인 출신의 국회의원들도 성직자 시민헌법을 시행하는 데 반대했다. 그렇게 해서 1790년 10월 30일, 루앙 주교 라로슈푸코 추기경, 랭스 주교 탈레랑 페리고르, 엑스 주교 부아즐랭을 비롯해 대주교와 주교들*은 장문의 『성직자 시민헌법에 관하여 국회의원인 주교들이 설명하는 원칙』을 배포하면서 성직자 시민헌법에서 규정한 대로 주교구를 재조정하려면 교황이 분명하게 허가해야 한다고 주장했다. 1790년 11월 26일 저녁, 국회의장은 주교들의

---

* 아를, 다마스, 툴루즈, 부르주의 대주교들과 푸아티에, 몽토방, 콩동, 보베, 르망, 님, 로데즈, 몽펠리에, 페르피냥, 아장, 샤르트르, 랑, 생플루르, 샬롱쉬르마른, 올레롱, 디종, 생트, 쿠탕스, 뤼송, 클레르몽, 위제스, 쿠즈랑의 주교들. 83개 도와 주교구가 일치하므로 면지의 지도 참조.

성명서를 주제로 특별회의를 열자고 말했다. 국회의 조사위원회, 종교위원회, 보고위원회는 합동으로 주교들이 발표한 성명서를 검토한 결과 보고서를 제출했다. 부아델 의원이 보고자로 연단에 올라 장문의 보고서를 읽어 내려갔다.

"여러분, 종교는 우리 행동의 도덕적 기초입니다. 근본적으로 자비롭고 정당한 그것은 덕 있는 사람에게 불행 속에서도 가장 감동적인 위안을 제공합니다. 그것은 심술궂은 사람에게 두렵고 건전한 제동을 겁니다. 그것은 사람의 양심과 마음속에 법정을 세우고 영향력을 행사합니다."

부아델은 인간의 역사와 사회에서 오욕칠정五慾七情에 놀아나는 사람들은 원초적인 상태에서 멀어져 점점 타락했고, 종교인들도 종교를 구실로 자기 정념과 야망을 성취하려 한 사례가 많았으며, 성직자 시민헌법에 대해서도 반대하는 종교인들이 많다고 한탄하면서 그 사례를 소개했다. 트레기에 주교와 소교구 사제들은 성직자 시민헌법에 따라 새로 임명된 모든 종교인을 부당하게 자리를 차지한 자들로 보겠다고 선언했고, 수아송, 디종, 베르됭, 낭트의 주교들은 로마 교황이 왕에게 답장을 보낼 때까지 지켜보겠다고 신중한 태도를 취했다. 심지어 국회의원이기도 한 보베 주교는 헌법을 지키려는 우아즈 도 지도부의 압력을 무시했다. 그는 상리스 디스트릭트 사제직이 공석인데도 절차에 맞춰 임명하지 않고 10월 27일까지 버티다가 결국 옛날 방식으로 임명했던 것이다. 리옹 주교, 리지외 주교, 랑 대성당 참사회, 루아르 앵페리외르 도의 모든 사제와 보좌신부 103명도 헌법에 저항했다.

그러나 애국심으로 헌법에 찬성한 종교인 단체와 개인도 많았다. 또한 수많은 도 지도부는 국회가 헌법을 지키고 집행하는 데 소극적이라고 지적하기도 했다. 열정과 애국심으로 단호하게 행동해준 도와 시정부들*은 법을 집행하는 데 필요한 모든 조처를 취했으며, 심지어 국회가 정의를 실현하는 데 굼뜨다고 지적했다. 세속권력이 과거의 영광을 잃지 않으려고 애쓰는 종교 인들과 힘겨루기를 하는 모습을 볼 수 있다.

"그들은 죄인들을 법으로 심판하여 본보기를 보여달라고 외칩니다. 우리 가 헌법을 지키려 한다면, 엄격하게 법을 집행해서 반도들을 질서에 편입시 키고 복종하게 만들자고 외칩니다."

부아델의 보고서는 결국 11개 조항의 법안을 제안하면서 끝났다. 의원들 은 이 긴 보고서를 인쇄해서 돌리라고 촉구했다. 18세기에 툴루즈 시장을 지 낸 공로로 귀족이 된 할아버지 덕에 1758년 귀족으로 태어난 카잘레스 의원 이 이 법안을 이틀 뒤에 심의하자고 주장했다. 그의 주장에 사방에서 쑥덕거 릴 때 바르나브가 나서서 이런 문제는 아주 중요하기 때문에 당장 심의해야 한다고 말해서 지지를 받았다. 클레르몽Clermont의 주교 보날은 민간과 정치 의 영역에서 그 누가 종교인보다 더 복종하겠느냐고 묻고, 그럼에도 헌법 과 가톨릭교회의 원칙이 일치하지 않는 점을 지적했다. 한마디로 그는 성직 자 시민헌법이 불완전하기 때문에 보완해야 한다고 주장하면서 부아델의 보 고서에 자신의 의견을 첨부해서 인쇄해달라고 요구했다.

형 미라보(옛 백작)가 연단에 섰다. 그는 부아델이 미리 준비한 보고서만 큼 긴 연설을 늘어놓았다. 그는 "경건함과 선의의 허울을 쓴" 사제들의 오만 과 광신이 도를 넘었으며, 주교들은 질서와 정의를 진지하게 원하지 않고 오

---

* 멘에루아르, 론에루아르, 루아르 앵페리외르, 코트뒤노르, 모르비앙, 피니스테르, 엔, 우아즈의 도 지도부, 캉프를레, 비엔, 퐁크루아, 퐁티비, 낭트, 사브네, 부롱스, 라투르뒤팽, 갱강의 디스트릭트 지도부, 그리고 수아송, 생브리외, 루앙, 리옹, 캉페르 시정부들. 면지의 지도 참조.

직 불화를 일으키고 뒤집어엎으려 한다, 그들은 오로지 그들의 정념의 격류를 막으려고 국회가 설치한 둑을 성가신 장애물로 생각한다, 그들은 국가의 헌법을 마비시켜 종교인의 옛 헌법을 되살리고자 한다, 그들은 국회의 활동을 계속 방해해서 사라지게 만들고 결국 우리의 정치를 끔찍한 종교전쟁으로 끝내려 한다고 한바탕 꾸짖었다. 그러고 나서 미라보는 종교인을 시민사회에 편입해야 한다고 힘주어 말했다.

"현재 종교인이 헌법을 지키는 시민이 되지 않은 채 사제를 선택하는 데 개입한다면 그것은 공공의 불행이라 할 것입니다. 프랑스 교회는 영원히 혼란의 온상으로 남을 것입니다. 그러나 그들이 혁명과 자유의 정신을 받아들인다면, 인민은 그들의 슬기로움을 자랑스럽게 여길 것입니다. 그리고 법을 유지해야 하고, 종교와 정치의 직분을 정당하게 분배하는 규칙을 정하는 위대한 결정을 내려야 할 때, 기꺼이 그들의 충고를 귀담아 들을 것입니다."

미라보는 자신이 신학공부를 하지는 않았지만, 양식 있는 종교인들과 상식적인 대화를 나누었다고 하면서 교황의 권한을 주교의 권한과 비교했다. 예수의 사도 베드로가 다른 사도와 똑같은 권한을 가졌듯이 교황도 주교들과 같은 권한을 가졌다는 논리로 연설했다. 당시 국회의원들이 교황을 "로마의 주교"라고 부르는 이유를 미라보의 말에서 찾을 수 있다. 교황이 프랑스 혁명을 싫어한 이유도 여기서 엿볼 수 있다. 혁명가들이 보편종교인 가톨릭교의 우두머리를 '주교'급으로 낮추는 것에 교황의 심기가 편할 수는 없었다. 미라보는 자신이 조금도 교묘한 궤변이나 늘어놓는 사람이 아니며, 만일 곧고 선입관이 없는 사람이라면 자기주장이 얼마나 명확한 것인지 충분히 판단할 수 있을 것이라고 말하면서 성직자 시민헌법에 대해 여러 주교가 낸 성명서가 얼마나 부당한 것인지 한참 더 설명하고 나서, 그 헌법을 따르지 않는 주교, 대주교, 사제를 규탄하는 법안을 제출했다. 의원들은 거의 만장일치로 그의 연설을 인쇄하기로 의결했다. 몽테스키우 신부가 그 뒤를 이어 발언한 뒤 좌파 의원들이 이제 산회하고 다음 날 저녁회의에서 다시 심의하자고 주장하면서 그날 밤 회의를 끝마쳤다.

11월 27일 오전회의에서 최고법원인 파기법원tribunal des cassation을 설치하고 판사와 배심원단을 구성하는 방법에 대한 법안, 형법과 보안정책에 관한 법을 다룬 국회는 저녁회의에서 전날 미루었던 문제, 즉 왕국의 모든 주교와 성당참사회가 성직자 시민헌법에 대해 천명한 반대성명과 관련해서 보고위원회, 국유재산 양도위원회, 조사위원회, 종교위원회가 합동으로 마련한 법안을 토론에 부쳤다. 1756년에 샤르트르에서 태어나 그곳에서 변호사로 일하다가 제3신분 대표로 진출한 페티옹 드 빌뇌브가 즉시 토론의 범위를 제한하자고 제안해서 박수를 받았다. 그는 모든 종류의 신학적 토론이 회의를 다른 방향으로 끌고 갈 우려가 있으므로 신학적 토론을 시작해서는 안 된다고 강조했다. 그는 성직자 시민헌법을 만들면서 오로지 세속적 문제에 대해서만 결정했음을 상기시켰다. 한마디로 조상의 종교를 존중했으며 오직 무용지물인 업무를 폐지했고 주교구를 바꿨을 뿐임을 지적했다.

"헌법은 승인받았고 오늘날 국가의 헌법이 되었습니다. 모든 사람이 그 법에 복종해야 합니다. 그러나 사제들이 반대합니다. 하느님의 사제들이 평화를 가르치지 않고 불화를 가르치고 있습니다."

페티옹은 사람이 자기 희망과 법에 대한 의견을 보여주는 것과 법에 공개적으로 저항하면서 정식으로 반대의사를 표현하는 것은 완전히 다른 문제라고 지적했다. 그는 사제들이 심지어 성스러운 장소에서도 사람들을 선동하는 설교를 하고 있기 때문에, 그들에게 도덕과 종교의 관리로서, 시민으로서,

또 공무원으로서 법의 집행에 복종해야 한다는 사실을 알려줘야 한다고 주장했다. 그는 미라보가 전날 제안한 안을 조금 수정해서 상정했다.

"여러분은 공무원 사제의 수, 그들의 업무의 한계와 봉급을 결정할 수 있습니다. 나머지는 순리대로 하면 됩니다. 사제의 수는 그들이 수행할 자리의 수와 비례해서 정합니다. 여러분은 사제가 되고자 하는 사람에게 '당신은 사제가 되지 못합니다'라고 말할 권리가 없습니다. 우리 모두 단호하면서도 신중하고, 가장 엄격하게 정의를 실현하면서도 인류애를 생각하도록 합시다. 우리는 적들이 감히 헌법의 완성을 향한 우리의 걸음을 방해하지 못하도록 만들어야 합니다."

이번에는 보수우파이며 언변이 뛰어난 원장신부 모리가 연단에 올랐다. 그는 원래 개신교도였다가 루이 14세가 낭트 칙령을 철회한 뒤 가톨릭교도가 된 집안에서 1746년에 태어났다. 이후 고향인 브네생 백작령의 발레아스에서 중등학교를 마치고 아비뇽의 생샤를 신학교와 생트가르드 신학교에서 공부한 뒤 1765년에 가정교사가 되었고, 1767년에는 모Meaux에서 차부제가 되었다. 그는 글재주가 있어서 1766년에 폴란드 왕 스타니수아프와 프랑스 왕세자 루이를 예찬하는 글을 발표했으며, 아카데미에서 전쟁과 평화에 관한 논문을 공모할 때 응모했고, 신성로마제국 황제 카를 5세 예찬론을 쓰기도 했다. 1769년 상스에서 사제가 되었으며, 1772년 파리 루브르 궁중예배당에서 성 루이 예찬론을 설교한 뒤 생트 주교구 소속 프레나드 수도원의 성직록을 받아 많은 수입을 얻었다. 특히 1781년에는 원장신부 부아몽과 합작으로『종교인이 처한 상황에 관한 비밀편지』를 썼고, 그 대가로 부아몽은 매년 2만 리브르를 받을 수 있는 부유한 수도원을 그에게 맡겼다. 나아가 1785년 1월 27일에는 아카데미 프랑세즈 회원 40인 가운데 이름을 올렸다.

1789년에는 자신을 대표로 뽑아준 페론의 종교인 진정서를 기초했고, 제헌의원이 된 뒤에는 왕의 특권과 기득권을 옹호했다. 그는 특유의 재치(빈정거림)로 상대방에게 미움을 사면서 몇 번이나 살해당할 뻔했다. 그래도 그는 굽히지 않고 지적 용기를 뽐내는 보수우파 웅변가였다. 한마디로 그는 합법적 의사진행 방해(필리버스터)에 능한 사람이었다.

모리 신부는 이제까지 모든 토론을 조용히 경청했기 때문에 앞으로는 의원들이 자신의 얘기를 참고 들어줄 차례라 믿는다면서 긴 연설을 예고했다. 그는 의원들이 애국적이고 철학적인 원리를 내세우면서 종교인들을 불리한 상황에 놓았다고 불평했다. 그는 신학이 국회 연단에서 다룰 주제로 마땅치 않겠지만 종교를 해명하기 위해서는 어쩔 수 없다고 일단 방어막을 쳤다. 그러고 나서 종교인 의원들은 국가의 정당한 개혁에 열심히 헌신할 의지가 있지만, 종교인을 대상으로 하는 의결에는 참가할 수 없는 이유를 설명했다. 그는 종교인들이 성 베드로의 후계자(교황)에게 호소했지만 국가권력을 회피할 의사는 전혀 없었으며, 단지 지난 14세기 동안 국가가 인정한 형식을 간청했던 것이라고 강조했다. 더불어 다음과 같은 요지의 연설을 이어나갔다. 지난 8월 말에 편지를 받은 교황은 아직 답을 하지 않았고 9월, 10월 모두 공석이었던 종교단체는 11월이 되어서야 겨우 업무를 다시 시작했다. 기독교의 신성한 창조주로부터 교회의 운영을 맡은 교황은 아무런 대답을 하지 않거나, 왕의 제안을 간단히 받아들이거나, 우리 국회가 제정한 헌법을 승인하지 않거나 셋 중 하나의 결정만 할 수 있다. 그러나 교황은 대답을 할 것이 분명하다. 또 그는 교회에 소중한 부분을 차지하는 위대한 국가에 대해 특별한 관심을 기울이기 때문에 이 국가의 의원들이 그에게 요구한 것을 확실히 흥미롭게 검토할 것이다…….

이때까지 꾹 참고 경청하던 좌파 의원들이 일제히 "우리가 교황에게 무엇을 요구한 적이 있단 말입니까? 아무것도 요구하지 않았소"라고 외쳤다. 모리 신부는 아랑곳하지 않고 차분하게 말을 이어나갔다. 그는 교황이 성직자 시민헌법 문제를 심의하려고 추기경 24명을 임명해서 성성聖省을 구성했기 때문에 프랑스 국회는 그의 답을 기다릴 필요가 있다고 주장했다. 좌파 의원들이 다시 술렁거리기 시작했다. 그러나 모리 신부는 아랑곳하지 않고 좌파 의원들이 공평한 태도로 자기 말을 들어야 한다고 꼬집었다. 모리 신부의 야유를 들은 의원들이 다시 쑥덕거렸다. 신부는 자기 시간을 마음껏 즐기는 듯했다.

"여러분이 쑥덕거리는 소리가 내 말을 막아도 한탄하지 않겠습니다. 그런 소리 때문에라도 나는 내 생각이 옳다는 것을 확실히 증명하겠습니다. 그렇습니다. 우리가 종교의 이익을 생각하니까 저항했고, 여러분은 그것을 국가에 대한 공격으로 고발했습니다."

의원들이 견디다 못해 모리 신부를 연단에서 끌어내려야 한다고 의장에게 촉구하기 시작했다. 모리 신부는 자신이 옳다는 것을 증명하겠다고 약속했기 때문에 그 약속을 지켜야 한다면서 침착하게 말했다. 그는 종교인들이 종교와 인민의 이익을 함께 생각하기 때문에 헌법을 중시하지만, 프랑스에서 가톨릭교가 전통을 이어가기 때문에 모든 기독교 국가 가운데 가장 이름을 날린다는 사실도 잊지 않고 있다고 주장했다.

"종교인을 면직시킬 수 있다면, 종교인의 기반이 아주 연약하다면, 하느님이 자기 의도를 수행하라고 임무를 준 목회자들을 교회에서 쫓아낼 수 있다면, 어떻게 종교가 영원히 지속될 수 있겠습니까? 지금 나는 교회를 위태롭게 만들 면직제도를 도입해서는 안 된다는 사실을 충분히 증명했습니다."

의원들이 사방에서 쑥덕거리는 바람에 모리 신부는 말하는 중간중간 방해를 받았다. 그는 "입법가들이 법을 (제정하는 데 그치지 않고) 집행할 수 있는 나라가 있다면 그 국민 가운데 사리판단을 제대로 할 수 있는 사람은 모두 조국을 버릴 것"이라고 비아냥거렸다. 다시 말해 그는 국회가 교회의 권력, 입법가의 권위, 행정관의 지배력을 한꺼번에 행사한다면 그것이 바로 국회가 스스로 제정한 법을 어기는 행위라고 고발했다. 그는 국회의원들에게 주교좌를 완전히 없앨 권리가 정말 있다면 신관神官이자 행정관의 권한을 함께 행사하는 것이라고 하면서 다음과 같이 빈정댔다.

"파리에서 500리외(2,000킬로미터) 밖에 사는 사람들이 어떤 왕국의 강력한 존재가 판사, 신관, 입법가의 권한을 한꺼번에 휘두른다는 소식을 들을 때, 그들은 그 나라가 프랑스가 아니라 오토만제국의 궁전이라고 확신할 것입니다."

의원들은 마침내 참았던 웃음을 터뜨렸다. 모리 신부가 엉뚱한 논리로 엉뚱한 나라를 들먹이면서 자기주장을 늘어놓자 좌파 의원들이 격렬하게 웅성거리기 시작했지만, 모리 신부는 연단에서 내려갈 생각이 전혀 없었다. 그가 공평한 태도로 자기 얘기를 끝까지 들어달라고 호소하며, "만일 여러분이 아무런 형식도 없이, 재판도 거치지 않고 주교직 53개를 마음대로 없앤다면"이라고 가정법으로 말했을 때, 여러 군데서 볼멘소리가 터져 나왔다.

"이미 없앴소. 그것은 기정사실이오."

모리 신부의 연설은 웅성거리거나 외치는 소리에 묻혀버렸다. 그러나 국회의장 알렉상드르 드 라메트는 국회가 급히 결정할 사항이 없는 한 모리 신부의 얘기를 마지막까지 듣겠다고 했다. 국회의장은 모든 토론을 철저히, 끝까지 해야 나중에 다른 얘기를 할 근거가 없어진다고 생각했던 것 같다. 바베

의원이 모리 신부에게 불쑥 물었다. 바베는 1743년에 오르즐레에서 태어나 1772년에 변호사가 되었고 1776년에 롱르소니에의 '에갈리테(평등)' 프리메이슨 단체에 가입한 뒤 1777년에는 아버지처럼 공탁금 수납인으로 일하다가 1789년에 롱르소니에 제3신분 대표로 진출한 사람이다.

"과연 모리 신부는 53개 주교직이 폐지되었다는 사실을 의심하십니까? 나는 확신하는데."

모리 신부는 주교구를 사전에 재판도 하지 않고 또 교회법을 준수하지도 않고 없애서는 안 된다고 주장하면서, 국회의 종교위원회가 주교를 신도에게서 멀리 떼어놓는 불행한 사태를 초래하지는 않았는지 물었다. 그는 종교위원회가 마치 행정권을 가진 것처럼 행동하고, 아무런 대표단을 파견하지도 않고 모든 도와 교신했는데, 과연 그들에게 국회에 속한 특권을 행사할 권리가 있느냐고 비판했다. 한마디로 국회는 개별적인 시민이 아니라 국민 전체와 의사소통해야 할 텐데, 종교위원회는 스스로 왕의 자리에 앉아서 각 도에 편지를 보내고, 각 도는 답장을 보내는 이상한 일이 벌어졌다고 말했다.

17세기 말 귀족이 된 집안에서 1734년에 태어나 루이 르그랑 중등학교를 거쳐 법학을 공부한 파리 귀족 대표 아실 피에르 디오니스 뒤 세주르가 모리 신부의 말을 끊고 발언권을 신청했지만 신부는 아직도 말이 끝나지 않았으며, 자기가 할 말을 다 하면 기꺼이 자리를 양보하겠다고 버텼다. 그는 종교위원회가 몹시 필요하긴 해도 그것을 옹호하기보다 비판해야 마땅하다면 그렇게 해야 한다고 말을 이었다. 위원회는 국회와 의사소통의 통로를 마련하여 자신들이 계획하는 내용을 알려야 했는데도 각 도와 소통했다는 것이다. 그는 위원회가 왕처럼 행정권을 멋대로 휘둘렀으면서도 그에 만족하지 않고 입법부의 권위마저 찬탈했다고 비난했다. 의원들이 웅성거리면서 반발하자, 그는 조금만 참고 들어주면 충분히 반론할 시간을 줄 수 있다고 맞섰다. 그는 종교위원회를 비난하는 데 그치지 않고 "여러분에게 종교위원회가 없었다 할지라도 성직자 시민헌법에 대한 시행령은 집행되었을 것입니다"라면서 그 존재 자체를 부정했다.

이때 국회의장이 개입해서 "오늘의 의제가 종교위원회를 풍자하는 것이 아님을 일깨워드립니다"라고 주의를 주었다. 1737년에 세나에서 태어나 1762년에 가나 소금창고의 대소인으로 일하다가 물랭의 제3신분 대표로 진출한 장 바티스트 조제프 뤼카 의원은 느닷없이 "종교위원회에 감사하는 안을 상정합니다"라고 말해서 모리 신부의 말에 식상한 대다수 의원의 박수를 받았다. 1750년 부세 성에서 태어나 군인의 길을 걷다가 투르 귀족 대표로 진출한 자크 프랑수아 므누(옛 남작) 의원은 모리 신부의 말을 끊지 말고 그대로 듣자고 하면서 "국민 공통의 이익에 반대하는 그는 그것을 위해서 말하는 사람보다 더 유익한 말을 하고 있습니다"라고 빈정댔다. 모리 신부는 또다시 종교위원회를 물고 늘어졌고, 의원들은 의장에게 곧바로 모리 신부에게 경고해달라고 촉구했다. 모리 신부는 곧 화제를 바꿔 미라보가 한 말을 물고 늘어졌다.

"미라보 선생에게 공식적으로 묻습니다. 모든 주교는 보편적인 주교라고 말씀하지 않았습니까? 만일 내가 잘못 알았다면 고치겠습니다."

미라보는 그의 말을 듣고 코웃음 쳤다.

"이처럼 우스운 말은 내가 아니라 당신 입으로 했지요. 나는 그저 프랑스 국교회의 자유에 관한 첫 4개 조항에 따라 주교들이 하느님으로부터 직접 권한을 받으며, 신성한 성격의 본질은 그 어떤 제한을 받아서도 안 되기 때문에 보편적인 것이라고 말했습니다. 내가 보기에 올바른 정신의 규칙에 맞는 언어로 말할 때 주교구는 순전히 세속적인 것이며, 그것은 여러분이 교회의 권력이라 부르는 것이 아니라 순전히 세속적 권한으로부터만 나오는 것입니다. 이것이 내가 한 말입니다. 나는 한 번도 주교의 서임이 보편적 주교를 만든다고 주장한 적이 없습니다."

미라보가 말을 마치자 의원들이 박수를 쳤다. 모리 신부는 "박수소리를 들으니 답변할 용기가 난다"고 너스레를 떨면서 미라보가 한 말 가운데 바로 자기가 거듭해서 한 말이 포함되었으며, 자기가 하지 않은 말을 미라보가 한 것이야말로 "모순에 찬 머리에 달린 입에서 나온 우스운 말"이라고 되받아 쳤다. 그리고 나서 또 한바탕 연설을 하더니 역시 "교황의 답변을 기다리자"고 제안했다. 의원들이 사방에서 웅성거렸다. 모리 신부는 자신에게도 말을 마무리할 권리가 있다면서 이렇게 말했다.

"국민은 여러분에게 법을 제정할 권리를 주었지 내 결론을 조절할 권리를 주지는 않았습니다. 나는 내 방식대로 결론을 내립니다. 나는 교황의 답변을 받을 때까지 의결을 미루자고 요구합니다."

포목상으로 부유해진 가문에서 1762년에 태어나 브르타뉴 지방 플로에르멜의 제3신분 대표로 진출한 르 데이스트 드 보티두가 대뜸 말했다.

"이 결론을 받아들이는 경우, 나는 교황이 답변서를 보내올 때까지 산회하지 말고 기다리자고 요구합니다."

다시 모리 신부가 종교인의 처지에 대해 호소하기 시작했다. 좌파 의원들은 의장에게 빨리 일정대로 진행하라고 촉구했고, 우파 의원들은 모리 신부에게 박수치면서 응수했다. 일부 의원은 빨리 표결에 부치자고 촉구했다. 카뮈 의원은 모리 신부가 심의 의결을 연기한 데 대해 발언하겠다고 나섰다. 의장이 의원들의 의견을 물은 뒤 카뮈에게 발언권을 주었다. 1740년 파리에서 태어나 보베 중등학교를 거쳐 파리에서 법학을 공부한 뒤 1760년 변호사가 된 카뮈는 특히 종교법의 전문가였다. 그는 1770년 파리에서 『가정법家庭法』 2권을 발간하고, 1771년에는 대법관 모푸가 고등법원을 개혁하는 데 맞서기도 했다. 수많은 저술로 이름을 날리던 그는 1785년 비명문학碑銘文學아카데미 회원이 되었다가 1789년에는 프랑스 종교인단의 변호사가 되었다. 파리 문안에서 제3신분 대표가 된 그는 연단에 올라 "이미 법으로 정한 사안에 대해서 수없이 토론했기 때문에 토론을 연기할 아무런 동기가 없습니다"라고 주장했다. 그는 법 집행을 연기하면 종교도 위험해진다고 주장했다. 의결을 연기하자는 논리는 교황의 답변을 기다리자는 것인데, 만일 교황이 주교들에게 복종하지 말라고 하면 어떻게 되느냐고 물었다. 복종하지 말라고 하자마자 곧 나라가 분열될 것이며, 사람들은 무엇이 진정한 종교인지 알 수 없게 될 것이라고 주장했다.

카뮈의 말을 끊고 1740년 귀족 가문에서 태어난 샤르트르 주교 뤼베르 사크가 카뮈에게 "누가 당신에게 주교들을 공격할 권리를 주었습니까?"라고 도발적으로 물었다. 카뮈는 이미 논의한 문제에 대해서는 대답하지 않겠다고 하면서, 자신이 의결 연기에 대해 반대하는 논지를 흐리지 말라고 말했다. 그는 18세기 말인데도 이성의 빛에 둘러싸인 교회에서 아직도 이런 문제로 시끄럽다는 것이 놀랍다고 하면서 다음과 같이 덧붙였다. 교황은 통일성의 중심이며 국회는 그 점을 인정했다. 그러나 교황은 로마의 주교로서 다른 주교구를 구분하는 데 아무런 권한을 행사할 수 없다. 그는 지상권과 감독권을 가지고 있지만 주교들에게 서열을 매길 권리는 없다. 카뮈는 한 걸음 더 나아가 주교들이 교황의 대답을 기다리는데, 그렇다면 프랑스 국민의 권위는 알프스 산맥 너머에 있는 것이냐고 꼬집었다.

"연기 요청에 대한 내 주장을 요약하겠습니다. 무엇이 현안입니까? 그것은 왕이 받아들인 법을 집행하는 것입니다. 국민에겐 가톨릭교를 받아들이거나 거절할 능력이 있습니다. 국회는 이 문제에 대해 공식적으로 해명했습니다."

그의 말에 우파 의원들은 웅성거렸고 나머지 의원들은 박수를 쳤다. 우파 의원들은 계속 저항을 했지만 결국 좌파 의원들이 주도하는 분위기에 억눌리기 마련이었다. 국회 밖에서 자코뱅 클럽과 코르들리에 클럽이 파리 주민들을 동원해서 좌파 의원들의 활동을 지원하고 있었기 때문에 제아무리 지방에서 왕당파의 입김이 세다 할지라도 국회까지 영향을 미치기란 쉽지 않았다. 의원들이 표결에 부치자고 주장하고, 대다수가 토론을 끝내자는 데 동의했다. 보수적 성향의 카잘레스 의원이 어떻게든 의사진행을 늦추려는 의도로 "법안은 명확하지 않은데도 의결을 연기하지 말자는 의견만 듣고 토론을 끝내는 것은 정상적인 절차가 아닙니다"라고 항의했다. 대부분의 좌파 의원들이 반대하면서 빨리 표결에 부치라고 주장했지만 카잘레스는 고집을 꺾지 않았다. 오툉의 제3신분 출신 베르세르 의원이 "카잘레스 의원은 최초로 일반의지를 존중해줄 것을 요구합니다"라고 말했다. 그러자 국회의장이 카잘레스에게 이렇게 말했다.

"나는 규칙이 정한 순서를 지켰습니다. 일부 의원이 토론을 끝내자고 요구했기 때문에 나는 의원들의 의견을 물어서 결정했습니다. 그러므로 당신의 제안을 표결에 부칠 수 없습니다."

카잘레스가 절차에 문제가 있다고 다시 한번 주장하자, 다른 의원들은 빨리 법안을 표결에 부치라고 요구했다. 그러나 카잘레스 의원은 의장에게 의원 대다수가 투표방법을 의심스럽게 생각하므로 다시 한번 해보자고 요구했

주교들과 귀족 사제들에게 맹세를 시키는 방법.
성직자 시민헌법을 준수하겠다는 맹세는 종교인들을 거의 반반으로 분열시켰다.
그림에서 보듯이 고위직 종교인은 자발적으로 맹세하려 들지 않았다.

1791년 2월 28일, 튈르리 궁에서 왕의 명령으로 '단도의 기사들'을 무장해제하는 모습
(작자 미상, 프랑스국립도서관^{BNF} 소장).

콩데 공이 망명객들과 함께 모형 병사들의 열병식을 보고 있다.
개가 모형에 오줌을 갈긴다. 오합지졸의 열병식이라는 조롱이 담긴 그림이다.

여성 애국자 클럽에서 국회소식지 『모니퇴르』를 읽고 있다.
한 여성이 쟁반 위에 돈을 놓고 있다. 국회에 보낼 애국성금이다.

이 애국자는 교황 칙서를 가지고 밑을 닦는다. 교황의 권위를 조금도 겁내지 않는다
(작자 미상, BNF 소장).

사람들이 신작로의 의자에 앉아 한가롭게 행인들을 보면서 자유롭게 이야기를 나눈다.

애국자들이 바렌의 검찰관인 식료품상 소스의 집으로 들어간다.
그들은 거기서 왕을 알아본다.

다. 그는 계속해서 한 사람의 의견만 듣고 토론을 끝마치는 경우가 어디에 있느냐고 따졌다. 의장은 의원들이 명령하지 않는 한 카잘레스의 안을 표결할 수 없다고 말하면서 비서들과 자신은 절차상 아무런 문제가 없다고 생각하지만, 의원들이 모두 그렇게 생각한다면 요구대로 해줄 수 있다고 하면서 의원들의 의견을 묻겠다고 말했다. 1755년 자기 가문의 라르디말리 성에서 태어나 페리고르의 귀족 대표로 진출한 푸코 드 라르디말리(옛 후작)는 자신도 비서들처럼 아무런 문제가 없다고 보지만 두 가지 명제가 있다고 지적하면서, 하나는 근본적인 문제에 대한 토론을 끝내는 일인데 그것은 이미 해결되었으며, 다른 하나는 의결을 연기하느냐는 문제에 대한 토론을 끝내는 일로서 아직 결정이 나지 않았다고 했다. 의장은 곧바로 의원들에게 교황의 편지를 받을 때까지 연기하는 문제에 대해 토론할 것인지 물었다. 의원들은 토론을 끝내기로 결정했다.

이렇게 우파 의원들의 지원을 받은 고위직 종교인 의원들이 어떻게든 성직자 시민헌법의 시행을 늦추려고 노력했지만 결국 의원들은 토론을 끝내기로 결정했다. 이제부터 본격적으로 성직자 시민헌법을 시행할 법을 심의할 차례가 되었다. 부아델이 위원회를 대표해 법안에서 모호한 부분을 좀더 확실하게 고쳐서 상정한다고 했다. 제1조를 읽으려는데 어떤 주교가 이러한 절차에는 참여할 수 없다고 말했고, 이 말에 동조하는 종교인들이 자리에서 일어섰다. 모리 신부가 말했듯이, 종교인에 대한 법을 제정하는 데 종교인이 참여할 수 없다는 취지였다. 여러 의원이 조목조목 수정안을 내고 추가하면서 법안을 심의하는 동안 우파 의원들은 참여하지 않았다. 합동위원회가 제출한 법안을 여러 번의 투표로 수정과 보완을 거쳐 한 조씩 확정해나갔다. 저녁 6시에 시작한 회의에서 수많은 토론을 거쳐 10시 반에 "모든 종교인이 공무원으로서 국민, 법, 왕에게 충성하고 헌법을 보존하겠다는 맹세"에 관한 법을 통과시켰다.

제1조. 주교, 예전의 대주교, 아직 지위를 유지한 사제들은 7월 12일의 성직자 시민헌법의 제21조와 38조에서 규정한 대로, 또 지난 7월 24일의 (종교인의 봉급에 관한) 법 제39조에 해당하는 사람들이 해야 할 맹세를 아직 하지 않은 경우, 반드시 맹세해야 한다. 그들은 법에 따라 자신이 맡은 주교구나 교구의 신도들을 성심껏 보살피고 국민, 법, 왕에게 충성하며, 국회가 제정하고 왕이 받아들인 헌법을 온힘을 바쳐서 보존할 것을 맹세한다. 현재 주교구나 소교구에 있는 사람들은 일주일 이내, 프랑스의 다른 지역에 있는 사람들은 한 달 이내, 외국에 있는 사람들은 두 달 이내에 맹세한다. 모든 경우 이 법을 반포한 날부터 적용한다.

제2조. 보좌주교, 기타 고위직 종교인과 신학교장, 보좌신부, 신학교와 중등학교 교수들, 그 밖의 종교인 공무원들도 같은 기간 안에 자기 임무를 엄밀히 수행하고, 국민, 법, 왕에게 충성하며, 국회가 제정하고 왕이 받아들인 헌법을 온전히 보존할 것을 맹세한다.

제3조. 맹세는 일요일 미사가 끝날 때 한다. 주교, 예전의 대주교, 그들의 보좌주교, 고위직과 신학교장들은 주교좌 성당에서 한다. 사제, 보좌신부, 그 밖의 종교인 공무원들은 자기와 관련된 소교구 교회에서 코뮌 총회와 신도들이 보는 앞에서 맹세한다. 이때 그들은 적어도 이틀 전에 맹세를 하겠다는 의지를 담은 선언문을 작성해서 시정부 기록보관소에 제출해야 하며, 시장과 협의하여 날짜를 결정한다.

제4조. 주교, 예전의 대주교, 사제, 그 밖의 종교인 공무원으로서 현재 국

회의원직을 수행하는 사람은 이 법이 공식 승인을 받는 날부터 일주일 안에 국회에서 맹세한다. 그들은 맹세한 뒤 일주일 안에 자기 출신 시정부에 맹세 이행 증명서를 발송한다.

제5조. 주교, 예전의 대주교, 사제, 그 밖의 종교인 공무원으로서 기간 안에 맹세를 하지 않을 경우 사임으로 간주하며, 성직자 시민헌법에 관해 지난 7월 22일 통과한 법 제2장에 따라 후임자를 뽑아 빈자리를 메우도록 한다. 이에 대해 시장은 기한이 지난 뒤 일주일 후 맹세하지 않은 종교인을 파악하여 고발해야 한다. 주교, 예전의 대주교, 보좌주교, 고위직 종교인, 신학교장의 경우 도의 검찰총장에게 고발한다. 사제, 보좌신부, 그 밖의 종교인 공무원은 디스트릭트의 검찰관에게 고발한다. 국회는 이 법의 실천을 게을리 하지 않도록 모든 사람이 서로 보증하고 책임지도록 명령한다.

제6조. 주교, 예전의 대주교, 사제, 그 밖의 종교인 공무원들이 각자 소정의 맹세를 한 뒤 국회가 제정하고 왕이 받아들이거나 승인한 법에 복종하지 않을 경우, 또는 그 법을 집행하는 일에 반대하거나 반대를 부추기는 경우, 법에 반항하는 것으로 보고 디스트릭트 법원에 고소하고 봉급을 몰수하는 벌을 내리며, 어떠한 공무에도 참여할 수 없도록 능동시민권을 박탈한다. 그리고 사안의 중대성을 고려해 경우에 따라 더 큰 벌을 내리지 않더라도 지난 7월 12일의 법에 따라 공석에 후임자를 임명한다.

제7조. 주교, 예전의 대주교, 사제, 그 밖의 종교인 공무원으로서 아직 지위를 유지하면서 맹세를 하지 않은 사람들, 그리고 이미 폐지된 직책, 역시 폐지된 재속 종교단체 구성원들로서 어떠한 공직에 관계하거나 집단으로 공직을 수행하는 경우는 모두 공공질서를 교란하는 자로 간주해 소

추하고 위에 적시한 것과 같은 벌을 내린다.

제8조. 종교인이건 속인이건 국회가 제정하고 왕이 받아들이거나 승인한 법에 복종하지 않으려고 연합하거나 집행을 방해하거나 방해하는 분위기를 부추기는 자들도 모두 공공질서를 교란하는 자로 소추하고 엄하게 벌한다.

왕은 그로부터 한 달이 지난 12월 26일에 이 법을 받아들였다. 국회의장은 루이 16세가 서명하고 법무대신 뒤포르 뒤테르트르Duport-Dutertre가 부서한 편지를 읽었다.

"여러분, 나는 방금 지난 11월 27일의 법을 받아들였소. 나는 국회가 바라는 대로 이 법을 받아들이면서 그동안 시간이 걸렸던 이유를 내 솔직한 성격에 맞게 공개적으로 설명하겠소."

왕은 자신이 받아들이고 보전하겠다고 맹세한 헌법을 모든 방법으로 지원하겠다는 결심을 변치 않겠다고 이미 여러 차례 국회에 알렸지만, 이 법을 받아들인다는 사실을 늦게 천명한 이유는 온유한 방법이 엄격한 방법보다 낫다는 사실을 마음속으로 바라고 있었기 때문이라고 설명했다. 그는 사람들이 차분해질 수 있는 시간을 기다리면서 이 법이 국회뿐 아니라 자신에게도 역시 기분 좋은 화합 속에서 집행될 수 있으리라고 믿었기 때문이니, 부디 자신이 신중했던 이유를 모두 알아주기 바란다고 호소했다. 그는 국회와 자기 사이에 이러한 상호감정만큼 더 확실하고 적절하게 모든 소요를 진정시키고 모든 저항을 극복할 방법은 없다면서 편지를 끝마쳤다. 의원들은 왕의 편지에 아주 만족하고 감사와 존경의 표시로 박수를 쳤다. 박수의 물결은 여러 번이나 회의장에 퍼졌다. 왕이 거짓말을 늘어놓는다고 생각하는 의원이 있었겠지만, 전체적인 분위기를 거스르기란 어려웠을 것이다.

그다음 날인 27일, 그레구아르 신부가 맹세를 했다. 그는 종교와 조국에 충성한다고 말문을 열었다. 그는 신성한 종교를 끊임없이 전파하는 선교자 노릇을 계속할 것이며 필요하다면 순교자가 되겠다고 말했다. 그러고 나서 아무리 진지하게 곰곰이 따져도 성직자 시민헌법에서 종교인이 믿고 가르쳐야 할 신성한 진리를 해칠 수 있는 요소를 하나도 발견할 수 없기 때문에 맹세를 하지 못할 이유를 찾을 수 없다고 말했다.

"나는 내가 이끌어야 할 신도들을 정성껏 돌보겠으며, 국민과 법과 왕에게 충성할 것을 맹세합니다. 나는 프랑스 헌법, 특히 성직자 시민헌법과 관계있는 모든 시행령을 온힘을 다해 보존할 것임을 맹세합니다."

그의 뒤를 이어 58명이 똑같이 맹세했다. 28일에 오툉의 주교 탈레랑 페리고르와 사제 3명, 29일에는 1명, 31일에는 8명이 맹세 행렬에 가담했다. 새해 첫날, 사제 1명이 맹세했다. 왕이 법을 승인한 지 일주일이 되는 1월 2일 일요일 오전 11시에 회의가 시작되자 사제 3명과 성당참사회원 1명이 맹세했다. 조금 뒤 리다의 주교 고벨 의원이 정식으로 맹세했다. 주교로서는 두 번째의 맹세였다. 1월 3일에는 회의가 시작되자마다 사제 23명이 맹세했다. 그리고 맹세할 수 있는 마지막 날인 1월 4일에 5명이 맹세했다. 이렇게 종교인 국회의원 105명이 맹세했다. 모두 250명의 종교인 의원 가운데 주교급보다 하위직이 훨씬 많이 맹세했지만, 아무튼 맹세한 의원은 40퍼센트 정도였다. 전국적으로 볼 때, 파리 주변에서 맹세율이 거의 90퍼센트로 혁명의 영향을 가장 많이 받는 것으로 나타났고, 서부에서는 비선서 종교인이 거의 80퍼센트로 나타났다. 전국적으로는 6만 명 정도의 재속성직자* 가운데 겨우 3만 명 남짓한 52퍼센트 정도만 맹세했던 것이다. 종교인들이 정신적 지도자였던 시대라 하지만, 그들 가운데에는 문화적 변화에 제대로 적응하지 못하는 사람이 많았다. 비단 종교문제뿐만 아니라 모든 면에서 '비공시성非共時性의 공존共存'을 보는 것은 예나 지금이나 모든 사회에서 나타나는 현상이다. 같은 시대와 공간 속에 사는 사람들이 제각각 다른 시대의 문화를 보여준다는 말이다. 예를 들어 박근혜 전 대통령을 '주군'이라고 불렀던 비서실장이나 대통령의 사진을 '존영'이라고 칭했던 자유한국당 의원들 그리고 그들의 말이라면 종교적 진리처럼 믿고 따르는 사람들이 민주주의를 실천하려는 사람들과 대립하는 것도 우리 시대의 모습이다. 2016년의 박근혜는 1970년대의 박정희가 다시 우리 앞에 나타난 것처럼 '문화융성'을 말하면서도 '블랙리스트'를 작성해서 민주주의적 문화를 압살하려다 발각되었다. 그와 마찬가지로 2세기 전의 프랑스에서는 문화적 변화가 일어나 종교인이 더는 제1신분이 아니라 시민사회의 일원이 되었지만, 절반 정도의 종교인이 아직도 그 현실을 인정하지 못하겠다고 저항했던 것이다.

1월 2일, 클레르몽의 주교 보날은 연단에 올라 성직자 시민헌법에 대해 또다시 토론의 불길을 살리려 했다. 의원들이 의장에게 보날 의원의 참뜻이 맹세를 하겠다는 것인지 아닌지 분명히 질문하라고 촉구했고, 결국 의장은 보날 의원의 입에서 맹세를 할 수 없다는 발언을 얻어냈다. 1월 3일, 에보의 사제 부르동 의원은 '자칭'『클레르몽 주교의 맹세』라는 인쇄물이 나돌아 다니고 거기서 종교인 대다수가 그 맹세를 채택했다고 말한다는데 어찌된 일이냐고 문제를 제기했다. 우파 의원들이 "그건 사실이오!"라고 외쳤다. 부

---

* 종교인은 수도원 규율에 맞게 사는 수도성직자réguliers와 민간인을 상대로 일하는 재속성직자 séculiers로 나뉘었다.

르동 신부는 이미 맹세한 공무원 종교인들이 자리에서 일어나 자기 이름을 분명히 말하게 하자고 요구했다. 그것은 클레르몽의 주교가 과연 맹세를 하는지 하지 않는지 공개적으로 확인하자는 뜻이었다. 파리의 장 바티스트 트렐라르 의원은 클레르몽의 주교가 공식적으로 맹세하지 않았다는 사실을 모두 알고 있는데도 그런 인쇄물이 나온 것은 그것을 퍼뜨린 작자가 주교를 모욕하려는 것이라고 설명했다. 이렇게 국회에서는 의사일정에 맞춰 회의를 진행하다가도 맹세문제가 불쑥 튀어나와 토론이 벌어졌다. 그리고 선서 사제/비선서 사제의 문제는 이후 반혁명의 불씨를 살리게 될 중요한 주제가 되었다.

1월 8일에 스웨덴 귀족 악셀 폰 페르센 백작은 파리 소식을 고국에 전했다. 그는 파리가 종교인 문제 때문에 시끄럽고 그 결과를 예측하기 어렵다고 했다. 클레르몽 주교 보날에 대해 말하면서, 다수의 종교인이 그의 뒤를 따랐으며, 결국 95명이 맹세를 거부하고 60명이 맹세를 했다고 전했다. 맹세한 사람 가운데 오툉의 주교와 보르도의 대주교가 있으며, 상스 대주교와 리다 주교를 제외하고 프랑스의 모든 주교가 거부했고, 바로 그 순간부터 종교계가 양편으로 나뉘었다고 전했다. 이 여파로 지방에서 큰 소용돌이가 일 것으로 생각하는 사람이 많지만 자신은 그 말을 믿지 않는다고 하면서 사태가 원만히 수습되기를 바라는 희망을 편지에 담았다. 그 근거로 그것이 종교인들의 신분 안에서만 일어나는 일이 아니며, 프랑스인들이 스스로 주교와 사제를 선택하는 일을 즐길 것이라는 이유를 댔다. 그럼에도 그는 장래에 대한 두려움을 숨기지 않았다.

"앞으로 학살극이 벌어진다 해도, 그리고 악의에 찬 사람들이 파리 사제들의 맹세 거부를 이용해서 하층민을 부추겨 그들을 공격하게 만드는 일이 벌어진다 해도, 조금도 이상하지 않을 것입니다. 그들은 혼란을 이용해서 얻을 것만 있지 잃을 것은 없습니다. 아, 불행한 나라여!"

2
왕실의 근황

1790년 9월 18일에 국회의장 뷔로가 대표단을 이끌고 법을 승인해달라고 갔을 때 루이 16세는 그들에게 다음과 같이 말했다.

"국회가 베르사유 근처에서 발생한 무질서사태를 멈추는 데 전념하는 것을 보고 아주 만족했소. 내가 사냥의 모든 장비를 폐기하려고 결정한 것은 이 무질서 때문이 아니오. 나는 지난 1년 동안 사냥을 하지 못했을 뿐 아니라 사냥하겠다는 생각도 하지 않은 채 수렵부狩獵部를 일시적으로 개혁해야겠다고 생각했소. 그렇다고 이 오락을 완전히 포기하지는 않을 것이오."

1789년 7월 14일, 파리에서 주민들이 바스티유를 둘러싸고 공방을 벌이면서 피를 흘릴 때나 또 10월 5일에 파리 아낙들이 베르사유로 행진해갈 때도 숲속에서 사냥을 즐기고 있던 루이 16세는 지난 1년 동안 사냥을 다니지 못했다. 그는 혁명이 끝나거나 시국이 안정되면 다시 사냥을 즐길 수 있으리라는 희망을 버리지 않았지만 그것이 얼마나 헛된 꿈인지 시간이 지나면 더잘 알게 될 터였다.

왕과 왕비는 그럭저럭 일상생활에 적응했다. 왕은 비록 사냥을 다니지 못했지만 대신들과 회의를 하고 국회에서 처리한 법을 접수하여 마음에 들지 않을 때는 승인하지 않고 버티면서 하루하루 넘어갔다. 왕비는 오전에 벽

걸이 장식융단을 수놓으면서 공주의 공부를 감독했다. 매사가 답답하고 우울한 나날에 바느질이야말로 독서보다 훨씬 시름을 잊고 정신을 집중하기에 적합한 일이었다. 왕과 왕비는 일주일에 두 번씩 외부인사들을 접견하는 날 함께 공개적으로 밥을 먹었다. 다른 날에 왕비는 자녀들과 함께 시간을 보냈다. 그렇게 좋아하던 오페라나 연극을 구경하지 못했다. 왕비의 침전 수석시녀 캉팡 부인은 1791년 9월에 왕이 헌법을 받아들일 때까지 왕비가 그렇게 살았다고 증언했다. 왕비전의 총감인 랑발 공작부인은 저녁에 호화로운 잔치를 벌이고 많은 손님을 맞아 즐겁게 보냈다. 왕비는 어쩌다 거기에 참석했지만 나중에는 자신이 낄 자리가 아니라고 느꼈는지 자기 처소에 틀어박혀 수를 놓고, 공주나 시누이와 이야기하면서 시간을 보냈다.

1790년 여름이 되면서 왕뿐 아니라 왕비도 튈르리 궁을 벗어나고 싶었다. 왕비는 지난 2월 가장 든든한 후원자로 믿던 오빠 조제프 2세를 여의었고 슬픔을 견뎌냈다. 더욱이 국회는 점점 더 왕실 예산에 까다롭게 굴고 왕의 권력을 제한했다. 왕비는 날마다 튈르리 궁을 벗어나 생클루 궁으로 가고 싶었다. 생클루 궁은 파리의 서쪽에 있었다. 그것은 원래 16세기 앙리 2세의 비가 된 카트린 드 메디시스와 함께 프랑스로 온 피렌체 은행가 공디가 지은 저택인데 그 뒤 주인이 바뀌고 또 바뀌었다. 16세기 말 앙리 3세가 살해되고 앙리 4세가 왕으로 인정받은 장소이기도 한 생클루 궁은 17세기에는 루이 14세의 동생인 오를레앙 공 필리프 1세에게 팔렸다. 그리고 1784년에 루이 16세는 왕세자를 낳은 마리 앙투아네트를 위해 오를레앙 공 루이 필리프 1세(필리프 1세의 증손)에게 600만 리브르를 주고 그 궁을 샀다.* 루이 16세는 그 궁을 베르사유 규모로 확장공사를 한 뒤 거기에 들어가 살 계획을 세우고 있었다. 튈르리 궁이 파리 시내에 조그만 정원을 끼고 있는 데 비해 생클루 궁은 사냥하기 좋은 숲을 끼고 있기 때문에 사냥을 즐기는 부르봉 가문의 왕에게 더없이 적합했다. 그리고 도주계획을 세우고 성공을 꿈꾸기에도 더없이 좋았다.

6월 3일 저녁에 왕은 국회의장을 불렀다. 그는 가족과 함께 생클루 궁에 가서 지내면서 계속 국회와 소통을 원활히 하기 위해 파리로 자주 오겠다고 말했다. 이튿날 국회의장은 이 사실을 국회에 통보했고 의원들은 별로 반대하지 않았다. 그러나 며칠 전부터 파리 시내에는 왕비를 지지하는 '오스트리아 위원회'가 튈르리 궁에서 획책한 두려운 작전에 대한 소문이 퍼지고 "루이 16세 생클루 궁으로 출발 예정"이라는 글도 나돌았다. 사람들은 술렁거렸고, 파리 시장 바이이는 라파예트에게 국민방위군을 동원해서 왕실이 생클루 궁으로 옮길 때 소요를 막아달라고 했다. 프레롱이 발간하는 『인민의 대변자L'Orateur du Peuple』 12호에는 루이 16세를 원망하는 글이 실렸다.

> 오, 루이 16세여, 그대는 떠난다. 그대는 모든 위험이 닥치는 수도를 떠난다. 말해보라. 생클루 궁으로 떠나는 뜻이 무엇인가? 그대, 우리의 자유가 고통스럽고 발작적인 단말마를 내지르는 모습을 외면하려는가? 그대에게 뻗은 다급한 손길을 뿌리치려는가? 그대의 충실한 인민과 함께 죽기를 두려워하는가? 아니면 파리를 멀리한 곳에서 악당들의 군대를 지휘하는 고상한 허수아비로서 가증스러운 내란을 정당화하고자 하는가? 아, 불쌍하도다. 우리의 인민이여!

---

* 혁명기에 루이 16세의 대안으로 부상한 오를레앙 공 루이 필리프 2세는 1747년 바로 생클루 궁에서 태어났다. 생클루 궁은 1870년 프로이센과 전쟁을 벌일 때 포격에 불타 폐허가 되었고 이후 국가가 관리하는 숲이 되었다.

루이 16세가 출발하는 날, 사람들이 우르르 나와서 그 광경을 지켜보았다. 그들은 단지 루이 16세가 단단히 호위를 받는지 확인하려는 듯이 침착하게 지켜보았다. 루이 16세는 그렇게 국민방위군의 호위를 받으면서 생클루 궁으로 갔다. 그곳은 튈르리 궁보다 훨씬 쾌적하고 또 감시의 눈도 적었다. 파리 한복판에 있는 튈르리 궁은 항상 어중이떠중이들의 감시를 받는 곳이었지만, 생클루 궁에서는 왕과 왕비가 각각 한두 명의 시중 또는 감시를 받으면서 산책을 다니다가 돌아갈 수 있었다. 왕과 왕비는 따로 오후 4시에 궁을 나가 8시에, 그러다가 어떨 때는 9시에 환궁했다. 여름이라 날이 길었고 늦게 어두워졌기 때문이다. 왕은 근위대를 거느리지 않고 단지 라파예트의 부관 한 명만 데리고 다닐 수 있는 허락을 받고 그렇게 외출했던 것이다. 왕세자를 데리고 외출하는 왕비의 곁에도 한 명만이 따라다녔다. 그리고 그것은 일종의 훈련이었다. 일정한 시간에 궁에서 일정한 거리까지 규칙적으로 오가면서 감시자들을 안심하게 만드는 훈련, 바로 왕의 도주계획의 일부였다.

왕비는 캉팡 부인에게 계획을 알려주었다. 자연스럽게 산책을 나섰다가 환궁하지 않고 그대로 도주할 계획은 생클루 궁에서 4리외(16킬로미터) 밖의 숲에서 실행할 예정이었다. 왕, 왕비, 공주와 왕의 여동생 엘리자베트는 각각 산책을 한다는 구실로 궁을 벗어나 숲에서 모이는데, 그들에게는 충성스러운 시종들이 합류한다. 왕세자는 가정교사인 마담 투르젤이 데려간다. 그들은 커다란 마차에 타고 멀리 도주한다. 왕은 궁을 떠나기 전 책상 위에 국회의장에게 보내는 편지 한 통을 남긴다. 그 편지는 왕이 환궁할 시간이 훨씬 지난 뒤 시종이 발견하고 급히 파리로 전달할 것이며, 국회의장은 일러야 자정에 이 편지를 읽겠지만 이튿날 아침에야 부랴부랴 회의를 소집해서 체포령을 발동하게 된다. 그때 왕실은 이미 파리에서 적어도 열 시간 이상의 거리를 벗어나 있을 것이다. 그리고 1790년 6월만 하더라도 왕국 안에서 통행은 큰 불편이 없었기 때문에 이 계획이 실패할 확률은 낮았다. 그런데 과연 언제 실행할 것인가? 마리 앙투아네트는 왕의 고모들이 프랑스에서 떠난 뒤에 실행할 것이라고 말했다. 그날은 과연 언제일까?

국회는 1790년 1월 2일부터 왕실비liste civile에 대해 논의했는데, 마침내 5월 26일 법으로 제정했다.* 왕은 매년 2,500만 리브르를 매달 200만 리브르씩 쪼개서 받을 것이다. 지난해까지만 해도 왕의 수입은 전국의 숲과 토지의 수입을 포함해서 모든 세금이었지만, 혁명이 일어난 뒤 수많은 땅과 숲이 국유화되면서 그가 이끄는 왕실을 운영할 예산을 국회에서 결정해야 했다. "프랑스의 왕"이 아니라 "프랑스인의 왕"이 된 그는 자신이 먼저 죽을 때 마리 앙투아네트에게 '과부재산권douaire'으로 400만 리브르도 승인해달라고 요청했다. 이 과부재산권은 과부가 죽은 남편의 재산에 대해 갖는 권리를 말한다. 루이 16세가 죽으면 마리 앙투아네트는 매년 400만 리브르를 열두 달로 균등분할해서 받게 된다. 루이 16세는 왕실비 2,500만 리브르보다 그 유산을 확보했다는 사실을 더 기뻐했다고 한다. 아무튼 그는 매달 200만 리브르의 왕실비를 가지고 자기 아내와 자녀, 고모들, 여동생의 생활비, 자신이 소유한 건물과 가구창고 유지비, 병부兵部의 군대 유지비뿐만 아니라 극빈자를 위한 보시에 충당할 것이었다. 그는 필요한 경우 여론을 유리하게 이끌기 위해 돈을 쓰거나 자기편을 만들 사람을 매수하는 데도 쓸 것이다. 예를 들어 야심찬 미라보 백작은 1789년부터 대신大臣 자리를 노리면서 왕과 국회

---

* 왕의 왕실비, 궁부와 대군들의 빚 청산에 관한 법Fixation de la liste civile du roi, & remboursement des charges de sa maison, & de celles de ses frères.

사이에서 왕의 권익을 보호해주려고 노력했다. 그러나 국회는 미라보가 발의한 법안을 심의한 끝에 1789년 11월 7일에 렌 대학교 법학교수와 변호사 출신인 랑쥐네와 트루아 세네쇼세 제3신분 출신인 블랭의 의견을 받아들여 "현행 국회 회기 중에는 어떤 의원도 왕의 대신이 될 수 없다"고 의결했다. 그럼에도 미라보 백작은 점점 권력을 잃는 왕에게 접근했고, 왕은 은밀히 그를 매수할 수 있었다.

복잡하고 보는 눈이 많은 튈르리 궁을 벗어나 생클루 궁에서 모처럼 편안히 지낼 수 있는 왕의 가족에게 이상한 일도 일어났다. 6월 29일 오전 10시에 마차 한 대가 궁 앞에 서더니 말끔하게 차려입은 젊은이 두 명이 내렸다. 그들은 궁의 층계를 오르다가 현관에 마주 앉아 하루 종일 한마디도 하지 않고 또 꼼짝도 하지 않았다. 그들에게 왜 그러고 있는지 묻는 사람도 없었다. 물었다 해도 그들은 인권선언을 들먹이면서 자신들에게는 남에게 해를 끼치지 않는 한 거기에 있을 자유가 있다고 했을 것이라고 이 사실을 전하는 베르트랑 드 몰빌은 말한다. 몰빌은 1744년에 태어나 1766년 툴루즈 고등법원 판사, 1774년 심리부 판사, 1784년 브르타뉴 지사를 지낸 거물급 정치인으로 1791년에는 루이 16세 측근인 해군과 식민지 대신이 되었고, 나중에는 왕당파 비밀경찰 조직에서 활약한 소식통이다. 젊은이 두 사람은 저녁때가 되어 수위가 궁문을 닫으면서 외부인을 내보낼 때까지 있다가 슬그머니 일어나 마당으로 내려가 왕의 침실 아래서 천천히 걸어다녔다. 수비대 장교가 그들에게 밖으로 나가라고 명령했다. 수비대는 그들을 내보내고 나서 철책의 문을 닫았다.

두 사람은 철책을 나선 뒤 문에서 멀지 않은 곳까지 가다가 순찰대를 만났다. 순찰대가 그들의 이름을 물으니 폴(바울로)과 피에르(베드로)라고 했다.

순찰대는 그들을 마차에 태워 다리까지 데려다주었다. 순찰대가 다시 궁 주위를 도는데 그들이 탄 마차가 다시 왔다. 그래서 순찰대는 두 사람을 막사로 끌고 가 심문했다. 두 사람은 상부의 지시를 받고 왔노라고 말하면서도 상부가 누구인지는 말하지 않았다. 자신들을 예수의 제자인 '바울로'와 '베드로'라고 밝힌 이들에게 '상부'란 하느님이나 성모 마리아를 뜻했을 것이다. 순찰대는 그날 밤 두 사람을 곁에 두고 감시했다. 이튿날 왕은 그 보고를 받고 파리 시정부에 누가 그들에게 지시했는지 물었고 아무도 그렇게 하지 않았다는 답을 들었다. 다시 두 사람을 심문했더니 이번에는 한 사람이 도지에d'Hozier라고 본명을 밝히면서 자신이 그 유명한 보학자譜學者의 아들이라고 했다. 그의 주머니에서 "루이, 그대는 왕관을 잃었도다. 그러나 생클루 궁에서 그것을 되찾으리라"라고 적힌 쪽지가 나왔다. 다른 사람의 이름은 프티 장인데 그의 주머니에서는 성모 마리아의 그림과 함께 "마리아, 하느님의 어머니"라는 쪽지가 나왔다. 두 사람은 신의 계시를 받고 생클루 궁에 왔다고 밝혔다.

　두 사람을 파리의 아베 감옥에 넣고 조사했다. 오래전부터 알고 지낸 둘은 몇 주 전부터 파리 노트르담 성당의 성모의 제단 앞에서 자주 예배의식을 올렸다. 그러다가 그날 거기서 마차를 타고 곧바로 생클루 궁으로 갔다고 했다. 그들은 감옥에서 지내는 동안에도 생클루 궁에서 보여준 모습 그대로 한마디도 하지 않았다. 그들을 조사한 사람들은 그들이 정신적으로 문제가 있으나 악의는 없는 것으로 판단했다. 그들의 사연은 신문에 실렸고, 그들은 곧 풀려났다. 당시 의사들은 이러한 사건을 분석하면서 혁명이 정신착란과 저능한 상태로 이끄는 경향이 있다고 단언했다. 자유와 평등에 열광한 사람들은 광적으로 흥분하여 정신착란까지 이르며, 순간적으로 강한 충격을 받거나 끔찍한 광경을 본 뒤에 저능한 상태에 빠진다는 것이다. 후자의 경우, 파리에서 일어난 학살 사건이 원인이라고 의사들은 분석했다. 도지에와 프티 장은 끔찍한 사건을 보고 강한 충격을 받았으며 경악한 나머지 그렇게 되었다는 것이다. 그들은 왕의 운명을 몹시 걱정하다가 그렇게 된 것인데도 혁명세력의 신문에서는 그들을 바보처럼 묘사했다고 왕당파 몰빌은 비판했다.

도지에와 프티 장의 사건은 별일 없이 끝났지만, 생클루 궁 경비의 취약성을 고스란히 드러냈다. 튈르리 궁도 사람들이 자유롭게 접근할 수 있었지만, 생클루 궁은 한적한 곳에 있었기 때문에 왕실이 도주할 마음을 쉽게 먹을 수 있는 만큼 반대세력도 쉽게 공격할 수 있는 곳이었다. 그리고 실제로 위험한 일이 일어날 전조라 할 수 있는 일을 굳이 꼽자면 왕의 대신들의 인기가 땅에 떨어지고 사방에서 공격을 받았다는 점이다. 대신들 가운데 가장 인기를 누리던 네케르도 경제를 회생시키지 못하는 한 인기가 곤두박질쳤다. 충성스럽고 왕의 신임을 받는 해군대신 뤼제른 백작은 생도맹그(산토도밍고)에서 국회로 보낸 투서에서 고발한 행위에 대해 스스로 해명서를 작성해서 국회에 제출하는 수모를 당했다. 1790년 8월에 내무대신이 되기 전까지 궁부대신이었던 생프리에 백작도 7월 초에 몹시 심한 비방을 받았다. 파리 코뮌 검찰관은 코뮌 조사위원회와 국회의 조사위원회가 합동으로 요청한 내용을 바탕으로 궁부대신이 1715년에 태어나 군인의 길을 걷고 두애의 군장관 등 화려한 경력을 쌓은 수구파 마이유부아Y.-M. Desmarets, comte de Maillebois 백작과 기병 장교인 본사바르댕Bentrand de Bonne-Savardin과 공모했다는 혐의로 샤틀레 재판소에 고소했다. 혐의는 오직 본사바르댕을 체포할 때 그가 소지했던 일기장에 적힌 내용에 근거했다. 거기서 파르시Farcy라는 이름이 나오는데 생프리에 백작을 뜻한다고 해석했기 때문이다. 궁부대신은 우아하고 힘 있는 문체로 국회에 반박문을 제출해서 자신을 구해야 했다.

7월 14일 전국연맹제를 마치고 왕실은 생클루 궁으로 돌아갔다. 그리고 어느 비 오는 날 왕비는 하루 종일 밖에 나가지 않고 지냈는데, 로통도라는 사람이 왕비를 살해하려고 생클루 궁에 잠입했다가 잡히는 사건이 일어났다. 라파예트는 이 사실을 보고받고 모든 보초병에게 근무를 철저히 서서 다시는 이런 일이 일어나지 않게 하라고 지시했다. 또 하루는 왕에 속한 비밀경찰이 왕비의 독살계획을 밝혀냈다. 왕비는 그 보고를 받고 차분하게 캉팡 부인과 시의侍醫 비크 다지르에게 말했다. 비크 다지르는 캉팡 부인에게 아몬드 기름을 항상 준비했다가 위급할 때 우유에 섞어 마시게 하면 해독할 수 있다고 말했다. 비크 다지르는 왕비가 설탕가루를 곁에 두고 가끔 직접 물에 타서 마시는 것에 대해 걱정했다. 그래서 캉팡 부인은 날마다 자기 처소에서 설탕가루를 곱게 갈아 지니고 다니면서 누군가 독을 섞었을지 모를 설탕가루와 서너 번씩 바꿔치기 해서 왕비를 보호했다.

전국연맹제를 마친 뒤 신문 발행인들은 드세게 왕을 공격했다. 그들은 왕의 의자가 국회의장의 의자보다 약 10센티미터 높다며 "불손하고 건방진 옥좌"라고 화를 냈다. 사실 그 의자를 준비한 것은 왕이 아니라 파리 시정부였다. 그러므로 시장 바이이와 파리 코뮌 의회가 공격을 받아야 마땅했다. 신문에서는 또 비가 온다고 해서 왕이 조국의 제단까지 가지 않고 제자리에서 맹세했다고 비난했다. 아마 루이 16세가 사냥터에서 비를 만났다면 그대로 맞았을 테니 그 비난은 타당했다. 카미유 데물랭은 고대 장군 루키우스 아이밀리우스 파울루스Lucius Aemilius Paullus의 승리에 빗대어 왕을 모욕했다. 국민의 잔칫날에 루이 16세는 마치 기원전 2세기 피정복자인 마케도니아 왕이 손을 뒤로 묶인 채 정복자 파울루스의 뒤를 따라가는 것처럼 보였다고 놀렸다. 그러나 7월 14일에 마라는 늘 하던 대로 대중을 선동했다. 그는 10월 6일의 역사적 가치를 되살리지 못하면 다시금 모든 사람이 망한다. 아직 늦지 않았으니 지금이라도 생클루 궁으로 달려가 왕과 왕세자를 파리로 데려다 감시하라. 오스트리아 여인(마리 앙투아네트)은 오빠(신성로마제국 황제 레오폴트 2세)와 음모를 꾸미지 못하게 연금하라. 모든 대신과 그 하수인들을 감옥에 처넣어라. 파리 시장과 시장의 대리인들을 보호하라고 선동한 뒤, "500~600명만 죽이면 휴식과 자유와 행복을 누릴 것이다. 여러분은 그릇된 사랑 때문에 망설이지만, 그 결과 형제들 수백만 명이 목숨을 잃을 것이다"라고 경고했다. 마라는 자신의 혁명열을 과시하고 독자를 흥분시키려고 구체적인 수치를 제시했지만 정확한 근거를 대지는 않았다. 앞으로도 마라는 반역자를 수백, 수천, 수만 명이나 죽여야 혁명을 살릴 수 있다고 주장할 것이다.

8월 2일, 파리 코뮌은 생클루 궁에 대표단을 보내 왕의 건강과 근황을 직접 보고 오라고 명령했다. 이튿날 대표단은 코뮌 의회에 자신들이 왕의 처소까지 안내받아 들어가서 보고 들은 것을 보고했다. 왕은 그들을 맞아 파리 코뮌이 자신에게 보여준 관심에 지극히 만족한다고 말하고, 건강을 완전히 회복했으니 안심하라고 덧붙였다. 대표단은 왕비의 처소까지 안내받을 수 있었다. 왕비도 그들에게 코뮌 의회가 보여준 친절한 관심에 진심으로 고맙다고 했다. 왕비는 왕의 건강에 대해 걱정하는 사람이 찾아온다면 언제라도 반갑게 맞이하겠다고 했다. 그러나 왕실에 대한 여론은 좋기보다 나쁘기 일쑤였다.

8월의 어느 날, 낭시 군사반란이 일어나기 며칠 전의 일이다. 오후 4시쯤 캉팡 부인은 왕비가 수를 놓는 곁에서 책을 읽어주고 있었다. 사방이 조용한 궁궐의 바깥에서 사람들이 웅성거리는 소리가 들렸다. 왕비와 캉팡 부인은 놀라 밖을 내다보았다. 그들은 시골 아낙들이 떼 지어 몰려드는 모습을 보았다. 생루이 기사, 말타 기사 그리고 종교인 몇 명이 함께 오고 있었다. 그들은 왕비의 창문 아래에 서서 낮은 목소리로 말했다. 왕비와 캉팡 부인은 몹시 불안했지만 막상 그들의 말을 듣고서는 안심했다.

"마마, 용기를 잃지 마시옵소서. 선량한 프랑스인은 모두 마마를 위해, 그리고 마마와 함께 고통을 견디고 있습니다. 그들은 마마를 위해 기도하며, 하느님은 그들의 기도를 들어주실 것입니다. 우리는 마마를 사랑하고 존경합니다."

마리 앙투아네트는 감격해서 눈물을 흘리고 손수건으로 눈물을 닦았다. 노파와 아가씨들이 한입으로 "아, 불쌍한 왕비님, 울고 계신다"라고 안타까워했다. 자라 보고 놀란 가슴 솥뚜껑 보고 놀란다고, 살해와 독살 음모에 시달리던 왕비와 캉팡 부인은 조용한 궁에 사람들이 몰려드는 발자국 소리를 듣고 처음에는 무척 놀랐지만, 그들이 선량한 사람들이라는 사실을 알고 몹시 감격했다. 그럼에도 캉팡 부인은 그들 속에 나쁜 사람이 끼어 있다가 왕비에게 해코지를 할지 몰라 왕비의 손을 잡아 안으로 끌어들이면서 바깥에 있는 사람들에게 왕비가 피곤해서 접견을 마치겠다고 말했다. 그들은 캉팡 부인의 말을 선의로 받아들이고 "저분의 말이 맞아. 안녕히 계세요. 왕비 마마"라고 말한 뒤 돌아갔다. 1790년 여름에 왕과 왕비가 늘 조마조마해하면서 하루하루를 견디는 모습이 눈에 선하다.

왕과 미라보 백작은 그동안 은밀히 연락을 주고받았다. 왕비도 미라보 백작과 저녁에 단둘이 생클루 궁의 정원에서 만났다. 왕과 왕비는 어떻게든 국회에서 영향력 있는 의원을 자기편으로 만들려고 노력했던 것이다. 미라보 백작은 말을 타고 친구 클라비에르 집에 놀러간다고 핑계를 대고 생클루 궁으로 갔다. 캉팡 부인은 미라보 백작을 마리 앙투아네트와 만날 장소로 안내한 사람이 누구인지 알지 못했고, 두 사람이 만난 사실도 나중에 왕비에게 듣고 나서야 알게 되었다. 하지만 왕비는 미라보 백작에게 무슨 부탁을 했는지는 알려주지 않았다. 단지 왕비는 미라보 백작이 돈을 두둑하게 받고는 "왕비 마마, 군주정은 구원을 받았습니다"라고 말했다고 캉팡 부인에게 전했다. 왕비와 젖남매 사이인 요제프 베버J. Weber는 이 당시 유대인, 에스파냐 왕실, 투기업자, 무역회사는 물론 왕실까지 미라보 백작의 웅변과 영향력을 비싸게 샀다고 회고했다. 베버는 혁명 전까지 빚더미에 깔렸던 미라보 백작이 혁명이 일어난 뒤에는 어디서 돈이 생겼는지 파리에 호화저택을 사고, 1788년에 세상을 뜬 박물학자 뷔퐁 백작의 풍부한 장서의 주인이 될 만큼 돈을 펑펑 쓰고 다녔다고 전한다. 그 많은 돈은 어디서 났을까? 페르센 백작은 1791년 초 부이예 장군을 만났을 때 미라보가 왕에게 매달 5만 리브르를 받으면서도 따로 몇 번에 걸쳐 60만 리브르를 받았다고 말했다. 이러한 사정을 모르는 사람들은 그가 돈을 훔쳤다고 믿었다. 이 말은 일리 있다. 공직자가 세금을 개인 용도로 쓸 때 돈을 훔친다고 생각할 수 있기 때문이다.

1790년 8월 하순 낭시에 주둔한 3개 연대가 날마다 들썩거리는 동안 루이 16세는 성직자 시민헌법을 승인하면서 목에 가시가 걸린 기분이었다. "가장 독실한 기독교도"인 그가 제 손으로 종교인들의 지위를 낮추는 법에 서명을 했다는 사실은 두고두고 후회거리였다. 그래서 그는 왕비를 사모하고 헌신하던 스웨덴 귀족 악셀 폰 페르센에게 모든 것을 팽개치고 파리에서 도망쳐 부이예 장군이 있는 메스로 가고 싶다는 속내를 털어놓았다. 그 밖에도 왕을 괴롭히던 문제는 계속 일어났다. 귀족 신분을 없애는 법(1790년 6월 19일)을 자기 손으로 승인해야 하는 괴로움이나, 교황이 성직자 시민헌법을 규탄할 것이라는 내용의 편지를 7월 23일에 받고서도 비밀에 부치면서 아무렇지도 않은 듯이 행동해야 하는 자신에 대해 루이 16세는 이러려고 왕이 되었나 하는 자괴감이 들었으리라. 8월 1일 국회는 왕의 행동을 더욱 통제하려고 외교위원회를 설치하고, 8월 26일에는 프랑스와 에스파냐의 부르봉 가문협약이 무효임을 선언하는 법을 통과시켜 에스파냐가 영국과 전쟁을 시작해도 돕지 않겠다는 의지를 분명히 밝혔으니, 루이 16세는 또 상처를 입었다. 그리고 11월 9일에 새로 구성된 파리 시정부(48명)와 코뮌 의회(명사 144명)는 11월 10일 회의에서 대신들의 해임건의안을 채택하고 국회에 제출했다. 그 결과 11월 20일 전후로 왕은 전쟁대신 뒤포르타이Du Portail, 법무대신 뒤포르 뒤테르트르, 해군대신 플뢰리외 백작, 내무대신 르사르를 임명하고, 외무대신 몽모랭을 유임시켰다.

왕이 국회의 의지와 여론에 계속 밀리면서 상처를 입는 동안 그가 페르센에게 했던 말이 씨가 되었다. 이미 파브라 후작의 경우를 살펴보았듯이,* 왕당파 귀족들은 왕을 파리에서 탈출시켜 혁명의 흐름을 저지하려는 계획을 세우고 호시탐탐 기회만 엿보고 있었다. 그런데 왕의 입에서 직접 파리에서 벗어나 메스의 왕 노릇을 하고 싶다는 소중한 암시를 들은 사람이 어찌 가만히 있을 수 있으랴. 그때부터 그는 본격적으로 왕을 도주시킬 계획을 치밀하게 짜기 시작했다.

---

* 제3권 제1부 7장 "국사범의 재판—베스발 남작, 랑베스크 공, 파브라 후작" 참조.

3
루이 16세를 구하라

　　10월 초부터 며칠 동안 세간에는 왕의 납치 음모가 떠돌았다. 카미유 데물랭이 발행하는 『프랑스와 브라방의 혁명』 45호에서 그 사실을 보도했다. 귀족정의 지지자가 아닌지 의심스러운 군부대들이 루앙 근처로 집결하는 것으로 봐서 조만간 왕을 빼내 오트노르망디로 데려갈 것이 확실하다는 소문이었다. 건축업자 앙주빌리에, 열렬한 왕정주의자로서 투시안을 가지고 있다고 알려진 토마 드 프롱드빌 후작이 이 어려운 일을 계획하고 추진했다. 게다가 법조계 인사, 매춘부, 종교인 지지자, 징세인들이 가담했다. 외국에 망명한 콩데 공과 아르투아 백작이 프랑스 남부의 프로방스 지방으로 군대를 끌고 들어와 83개 도와 전쟁을 벌일 때를 틈타 왕을 빼낸다는 계획이었다. 언제나 반혁명주의자들을 경계하자고 외치던 마라는 『인민의 친구』 245호에서 특히 라파예트와 바이이를 쇠창살로 만든 우리에 가둬야 한다고 주장했다. 그는 귀족과 종교인, 이른바 귀족주의자들을 가장 위험한 적으로 생각하지 않았다. 법을 만드는 자들은 잔인한 대신들, 왕정주의자들, 국민의 대표들로서 온갖 약속과 선물에 선동당하고 부패했다고 말하면서 조국을 저버린 이 비겁한 자들이야말로 군주를 둘러싼 조신들, 자치정부의 행정관들, 파리의 참모부로서 왕을 승리하게 만드는 대신 국민을 행정부에 봉사하도록 희생시킨다고 비난했다. 언론인들이 왕당파의 음모를 경계하자고 외치는 일은 심심치 않게 있었고, 왕을 둘러싸고 사실상 그 일을 계획하는 사람도 있었다.

　　10월 30일에 왕실은 생클루 궁을 떠나 파리의 튈르리 궁으로 돌아갔다.

11월 1일에는 그동안 왕의 은근한 걱정거리가 해소되었다. 영국과 에스파냐가 외교적으로 분쟁을 해결했다는 소식을 들었기 때문이다.* 분쟁은 영국이 누트카 만 북쪽에 거점을 마련하고 캘리포니아의 멘도치노까지 교역권을 확보하면서 끝났다. 국회가 부르봉 가문협약이 무효라고 선포했다고 해도 루이 16세는 같은 가문의 왕이 다스리는 에스파냐의 문제에 전혀 모른 척할 수 없었는데 이제 외교문제에서는 한시름 놓았다. 그럼에도 혁명의 소용돌이 속에 빠져 점점 더 손발이 묶이고 있던 왕은 권력과 위엄을 함께 잃어가고, 더욱이 여러 지역에서 주민들 사이에 사제들을 박해하는 사례가 늘고 있는 상황에서 성직자 시민헌법에 대한 맹세문제로 양심의 가책까지 받고 있었다. 페르센이 루이 16세를 구할 방법을 고민할 때, 메스의 부이예 장군도 어떻게 하면 그의 왕권을 회복시켜줄까 고심하고 있었다.

부이예 장군은 낭시 군사반란을 진압한 뒤 그동안 일어났던 일을 곰곰이 생각해보았다. 그는 오를레앙 공이 낭시 군사반란을 뒤에서 조종했다고 확신했다. 그리고 자신이 군사반란을 진압한 뒤 오를레앙 공과 자코뱅 클럽이 파리에서 시위대를 조직해서 자신(부이예), 라파예트, 전쟁대신 라투르뒤팽의 머리를 요구했다고 생각했다. 이미 보았듯이,** 라파예트는 페슐로슈, 데모트 같은 사람들을 낭시에 파견해서 부이예 장군과 협력하고, 전쟁대신의 아들도 낭시로 가서 부이예 장군을 도왔다. 그런저런 이유로 파리에서 라파예트의 인기는 전국연맹제를 거행한 후 서서히 떨어지다가 9월에는 더욱 급격히 떨어졌다. 그것은 국민방위군이 태어날 때부터 예정된 일이었다. 애당

---

* 제4권 제1부 3장 "불안한 국제 정세" 참조.
** 제4권 제2부 "낭시 군사반란" 참조.

초 부르주아 민병대를 조직한 이유가 하층민의 시위를 진압하여 질서를 유지하는 데 있었으니, 파리 시장과 라파예트는 한통속으로 사사건건 자코뱅파나 코르들리에파가 조직하는 시위를 진압하면서 그들의 불만을 사지 않을 리 없었다. 그런데 라파예트는 낭시에서 군사반란이 일어나기 직전부터 부이예에게 속내를 드러내는 편지를 보냈지만, 9월 이후에는 예전처럼 속내를 제대로 드러내지 않았다.

부이예 장군은 시간이 지날수록 라파예트 장군에게 불만이 쌓였다. 라파예트는 왕에게 돈을 받으면서도 왕의 권한을 축소하는 일에 앞장서는 것 같았기 때문이다. 라파예트는 왕을 위해 일해줄 사람들, 특히 신문 발행인을 매수하겠다고 약속하고 왕실비에서 보수를 받았다. 그래서 부이예 장군은 회고록에서 라파예트에 대해 섭섭한 마음을 쏟아냈다.

"왕은 그에게 헌법이 허용하는 방법으로 왕권과 위신을 드높이려고 노력해주기를 바랐지만, 오히려 그는 왕의 그림자까지 없애려고 노력하는 것처럼 보였다. 더욱이 날마다 높아만 가는 원성을 왕에게 덮어씌우는 데까지 나아갔다. 그는 감옥의 범위를 좁히고 더욱 견딜 수 없는 곳으로 만들려고 노력했다."

사실 라파예트는 파리에서 오를레앙 공과 그를 지지하는 자코뱅 클럽, 그리고 미라보, 라메트 형제, 실르리 같은 국회의원들을 상대하느라 힘들었다. 날마다 급격히 변화하는 정세 속에서 왕에게 충성하는 모습을 보여준다면 어떤 위험이 닥칠지 모르지 않겠는가. 그렇게 시간이 지날수록 라파예트는 부이예와 멀어졌고, 부이예가 생각하기에 자신이 동부전선에서 착실하게 군대를 통솔하는 데 대해 그가 '질투'하는 것처럼 보였다. 이러한 현실을 바탕으로 부이예 장군은 군대의 성향을 분석해야 했다. 자기 휘하에 있는 군대는 그런대로 자신이 통솔할 수 있지만, 나머지 군대는 국회와 오를레앙 공에게 충성했다. 그러나 그가 바라는 것이 있다면 국회를 지지하는 입헌파 군대의 일부라도 여차하면 오를레앙 공보다 왕의 편에 서게 만드는 일이었다. 이 상황에서 왕을 지켜줄 방법이 있을까? 그럴듯한 명분이 있다면 입헌파 군대도 왕에게 충성하도록 만들 수 있을 것이다.

"나는 이제 옛날의 군주정을 복원하는 일이 절대 불가능하기 때문에 왕에게 자유, 위엄, 권력의 일부나마 보전할 수 있게 해주는 방법이라고는 오직 한 가지만 남아 있다고 생각했다."

부이예는 국제 정세를 이용하기로 마음먹었다. 그는 신성로마제국 황제가 군대를 움직이도록 만들어야 한다고 생각했다. 황제의 군대가 마침 벨기에 지방에서 일어난 혁명을 진압하려고 그곳에 머물러 있는데, 황제는 그들을 프랑스 국경 쪽으로 움직이고 국회가 빼앗은 알자스 지방의 소유권이 왕족들에게 있음을 주장하면서 전쟁도 사양하지 않겠다고 선포할 수 있을 것이었다. 부이예 장군은 그 상황을 이용해서 자기 휘하에 가장 훌륭한 왕당파 군대를 모을 수 있겠다고 계산했다. 그는 낭시 군사반란을 진압한 뒤 정규군, 국민방위군, 국경지방 주민들의 신망을 얻었기 때문에 그들의 지휘권을 자기 말고 다른 사람에게 넘기자고 말할 사람은 아무도 없으리라고 확신했다. 동부전선에 걸친 각 도의 지도부는 부이예 장군의 요청에 따라 왕이 헌법상 군 통수권자이므로 직접 메스로 와서 군대의 충성맹세를 받게 하자고 국회에 청원서를 보낼 것이다. 물론 부이예 자신도 같은 청원서를 내리라고 마음먹었다. 군에 혁명의 바람이 불어 군기가 문란해지고 장교에 대한 적대감이 드높은 현실에서 왕의 출현이 상당한 효과가 있다고 설득하면 반대할 사람은 없으리라는 속셈이었다. 군대도 부이예 장군의 말을 따라 똑같이 청원서를 보낼 것이다.

이렇게 여러 경로로 국회에 청원서가 들어가면 좌파 의원들 가운데서도 지지해줄 사람들이 나올 것이다. 특히 드러내지 않고 왕을 돕기로 약속한 미라보도 이 일을 적극 후원해줄 것이다. 일단 군 통수권자가 된 왕이 병사들의 충성심을 되찾기란 쉽다. 그리고 다행히 장교들은 전적으로 왕에게 충성하고 있었다. 황제는 왕만큼 전쟁을 싫어하기 때문에, 국민은 왕이 전쟁을 억제하고 평화를 유지하는 사람이라고 생각할 것이다. 부이예 장군은 자기의 계획이 먹혀들지 않을 경우에도 아무런 문제가 될 것은 없다고 생각했다. 왕을 군 통수권자로 규정하는 헌법과 달리 왕에게 직접 군의 통수권을 맡기지 않는다 할지라도, 그가 처한 상황은 더 나빠지지 않을 것이다. 그의 행동을 범죄로 규정할 근거가 없기 때문이다.

사실 오스트리아 군대가 프랑스 국경을 지나는 문제는 7월 말에 국회에서 한바탕 논란을 일으켰다. 부이예 장군은 7월 21일 아르덴 도에 파견된 왕의 대리관 본송에게 황제의 대사인 메르시 아르장토가 브라방의 혁명을 진압하기 위해 출동하는 오스트리아 군대를 뢰상부르 쪽의 프랑스 국경으로 통과하게 해줄 수 있느냐고 물었다는 내용의 편지를 썼다. 대사는 양국이 조약을 맺어 큰 문제가 없는 한 국경을 지나갈 수 있게 했음을 상기시켰다. 본송은 부이예의 편지를 아르덴 도 지도부에 전했고, 아르덴 도 지도부는 7월 27일 국회에 이 문제를 넘겼다. 의원들은 한바탕 논란 끝에 28일에 다음과 같이 의결했다.

국회는 외국 군대가 프랑스 영토를 통과하는 문제에 대해 입법부가 제정하고 왕이 승인한 법에 의해서만 허용할 수 있음을 의결한다. 따라서 전쟁대신이 전방 지휘관들에게 내린 명령은 무효다. 단 국회는 헝가리 왕의 대사가 요청한 오스트리아군의 프랑스 국경 통과문제에 대해 병력의 수, 무기의 종류, 행선지와 행진속도에 대해 정확히 알 때까지 결정을 보류한다.

부이예 장군은 이미 이러한 경험을 했지만, 낭시 군사반란 이후 군부대의 충성심을 확인하는 일이 다시금 중요해졌기 때문에 오스트리아 군대의 협조를 얻어 왕을 메스로 당당히 데려가 자유를 되찾게 해줄 가능성이 있다는 희망에 부풀어 있었다. 그리고 그는 믿을 만한 몇 개 도 지도부 요원들에게 속내를 비쳤고, 그들이 왕에게 충성하고 필요할 때면 언제나 그를 돕겠다는 약속도 받아냈다. 그렇게 노심초사하는 가운데 속절없이 시간만 흘러 10월 말이 되었다. 10월 26일, 부이예 장군은 루이 16세가 쓴 편지를 들고 찾아온 파미에 주교 조제프 마티외 다구Joseph Mathieu d'Agoult를 만났다. 루이 16세 편지는 특별히 남의 의심을 살 만한 내용이라고는 없이 평범했다.

"장군은 여전히 부하 장병들과 함께 잘 지내고 있기를 바라오. 나는 이 편지로써 장군을 높이 평가하는 마음을 다시 한번 확실히 전달하고자 하오. 10월 20일 생클루에서."

이 편지는 두 사람을 만나게 할 구실에 불과했다. 망명객이 늘어나고 외국인 첩자들에 대한 경계심이 높아지는 때, 왕당파나 외국인이 혁명을 지지하는 지역을 통과할 경우에는 귀찮은 일이 생길 수 있었다. 자기 신세를 한탄하는 왕의 편지를 지니고 생클루 궁에서 파리를 거치거나 에둘러서 메스로 가는 길에는 위험이 도사리고 있었기 때문에 왕 자신도 편지에 자세한 이야기를 쓸 정도로 어리석은 행동을 하지 않았다. 편지를 전하는 사람의 입으로 충분히 자기 처지를 전달할 수 있기 때문이다. 파미에 주교는 부이예 장군이 이미 알고 있던 대로 왕과 그 가족이 처한 상황이 몹시 비통하다고 말했다. 왕실은 라파예트라는 간수가 지키는 감옥에 갇힌 형국이었다. 라파예트는 점점 위축되는 왕권을 더욱 엄격하게 조여나갔다. 그는 오를레앙 공과 자코뱅 클럽의 공격에 맞서기 위해서 왕을 돕는다는 오해를 받는 일이 불리하다는 사실을 잘 알고 있었다. 그럴수록 왕은 부이예 장군에게 희망을 걸었다.

파미에 주교는 왕의 계획을 들려주었다. 사실 그것은 궁부대신이었다가 혁명이 일어나자마자 독일을 거쳐 스위스로 망명한 브르퇴이 남작이 세운 계획이었다. 왕은 감옥 같은 파리를 떠나 부이예 장군의 군대가 주둔한 국경 도시 가운데 하나를 골라 정착하려 한다. 거기서 자신에게 충성하는 신하들과 그들이 지휘하는 군대를 모은다. 그리고 지금까지 애국자를 자처하는 도당에게 속은 인민들에게 왕에 대한 의무감과 충성심을 되돌려놓는다. 그러나 이러한 방법만으로 부족하다면 동맹국의 지원을 받아 왕국의 질서와 평화를 되찾을 것이다. 듣기에는 쉬운 계획이긴 해도 부이예 장군은 과연 파리에서 수많은 사람의 눈을 피해 은밀하게 왕이 도주할 방법이 있을까라고 생각했다. 그는 먼저 주교를 안심시키려고 이렇게 말했다.

전하께 내 충성심을 전해주시기 바랍니다. 현재 프랑스가 겪는 혼란, 무질서, 무정부상태를 몹시 혐오하는 나는 오직 전하만을 위해 일할 것입니다. 그러나 내 생각에 이러한 방법은 아주 위험합니다. 만일 실패한다면 결국 군주와 군주정을 파멸시키고 말 것입니다. 심지어 전하의 생명까지 위험하게 만들지 모릅니다. 현재 나는 군에서 상당히 신망을 얻고 있기 때문에 그처럼 성패가 불확실한 방법을 쓰지 않고서도 전하께 아주 필요한 봉사를 할 수 있으리라고 믿습니다.

그러고 나서 부이예 장군은 오랫동안 혼자 구상한 계획, 즉 오스트리아 군대를 이용해서 왕의 군사권을 회복해줄 계획을 주교에게 털어놓았다. 그러나 주교는 황제뿐만 아니라 다른 동맹국의 왕들도 루이 16세가 반드시 파리를 떠나 완전히 안전하고 자유로워져야 비로소 그를 위해 자유롭게 행동할 수 있다고 한다는 사실을 부이예에게 전했다. 그렇다. 부이예의 계획대로 안 될 가능성이 높았다. 실제로 8월에도 오스트리아 군대가 프랑스 국경으로 들어온다는 소문을 듣고 곧 스트네의 국민방위군이 3만 명이나 집결했다. 왕의 군대를 모아서 대응하기보다 이렇게 국민방위군이 나서는 한 부이예에게는 희망이 없었다. 더구나 마리 앙투아네트가 캉팡 부인에게 털어놓았듯이 왕실은 고모들의 자유를 위한 볼모인 동시에 프랑스의 혁명을 지키는 볼모였다. 왕이 전한 계획과 부이예가 세운 계획은 모두 실행하기 어려운 것이지만 실현 가능성을 조금이라도 따진다면 부이예의 계획이 좀더 그럴듯한 명분을 갖고 있었다. 그러나 명분이 아무리 그럴듯해도 과연 통할 수 있을까? 둘 다 위험하긴 마찬가지였다. 그럼에도 혁명이 언제 끝날지 모르고 더욱 열기가 달아오르는 가운데 왕이 움직일 수 있는 물리적 범위도 점점 줄어들고 있었으니 치밀한 계획을 세우고 실행해야 한다는 원칙은 변함없었다. 부이예 장군과 파미에 주교는 잠정적으로 1791년 3월에 거사하고, 그 일은 왕의 고모들이 외국으로 빠져나간 뒤에 실행하자고 합의했다.

혁명기에는 뜻하지 않은 사건이 잇달아 일어나기 때문에 아무리 치밀하게 세운 계획도 차질을 빚게 마련이다. 그래서 왕이 파견한 밀사 파미에 주교와 부이예 장군이 단 몇 달 안에 실행하려고 시작한 일은 11월 초부터 8개월이나 걸렸다. 그동안 양측은 암호 편지를 주고받았다. 암호 편지는 당시에 흔히 쓰던 수법이었다. 8월에도 독일에서 외무대신 몽모랭에게 보내는 암호 편지를 적발했다. 이때 파리 문안에서 제3신분 대표로 국회의원이 된 루이 시몽 마르티노는 몽모랭을 불러서 그가 보는 앞에서 봉인을 열자고 제안하면서 이런 종류의 편지는 외교통신에서 늘 이용하는 것이므로 그리 놀랄 일이 되지 못한다고 덧붙였다. 숫자 편지는 아주 일상적인 편지글을 작성하면서 거기에 숫자를 적는 것이다. 양측은 먼저 숫자 암호를 풀 열쇠를 합의해야 한다. 예를 들어 쌍방은 몽테스키외의 『법의 정신』을 열쇠로 정한다. 물론 같은 판본이어야 한다. 편지를 받는 사람은 숫자를 가지고 쪽, 항, 몇 번째 낱말인지 알아채고 『법의 정신』에서 해당 낱말을 찾아 배열하여 문장을 만든다. 또는 실제로 페르센과 부이예처럼 알파벳과 자주 쓰는 낱말을 숫자로 약속해놓고 글을 작성하기도 했다.

이처럼 파리와 메스 사이에 암호 편지를 가지고 사람들이 오갔는데 8개월 동안 한 번도 들키지 않았다. 파리와 메스의 공식적인 거리는 76리외(304킬로미터)였고 여객마차는 화, 목, 일요일에 파리에서 메스로 한 대씩 떠나고 금, 일, 화요일에 메스에서 떠난 마차가 파리에 도착했다. 편지를 우체국에서 부친다면, 메스로 보내는 편지는 월, 화, 목, 금, 토, 일요일 정오에 떠나고, 메스에서 부친 편지는 월, 화, 수, 목, 토, 일요일에 파리에 도착했다. 공식 우편제도나 여객마차제도를 이용했건 아니건, 부이예 장군과 페르센은 철저히 주의했다. 부이예 장군은 편지를 읽고 내용을 기억하고 나서 흔적을 없애려고 태워버렸다. 편지에는 왕이 슬픔, 분노 따위를 솔직하게 쏟아부었기 때문에 남의 손에 들어가면 왕의 처지가 진정 위험해질 터였다. 그리고 정말 중요한 일로 직접 상의해야 할 일이 생기면 직접 만나기도 했다. 부이예 장군(후작)의

아들 루이(백작)가 그 역할을 맡았다.

첫 편지에서 부이예 장군은 왕에게 너무 조급하게 생각하지 말 것이며, 계획이 무르익을 때까지 참고 견디라고 충고했다. 편지가 오가면서 부이예는 왕이 피신하기에 적합한 도시로 몽메디Montmédy, 브장송, 발랑시엔을 천거했다. 룩상부르와 가까운 몽메디, 독일 국경과 가까운 브장송과 달리 벨기에와 가까운 발랑시엔은 부이예의 지휘권이 미치지 못하는 곳이었지만 그는 그 도시가 왕의 명분에 동조할 수 있다고 생각했다. 그곳 주민들은 물론이고 거의 전부가 외국인으로 구성된 주둔군도 왕에게 우호적이었다. 게다가 파리에서 '겨우' 40리외(160킬로미터, 실은 약 200킬로미터) 떨어진 도시였고, 파리에서 가는 길에 이렇다 할 만큼 중요한 도시가 없었다. 발랑시엔은 영국인과 수많은 외국인이 드나드는 곳이었기 때문에 주민들은 외지인에 대해 별로 신경 쓰지 않았다. 그 일대의 지방정부와 정치 클럽들도 수많은 마차가 끊임없이 오가는 것에 대해 일일이 주의를 기울이지 않았다.

브장송은 파리에서 70리외 떨어진 곳으로서 그곳 주민은 아직 왕에 대해 나쁜 감정에 물들지 않았다. 만일 부이예 장군이 외국인 부대들, 그중에서 특히 스위스인 부대를 그곳에 주둔시킨다면 주민들은 주둔군을 가졌다는 사실을 자랑스럽게 여길 것이며, 그렇게 해서 브장송을 확실히 자기편으로 만들 수 있다고 생각했다. 더욱이 브장송이 있는 프랑슈 콩테는 부이예 장군의 지휘권이 미치는 곳이며, 브장송은 스위스와 가까이 있었다. 왕과 스위스의 여러 캉통(주)들은 조약을 맺어 여차하면 2만 4,000명을 프랑스로 보내주기로 했기 때문에 브장송이 세 후보지 가운데 가장 이상적이었다. 몽메디는 파리에서 80리외 떨어진 곳이며, 오스트리아 영토에서 겨우 1마일, 룩상부르에서 6마일 떨어진 마을이었다. 몽메디의 이웃 마을은 비록 작고 주민도 많지 않았지만 작은 규모의 부대가 진을 치기 적합하고 공략하기 어려운 곳이었다. 왕은 세 후보지 가운데 몽메디를 골랐다. 왕은 겨울 동안 필요한 준비를 갖추고 봄에는 상당한 규모의 병력을 모으라고 지시했다. 그는 계획을 실행할 때까지 시간이 넉넉하기 때문에 모든 조치를 확실하게 갖추고 또 준비사항에 대해 일일이 자신에게 알려달라고 지시했다.

루이 16세를 구출하는 계획을 수립하는 동안 국내외의 정세는 여전히 불안했다. 11월 22일 오스트리아 군대가 출동해서 벨기에 지방에 별 저항을 받지 않고 들어가서 12월 2일에는 브뤼셀에 입성했다. 12월 12일에는 벨기에 전역이 오스트리아에 재합병되었다. 프랑스 남부 지방의 페르피냥, 엑스, 리옹에서는 11월과 12월에 계속해서 반혁명세력이 혁명에 저항했다. 이제부터 세 지역에서 일어난 일을 차례로 살펴보자.

4
페르피냥 사태

페르피냥은 프랑스 서남쪽 대서양 연안에 있으며 에스파냐와 국경인 피레네 산맥 동쪽의 행정구역 피레네조리앙탈(동부 피레네) 도에 속한 작은 도시다. 그곳에서 과연 무슨 일이 일어났던 것일까? 사람들을 불안하게 만든 요인은 무엇보다도 페르피냥 주둔군이 줄었다는데 있었다. 투렌 연대가 다른 곳으로 이동하고, 베르망두아 연대만 남았다. 베르망두아 연대의 일부는 페르피냥 성채, 몽루이와 빌프랑슈를 수비했다. 나머지는 병사들의 해고로 병력이 약화된 상태에서 도 지도부가 간접세를 징수하고 곡물의 해외반출을 막으라는 잦은 임무를 수행했다. 그곳 국민방위군은 두 파로 갈린 채 불만에 찬 다수를 진압하기에는 힘이 부쳤다. 사람들의 불만은 날마다 고조되고 하층민을 선동하려고 공공연히 대담한 방법을 동원했다. 심약한 시정부 관리들은 온갖 패악을 뻔히 보면서도 침묵할 정도로 비겁했다. 그들은 무질서나 법 위반 사례를 지속적으로 보면서도 감히 처벌할 엄두를 내지 못했다. 본격적으로 위험한 상황이 시작되었지만 질서를 바로잡을 병력이 부족하기 때문에 국회에 호소하는 것으로 그쳐야 했던 것이다.

구체제에 미련을 버리지 못한 페르피냥 사람들은 과거의 폐단과 편견을 아쉬워하듯이 1년 전 교회에 모여 국회가 제정한 법에 항의하고, 당장 위험한 연합체를 결성한 뒤 다수의 무력한 사람들을 받아들였다. 그리고 나서 그들은 마땅히 집중되는 의심의 눈길을 피하기 위해 평화의 친구들이라는 거창한 이름을 붙였다. 바로 이러한 가면으로 위장한 그들은 헌법에 적대적인 의도를 드러내기 시작했다. 사제들도 한몫 거들었다. 그들은 이 단체가 부추긴 불안감을 더욱 부채질했다. 도 행정관들은 페르피냥의 상황이 이처럼 심각하다는 사실을 잘 알고 있었다. 그들은 병력만 충분하다면 이런 불행을 막을 수 있다고 생각했고, 여러 차례 전쟁대신에게 1개 연대 병력을 파견해달라고 간청했다. 대신은 병력을 보내주겠다고 약속했다. 그러나 대신들이 약속을 이행하지 않자 행정관들의 노력도 수포로 돌아갔다. 주둔군이 보강되지 않는 한 희망이 없었다. 행정관들이 보낸 긴급 호소문이 12월 3일 국회에 도착했다. 그 호소문은 페르피냥이 피비린내 나는 참사를 겪기 직전까지 위급한 상황에 내몰리고 있음을 보여주었다. 그리고 페르피냥은 실제로 그런 일을 겪었다. 12월 21일, 오트손 출신 의원 뮈게 낭투는 보고위원회를 대표해서 국회에 페르피냥 사태를 보고했다.

12월 5일 저녁 9시 반에 페르피냥 문밖 주민 몇 명이 헌우회에 들렀다가 나갈 때 사달이 났다. 그중 한 사람이 '평화의 친구들의 협회'가 모인 집에서 쏜 총탄에 다리를 다쳤다. 주위의 사람들이 도와달라고 외치고 일부는 총탄이 날아온 곳으로 다가갔다. 그들은 돌팔매질을 당했다. 게다가 평화의 친구들 협회가 모이는 집 창문에서 소총을 발사했고, 또 한 사람이 엉덩이를 맞았다. 이처럼 무력하게 목숨을 잃을 수 있다는 사실에 화가 난 시민들은 무기를 가지러 달려갔다. 사람들이 사방에서 모여들어 평화의 친구들 협회 건물을 둘러쌌다. 이제 양측이 서로 총을 쏘고 여럿이 다쳤다. 어두운 밤이었기 때문에 겨냥을 하기 어려웠는지, 아무튼 공식적으로 사망자는 없었다. 시민들은 집 안에서 공격하는 자들의 저항을 받으면서 여러 차례 시도 끝에 문을 부수고 들어갔다. 시민들은 싸움을 먼저 건 사람들을 잡아 동료 시민들이 흘린 피에 대해 분풀이를 톡톡히 하고 나서 베르망두아 연대의 초소가 있는 도 지도부로 끌고 갔다. 시내에서 밤새 총격이 일어나고 있었는데 도 지도부에는 시장과 관리 한 명이 지키고 있을 뿐이었다. 시장이 관리와 그들에게 다가섰다. 시장은 베르망두아 연대 초소를 지키는 병사들에게 민중을 향해 쏘라고 명령했다. 병사들은 계엄령을 내리지 않은 상태에서 그 명령을 이행할 수 없다고 말했다. 병사들이 법적 형식을 존중한 덕택에 페르피냥이 더 큰 참화를 입지 않았던 것이다.

이튿날 도 의회가 모였을 때, 전날 밤에 일어난 불행한 사태와 시정부가 아무런 행동도 하지 않았음을 보고한 뒤 결의문을 채택했다. 무엇보다도 공공의 안정과 질서를 회복하고, 모든 시민은 법의 보호를 받아야 하며, 죄인이라 할지라도 오직 법으로써 처벌할 수 있음을 선포했다. 그러나 붙잡힌 사람들이 있는 곳으로 인파가 몰려들었다. 도 당국은 성난 민중의 손에서 그들을 구출해야 한다고 믿었다. 민중이 화가 났을 때 끔찍하고 잔인한 행동까지 서슴지 않고 저지르는 사례를 익히 보았기 때문이다. 도 당국은 위원 두 명을 군 사령부로 파견해서, 시민들에게 붙잡힌 자들을 안전하게 성채 감옥으로 호송하고 국회가 그들에 대해 어떤 결정을 내릴 때까지 보호하는 데 협조해 달라고 부탁했다. 도 당국은 이 사실을 주민들에게 공표했고, 주민들은 "국민 만세, 법 만세, 왕 만세, 도 만세!"라고 외쳤다. 도의 모든 행정관은 국민방위군의 호위를 받으면서 잡힌 사람들을 직접 성채로 데려갔다. 도 당국이 되돌아왔을 때 시민들이 왕의 초상화를 평화의 친구들의 집에서 가져왔다. 시민들은 초상화를 아주 조심스럽게 다루면서 도 회의실에 보관해달라고 부탁했다. 왕은 프랑스에 자유를 회복해준 군주이므로 자신들은 물론 인민의 친구인 행정관들의 사랑과 존경을 받아 마땅하다고 말했다. 왕의 초상화를 다루는 태도를 보면 평화의 친구들이나 그들의 공격을 받은 사람들 모두 왕을 '종교적'으로 숭배했음을 알 수 있다.

국민방위군은 평화의 친구들이 모였던 집에서 여러 가지 화기를 찾아냈다. 그중에는 1킬로그램짜리 탄환을 장착할 수 있는 화기 2정을 포함해서 장전된 소총이 여럿 있었다. 국민방위군은 그 집을 공격한 사람들이 다른 총기를 상당수 탈취하고 남은 것이라고 말했다. 시민 200여 명이 시정부에 청원했다. 공적으로 신뢰를 잃은 시정부의 권한을 정지시키라는 청원이었다. 도 당국은 이에 대해 가타부타 의견을 제시하지 않았고, 단지 국회가 별도로 명령할 때까지 도 당국이 시정부 관리들과 협력해서 시정부의 권한을 행사하겠다고 했다. 시정부도 이에 동의했다. 그렇게 해서 페르피냥은 질서를 회복했지만 완전히 안정되었다고 말할 수 없었다. 평화의 친구들이 먼저 헌우회를 향해 도발했지만 그들의 피해가 더 컸기 때문에 언제라도 사건이 재발할 수 있었다. 그래서 국회는 빨리 페르피냥 시정부에 대해 권한을 정지시킬 것인지 아닌지 결정하고, 사건의 주모자들과 공범자들을 철저히 가려내려면 그 지역 법원 판사들에게 한시라도 빨리 피고와 증인들의 심문을 진행하여 보고하라는 명령을 내려야 했다. 그리고 페르피냥이 6개월 전부터 모든 불행의 근원으로 병력부족을 꼽으면서 병력증강을 국회에 진정했듯이, 주둔군 병력을 보강해주어 다시는 질서를 무너뜨리는 일이 없도록 예방하는 것이 시급했다. 법원에서 심문을 받는 사람들이 병력이 부족한 상태에서 자유롭게 풀려날 때 또다시 피를 흘리는 사태가 발생한다 해도 도 당국이나 시정부는 손을 놓고 바라볼 수밖에 없기 때문이다. 헌법의 적들이 병력이 부족한 행정당국을 우습게 보고 또다시 평화를 교란하려고 노력한다면 큰일이었다. 그래서 시민들이 청원했듯이, 시정부가 12월 5일에 과연 권한을 정지시킬 만한 행위를 했는지 디스트릭트 법원에서 확인하도록 명령했다.

5
엑스의 무질서

1790년 12월 18일, 국회에서는 론 강이 지중해로 흘러드는 지역인 부슈뒤론Bouches-du-Rhône 도의회 의장이 14일 엑스에서 일어난 사태에 대해 보고하는 편지를 읽었다.

엑스에서 혁명의 적들은 계속해서 혁명을 어렵고 위험하게 만들었다. 고등법원을 폐지하는 법을 제정한 뒤 그들은 더욱 대담하게 날뛰고, 음흉한 위협을 더욱 가중시켰다. 도 당국에서는 그들을 부단히 감시하고 무력화시켰지만, 일주일 전부터 그들은 '왕과 종교인의 친구들Amis du roi et du clergé'이라는 정치 클럽을 결성했다. 도 당국은 이 클럽이 굉장히 위험하다는 사실을 알면서도 그들의 모임을 막을 길이 없었다. 엑스에는 이미 '헌우회' 그리고 새로운 사회 구성원이 갖춰야 할 원칙과 반대되는 원칙을 표방하는 '정치에 반대하는 사람들의 클럽club d'Anti-politique'이 존재했다. 이렇게 성격이 다른 클럽들은 서로 위협하는 분위기를 만들어낼 것이 뻔했다.

그런데 '왕과 종교인의 친구들'은 가장 나중에 생겼기 때문에 회원을 늘리려고 갖은 방법을 동원했다. 그들은 12일인 일요일에는 앞으로 왕을 상징하는 흰색 표식을 달겠다고 선언했다. 그날 다른 두 클럽이 모여 자신들이 했던 시민맹세를 지키겠다고 다시 한번 천명했다. 이 두 클럽의 대표단이 시내의 카페 앞을 지나갈 때 그 앞에 있던 리요네 연대 장교들과 '왕과 종교인의 친구들'에 가입한 사람들이 야유를 퍼부었다. 더욱이 카페에서 여러 명이 뛰어나오면서 권총을 쏘거나 칼을 뽑고 달려들었다. 부상자가 많았지만 그 뒤에 일어날 일에 비하면 약과다. 도와 디스트릭트의 지도부와 엑스 시정부가 늘 회의장으로 쓰던 시청에 모였다. 도와 디스트릭트 의원들의 일부는 엑스가 처한 비상시국에 좀더 빨리 대처할 방안을 결정하려고 시정부 쪽으로 가고, 또 일부는 무슨 일이 일어나는지 살피려고 시내를 돌아다녔다. 이들은 질서를 되찾기 위해 힘쓰는 한편 질서를 회복하기 전에는 회의를 멈추지 말라고 명령한 도 당국에 상황을 보고했다. 그들은 리요네 연대의 장교 네 명을 체포해서 코뮌의 집(시청)으로 데려갔다.

도 당국은 젊고 경솔한 장교들이 시청에 갇힌 동료들을 구출하려고 숙영지로 되돌아가서 연대 병력을 무장시켰다는 보고를 받았다. 이 연대의 참모가 평소 애국심과 선행으로 이름 높은 병참 장교와 함께 시정부를 찾아갔다. 시민들이 무장하고 시청으로 대거 몰려가 자신들을 폭행한 행위를 정당하게 심판해달라고 촉구했다. 시정부는 붙잡아둔 장교들을 그들에게 보여주었다. 시민들은 모자를 쓰지 않고 칼도 차지 않은 채 도 국민방위군에게 끌려간 사람에게만 혐의를 뒤집어씌웠다. 시민들의 분노를 누그러뜨리려고 도, 디스트릭트, 시정부의 행정관들은 리요네 연대를 곧 멀리 내보내기로 의결하고, 연대에 즉시 떠나라고 요구했다. 폭동이 일어날 경우 리요네 연대가 본분과 의무를 잊고 자신이 주둔한 도시에만 신경 쓰는 일을 막기 위해 행정관들은 연대의 힘을 약화시켜야 했고, 그래서 5개 중대를 랑베스크, 3개 중대를 로크베르, 2개 중대를 에튀리올로 보냈다. 이 세 곳은 모두 엑스 근처의 작은 마을이다.

그동안 일반 병사들은 장교들의 선동을 받아 동원된 데 비해, 척탄병들은 행정관들이 요구하기 전에는 조금도 움직이지 않겠다고 했다. 엑스가 안전했던 이유는 그들이 법을 지키려고 단호하게 행동한 덕택이었다. 그렇지 않았다면 엑스에는 끔찍한 살육의 피바람이 휘몰아쳤을 것이다. 그동안 일부 장교들의 영향을 받아 피에 흠뻑 취했던 일반 병사들이 다행히 척탄병들의 사례를 본받았다. 그들은 군대 기강을 지키려는 마음에서 장교들의 영향을 받고 일시적인 잘못을 저질렀던 것인데, 이제 척탄병들의 사례를 본받아 기강을 확립할 수 있었고, 행정관들의 명령대로 도시 밖으로 행진했던 것이다. 행정관들은 마르세유에 주둔한 에르네 스위스인 연대 병력 400명과 국민방위군 400명을 곧바로 엑스로 불러들였다. 이렇게 해서 리요네 연대가 아침 6시부터 세 군데 목적지를 향해 출발하는 동안 대체 병력이 엑스에 들어왔다.

행정관들은 아직 안심할 수 없었다. 오래전부터 시민들을 선동하던 파스칼리Pascalis를 감옥에 가두었기 때문이다. 변호사였던 그는 9월 27일에 엑스 고등법원에서 국민을 모욕하는 발언을 했다. 10월 5일, 국회는 조사위원회에 그에 대해 조사하라고 명령했다. 인민은 그가 애국 시민들을 음해하는 계획의 중추역할을 한다고 생각하면서 그를 목매달라고 외쳤다. 감옥을 지키는 일은 엑스와 마르세유의 국민방위군 그리고 에르네 스위스인 연대 분견대들에 맡겼다. 그러나 행정관들은 자신들이 성난 시민들을 설득하지 못하는 한 감옥을 지키고 질서를 유지하는 병력이 부족하다는 사실을 두려워했다. 이 같은 상황은 14일에 더욱 악화되었다. 파스칼리의 머리를 요구하는 사람들이 더욱 늘어나고 점점 더 강력하게 외치는 상황을 보고, 시정부 관리들은 정식으로 스카프를 두르고 여타 행정관들과 함께 감옥으로 가서 사람들을 진정시켰다. 그들은 민중의 요구를 들어주지 않았기 때문에 파스칼리 같은 반혁명파의 친구가 아닌지 의심까지 받았다. 그럼에도 그들이 적절하게 개입하지 않았다면 파스칼리는 나무에 매달려 죽었을 것이다. 국민에게 위협적인 개인들을 비난하는 여론이 계속 들끓고 있기 때문에 언제라도 유혈사태가 벌어질 수 있는 상황이었다. 사람들은 행정관들이 마르세유 국민방위군을 마음대로 이용할 수 있다고 생각해서 그들을 본대로 귀환시켜 엑스에서 무장한 사람들의 수를 줄이라고 요구했다. 그만큼 시정부와 도 당국의 행정관들은 여론의 의심을 받는 상황이었다. 엑스의 디스트릭트 법원은 기라맹의 발언과 수많은 증인으로부터 혐의를 받은 개인들에 대해 특별심문을 실시했다. 법원은 기라맹이 12일에 시민들을 향해 권총을 여러 발 발사했음을 밝혔다.

미라보는 엑스의 질서를 유지하기 위해 국회가 조사위원회와 보고위원회를 합동으로 가동시켜 진상을 빨리 조사해서 대책을 마련해야 한다고 주장했고, 국회의원들은 별다른 토론을 거치지 않고 그 안을 채택했다. 그리고 이틀 뒤인 20일에는 그동안 부슈뒤론 도의회 의장의 편지 외에 엑스 시, 디스트릭트, 도에서 보낸 보고서들을 읽고 다음과 같이 질서를 회복하는 법을 통과시켰고 왕은 24일에 이를 승인했다.

"왕은 부슈뒤론 도의 엑스에 질서를 회복하기 충분한 병력을 파견하고, 민간인 위원 세 명을 엑스에 파견하여 별도의 지시가 있을 때까지 엑스, 디스트릭트, 도에서 한 명씩 뽑은 위원 세 명과 함께 공공질서를 확립하는 데 애쓰도록 한다."

6
리옹의 음모

페르피냥 사태가 벌어질 때, 프랑스 왕국의 제2의 도시 리옹Lyon에서는 노골적으로 반혁명 음모를 꾸미던 사람들이 적발되었다. 사실 국회에서는 리옹의 음모에 대해 3일 먼저 보고를 받았지만, 페르피냥 사태가 우발적인 데 비해 리옹의 음모는 몇 달 전부터 당국이 주목하고 공작해서 밝혀낸 사건이었다.

1790년 11월 당시 왕국에서 인구 60만 명의 파리 다음으로 큰 도시는 리옹이었다. 인구 10만 명을 넘는 리옹은 주로 비단을 짜는 공장이 인구의 3분의 1을 먹여 살렸다. 그러나 구체제 말부터 견직물업은 위기를 맞이했다. 영국인 아서 영은 구체제 말 프랑스를 여행하다가 리옹에 들렀을 때 인구의 5분의 1에 해당하는 2만 명이 극빈자로 전락해서 구호품으로 근근이 연명하는 모습을 보았다. 왕국에서 파리 다음으로 번영하던 도시가 왜 이렇게 되었을까? 그것은 무엇보다도 1786년 영국과 맺은 무역협정 때문이었다. 이미 산업혁명을 시작한 영국에서 능률적인 직조기계로 생산원가를 낮추는 데 비해 기술이 달리는 프랑스의 직조업은 위축되었고, 그 결과 가장 취약한 계층이 극빈자로 몰락했다. 또한 유행의 변화가 비단 생산을 위축시켰다. 여성 의복의 유행을 이끌던 왕비가 비단보다 싼 영국산 모슬린 천으로 지은 옷을 입은 뒤, 견직물업은 영향을 받았다. 더욱이 혁명이 일어나자 귀족, 은행가, 공장주들이 이웃 나라로 빠져나가고 노동자들은 일자리를 잃었다. 노동자들은 국회에 희망을 걸었지만 별 소득이 없었다. 예를 들어 파리에서 입시세 때문에 생필품을 비싸게 구입한 하층민이 세관 울타리를 공격했듯이, 리옹의 새 자치정부도 입시세를 유지하다가 심한 저항을 받고 폐지했지만 국회가 입시세를 유지하도록 의결하는 바람에 하층민의 불만은 최고조에 달했다. 국회는 처음부터 재정문제를 해결하려고 모였으며, 국가가 진 빚을 합리적인 세제개혁으로 청산하는 방법을 찾아야 했기 때문에 입시세가 불합리하다는 사실을 알았다고 해서 하루아침에 막대한 수입을 포기할 수 없는 노릇이었다. 그 때문에 하층민은 더 실망하고 분노했다. 이런 배경에서 리옹은 파리와 달리 반혁명의 도시가 되었다.

국회에서도 리옹의 폭동을 심심치 않게 문제 삼았다. 리옹에서는 입시세를 낮추라면서 폭동이 일어났다. 국회와 리옹 시정부의 노력으로 무사히 폭동을 진압했지만 거기에 불만을 품은 사람들은 계속 불화의 불씨를 살리려고 노력했다. 남부의 니스, 앙티브, 엑스, 툴롱 그리고 국경 너머 토리노 같은 곳에서 프랑스 망명객들이 반혁명의 위협을 가중하는 음모를 꾸민다는 소식이 들려왔다. 망명객들의 하수인이 스위스와 이탈리아를 오가면서 지령을 받고 실행했다. 토리노는 아르투아 백작의 장인이 다스리는 사르데냐 왕국에 속했으며, 그곳이 아르투아 백작, 콩데 공, 부르봉 공이 모여 반혁명 군대를 기르는 중심지가 되었다. 12월 8일부터 9일 사이의 밤에 리옹 국민방위군 장교 프리바는 시정부 관리들 앞에서 자신이 애국 시민들의 도움을 받아 헌법을 뒤집어엎으려고 음모를 꾸미는 모임을 적발했다고 보고했다. 원체 중대한 사안이라 리옹은 파리로 파발꾼을 보냈고, 국회 조사위원회는 기본적인 정보를 얻은 뒤 국회에 보고했다.

지금부터 우리는 리옹에서 반혁명세력의 음모를 적발한 프리바와 그를 도운 사람들의 활동을 통해서 음모의 내용을 알아보기로 한다. 프리바는 몇 달 전부터 그들을 체포하기 위해 슬기롭고 교양을 갖춘 애국 시민들의 충고를 듣고 행동에 옮겼다. 그는 모네, 베르테, 샤조, 다비드 자콥을 음모가들과 접촉하게 한 뒤 그들의 지시를 받고 행동하게 만들면서 음모를 적발했다.

모네의 활동

모네는 리옹 백작이던 팽공의 집에 들렀다. 팽공은 모네가 노동자들과 친하게 지내며 그들에게 영향력을 행사하는 점을 치하했다. 그는 자신을 포함한 대성당 참사회원들이 노동자들에게 얼마나 잘 대해주었는지 자랑하더니, 노동자들도 자신들처럼 혁명 때문에 리옹의 상공업이 망했다고 생각한다고 말했다. 그는 국회의 과격파가 각 지방의 전통을 무시하기 때문에 이 지경에 이르렀다고 했다. 그는 리옹의 하층민이 종교인과 귀족의 재산을 매각하는 것을 냉정한 태도로 보지는 않을 것이라고 덧붙였다. 예나 지금이나 가난한 사람들은 대개 가까이서 자신들에게 일감과 임금을 주는 사람들에게 고마워하고 쉽게 영향을 받는다. 그들은 하루하루 근근이 살아가기 바쁜 일상이 바뀌면 그때까지의 삶까지 사라질까봐 두려워한다. 그래서 지배층은 그들의 공포를 이용해서 보수적 행동을 부추기기 쉽다. 그러나 혁명의 중심지 파리에서는 가난한 사람들이 과격파에게 휘둘리기도 했음을 잊지 말자.

모네는 팽공의 말에 맞장구치면서 환심을 샀고 계속 그 집을 드나들었

다. 팽공은 모네를 믿고 아르투아 용기병 연대 대위 에스카르에게 그를 소개
했다. 에스카르는 여러 차례 팽공의 집에서 모네를 만나더니 르멘 보병연대
장교 테라스 드 테소네에게 소개했다. 두 장교는 마지막으로 리옹 대성당 참
사회 백작들의 고문이자 판사인 기이엥 드 푸즐롱Guillien de Pougelon에게 모
네를 소개했다. 모네는 이 세 사람과 거의 두 달 동안 만났다. 어떤 때는 그
들 중 한 명의 집에서 만났다. 또 모네의 집에서 만난 때는 프리바와 그의 아
들이 침대 뒤에 숨어서 그들의 말을 엿들었다. 그들은 모네에게 선술집 주인
을 포섭하여 아주 싼값에 포도주를 외상으로 제공해준다면 매주 노동자들을
그 집으로 불러 모아주겠다는 계약을 성사시키라고 지시했다. 물론 외상값
은 그들이 갚아준다고 했다. 모네는 선술집 주인이 무심코 그런 사실을 남에
게 털어놓으면 어떻게 할 거냐고 물었다. 푸즐롱은 노동자들이 선술집에서
먹고 마시고 떠들면서 왕족들을 불러들이고 입시세를 깎아달라고 떠들면 된
다고 안심시켰다. 그들은 한시바삐 청원서를 작성해야 하며, 왕족이 리옹에
오기만 하면 리옹에 돈이 넘칠 것이고 상업이 번성하여 노동자들도 일거리
를 되찾을 것이라고 말하면서 모네가 빨리 결심하도록 부추겼다. 그들은 파
리에서 죄수처럼 지내는 왕을 몰래 리옹으로 데려오면 리옹은 제국의 수도
가 될 것이고, 파리인들은 지금까지 불충했던 대가를 톡톡히 치를 것이라고
했다. 그들은 왕족의 거처를 리옹의 브로토에 마련해놓았다고 했다.

모네는 브로토에서 테소네와 에스카르를 두 번 만났다. 두 번째 만난 자
리에 클레르라는 사람이 나타나 모네에게 말을 걸더니 함께 저녁을 먹자고
초대했다. 클레르는 저녁을 먹으면서 국회가 만드는 새 체제가 아주 불편하
며, 푸즐롱은 매우 덕망 높은 사람이라서 그야말로 리옹 자치정을 이끌 시장
감이라고 말했다. 그 뒤 에스카르와 테소네는 모네에게 몇 번에 걸쳐 25루이

(600리브르)를 주면서 되도록 많은 사람을 포섭하라고 했다. 그들은 모네에게 수많은 인쇄물도 주었다. 그리고 헌법의 원리를 헐뜯으면서 이 같은 정치적 성격의 소책자를 배포하라고 지시했다. 그 제목을 보면『가면을 벗은 프랑스의 크롬웰』,*『구원받은 프랑스』,『황금의 입』,『님 가톨릭교도들의 학살』,『이제 눈을 뜨시오』,『동료 시민들에게 고함』,『과부 가스크가 국회에 드리는 글』,『잘레스 병사들의 항의서』,『아주 유명한 작가의 편지』,『새로운 마법의 가로등』, 칼론이 지은『프랑스의 현재와 미래』였다. 모네는 실제로 공모자가 되기는 싫어서 몇 부만 돌리고 나머지는 국민방위군 참모 프라숑의 집에 맡겼다. 모네는 계속해서 테소네가 주는 중상비방문 꾸러미를 받으러 다녔는데, 어느 날에는 시정부 관리 베르틀레와 코뮌의 검찰관 브레가 국민방위군 분견대를 데리고 테소네의 집을 뒤져 중상비방문을 압수하는 모습을 보았다.

　모네가 푸즐롱의 집에 들렀을 때 거기에 모인 사람들이 바로 그 자리에서 리옹 시장을 임명하자는 말도 들었다. 푸즐롱은 몇 차례 난색을 표명하더니 자기 마음에 드는 사람들만으로 시정부를 구성한다면 시장이 되겠다고 말했다. 푸즐롱은 자신이 작성한 명단을 모네에게 주었다. 에스카르와 테소네는 같은 명단 50장 정도를 모네에게 주면서 필요한 경우 돌리라고 했다. 그들은 시정부를 구성할 인사들에 대해 여러 차례 논의했다. 그런데 그동안 시정부 관리 다섯 명이 사임하고 그 자리에 헌법에 오롯이 헌신하는 명사들이 임명되는 바람에 음모자들은 대책을 세우느라 고심했다. 푸즐롱은 민중이 새로

---

* 크롬웰은 라파예트 장군을 뜻한다. 당시 사람들은 라파예트가 "두 얼굴의 사나이"이며, 입으로만 자유를 외치면서 행동은 자신의 정치적 야망을 채우려고 점점 폭군 노릇을 한다고 생각했다.

임명받은 관리들을 싫어하기 때문에, 사임한 사람들의 사표를 반려해야 한다고 시정부를 설득하는 안을 냈다. 그러고 나서 아무도 새로 임명된 '이 껄렁한 자들'과 함께 일하고자 하지 않을 테니 민중이 들고일어나게 부추긴다면 시정부를 엎을 수 있다고 설명했다.

그들은 애국자 정치 클럽을 무섭게 공격했다. 왜냐하면 시정부가 민중이 바라는 사람들을 임명하지 못하게 압력을 넣었기 때문이다. 그들은 시정부 관리로 부적합한 사람들의 명단을 만들고 있었다. 그들은 여러 정치 클럽에 첩자를 보내 정보를 수집하고, 의장과 비서들을 매수하며, 특히 중앙 클럽을 창설한 변호사 빌마Billemas와 생쥐스트와 구르기용 지역 노동자들이 믿고 따르는 프리바를 감시하고 있었다. 그들은 가끔 코뮌 대표들이 뇌물을 받았으면서도 자신들의 뜻을 제대로 따르지 않았다고 불평한 뒤, 모네에게 견직물 공장 노동자 감독반장 뒤크레를 매수하라고 지시했다. 음모가들은 모네에게 계속해서 중상비방문을 제공했다. 그중 『아주 유명한 신문 발행인에게 쓰는 편지』의 내용은 그들의 계획은 물론 모네가 민중을 선동해야 할 방법을 고스란히 드러냈다. 그들은 강변에 사는 사람들과 모자상인들이 자신들을 숭배한다고 하면서 그들을 중점적으로 선동하려 했다.

여기서 잠시 『아주 유명한 신문 발행인에게 쓰는 편지』를 통해서 그들이 구체적으로 어떤 계획을 세웠는지 알아보자.

리옹은 골족의 옛 수도이며, 손 강과 론 강의 합류지점에 있으므로 콘스탄티노플 다음으로 아름다운 곳이다. 그래서 이제 파리가 더는 원치 않고 또 누릴 자격도 없는 지위를 한시라도 빨리 리옹이 누려야 한다. 리옹이 파리의 비천한 노예처럼 지내는 대신 가장 중요한 중심지가 되어야 한다. 리옹은 온 유럽에 퍼져 있는 프랑스인들에게 생명과 재산을 잃을까봐 떨지 말고 리옹의 품으로 들어오라고 선포해야 한다. 리옹은 그 품을 믿고 찾아오는 모든 사람을 보호해줄 것임을 널리 엄숙하게 선포해야 한다. 불행하게 조국을 등진 프랑스인들이 리옹의 품에 안기면 그때부터 투기꾼, 자본가들이 인위적으로 기근을 일으키거나 그 밖의 파렴치한 행동으로 이용할 사납고 할 일 없는 하층민을 두려워할 이유가 없어진다는 사실과 함께, 리옹의 가로등은 오직 밤길을 밝히기 위한 것이며,* 막대한 인구는 오직 근면한 사람과 유익한 노동자뿐이라고 선포해야 한다. 이처럼 엄숙히 선언하는 순간 모든 프랑스인은 템스 강, 다뉴브 강, 포 강 유역의 우호적이고 번영하는 도시로 몰려들 필요가 없어진다. 파리가 왕을 죄수처럼 가두지 않았다고 증명하려면, 왕이 직접 리옹으로 와서 옛 신하들을 만나게 해야 한다. 국회가 왕이 서로 일정한 범위 안에 있어야 한다고 선포한 이상 국회도 왕을 따라 리옹으로 온다면 그것도 다행이다. 그야말로 모든 프랑스인이 진정한 협력으로 이룰 수 있는 다행스러운 결과가 아니겠는가.

모네는 자기가 맡은 일을 끝냈다. 테소네가 하인을 보내 모네를 불러갔다. 모네는 테소네에게 내일이라도 거사할 것인지 물었다. 테소네는 며칠 더 미뤄야겠다고 대답했다. 그는 몹시 초조해했다. 그러나 일요일에는 선술집에 노동자들이 많이 모이고 있으니 그들을 선동해서 월요일에 거사하면 좋

---

* 파리에서 성난 민중이 즉결심판을 할 때 "가로등에 물어보자"라고 하면서 가로등에 밧줄을 걸어 목매달았다. 그러므로 리옹에서는 망명객들이 돌아와도 그런 일은 없을 것이라는 뜻이다.

겠다고 말했다. 그는 이제 운명이 결정되었으니 아르투아 백작이 리옹에 도착할 때 모네를 소개할 것이며, 왕족들도 자신들을 도와준 사람들에게 충분히 보상해줄 것이라고 약속했다. 모네는 에스카르를 만나서도 테소네와 했던 얘기를 다시 꺼냈다. 에스카르도 역시 거사할 날짜가 늦어지는 데 대해 초조해했다. 그는 한두 사람이 연관된 일이 아니므로 뜻하지 않은 일이 꼬리를 물고 일어난다고 말했다. 모네는 자신도 일을 빨리 처리할 수 없고 할 수 있는 만큼만 할 뿐이라고 대답했다. 에스카르는 왕과 왕족을 사랑하는 마음으로 아무것도 소홀히 하지 말아달라고 당부한 뒤, 리옹의 방언으로 만든 노래를 가지고 있는지 물었다. 그는 모네에게 노래 가사 몇 부를 주는 김에『아주 유명한 신문 발행인에게 쓰는 편지』한 묶음과 칼론의 회고록 10부도 주었다. 에스카르는 피레네 산맥의 남쪽에 있는 페르피냥에서 반란이 일어나 옛 질서를 회복했다는 소식을 들었으며, 거기서 거둔 세금을 모두 압류했다가 왕이 자유로워지면 왕에게 줄 것이라고 했다. 또 디종에서도 같은 일이 일어났으니, 두 도시의 한복판에 있는 리옹은 그러한 거사를 마지막으로 일으키기에 적당한 곳이 아니겠느냐고 물었다.

베르테의 활동

11월 27일, 베르테는 재판문제를 핑계로 푸즐롱의 집을 찾아갔다. 푸즐롱은 베르테에게 사람들의 믿음을 사는지 묻고는 만일 확실하고 신중한 사람이라면 도와줄 의사가 있다고 말했다. 베르테는 자기가 신중하고 믿음직스러운 사람이라고 확실히 말했다. 송사가 걸려서 도와달라고 찾아갔는데 어떻게든 푸즐롱의 마음에 들어야 했다. 베르테는 자기가 봉사한 적이 있는 리옹의 치안대리관 프로, 바세 같은 사람들이 자신의 성실한 태도를 증명해줄 것이라고 안심시켰다. 또한 베르테는 몇 년 전 푸즐롱을 공격하는 비방문을 짓고 인쇄한 사람들을 적발했다는 사실도 끄집어냈다. 푸즐롱은 안심했는지 베르테에게 가능한 한 많은 사람을 모아달라고 말했다. 또 수많은 경찰 끄나풀을 알고 있을 테니 그들을 최대한 이용해달라고 당부했다. 그러나 베르테는 경찰 끄나풀을 믿어서는 중요한 일을 그르칠 수 있다고 대답했다. 푸즐롱은 베르테의 아들들을 이용할 수 없느냐고 물었다. 베르테는 그럴 필요까지는 없다면서 자기가 하역부들이나 힘든 일을 닥치는 대로 하는 사람들을 많이 알고 있으니 30명도 좋고 50명도 불러 모을 수 있다고 대답했다.

　푸즐롱은 베르테에게 프리바를 아는지 물었다. 베르테는 자신이 그에게 몇 번 고용된 적이 있는데 그때마다 잘 봉사해서 그를 만족시켰다고 대답했다. 그러자 푸즐롱은 프리바에게 아주 중요한 일을 상의할 테니 저녁때 그를 데려오면 고맙겠다고 말했다. 베르테는 프리바를 찾아가 어떻게 하면 좋을지 상의했다. 프리바는 베르테에게 행동지침을 일러주었다. 베르테는 그날 저녁 푸즐롱을 찾아가 프리바를 만나지 못했다고 거짓말했다. 그리고 다시 프리바를 찾아가 그 일을 보고하고 또 지침을 받았다. 베르테는 푸즐롱을 찾아가서 프리바에게 할 말을 글로 써주면 자신이 전달해주고 그의 답을 받아오거나 그가 어떤 태도를 취하는지 보고하겠다고 제안했다. 그러나 푸즐롱은 그만두자고 말했다. 아마 일을 그르칠 경우 증거를 남기기 싫어서 그랬을 것이다. 그 대신 푸즐롱은 민중을 선동해서 들고일어나게 만들어야 하며, 되도록 많은 수를 동원해야 한다고 말했다. 그리고 노동자들을 부추겨 왕족들을 귀국시키고 포도주세를 낮춰달라고 떠들도록 해야 한다고 베르테에게 거듭 강조했다. 푸즐롱은 왕족이 리옹에 도착하자마자 자신들을 위해 애쓴 사람들에게 사례할 것이라고 말했다. 그리고 왕족은 빵과 포도주를 아주 싸게 공급해주고, 금은보배를 풀어 경제를 살려줄 것이며, 그렇게 해서 리옹은 번영하게 될 것이라는 장밋빛 희망을 베르테에게 심어주었다. 거의 날마다 푸즐롱은 베르테의 귀에 못이 박히도록 같은 얘기, 같은 지시를 했다. 베르테는 푸즐롱의 믿음을 이용해서 어느 날 프리바가 시킨 대로 말했다. 민중은 라마르크 연대를 돌려보내라고 요구하는 데 그치지 않고 여러 구에서 같은 청원서를 내고 있다고 베르테가 말했더니, 푸즐롱은 라마르크 연대가 아무 데도 가지 않을 테니 너무 걱정하지 말고 차분히 지켜보라고 말했다. 어느 날 프리바는 베르테를 데리고 생니지에 근처에 있는 어떤 집으로 갔다. 그곳에는 애국심으로 무장한 사람 열두 명이 모여 있었다. 베르테는 그들에게 그동안 푸즐롱과 만났던 일을 자세히 들려주었다. 그들은 베르테의 용기를 칭찬하고 북돋워주었다. 베르테는 푸즐롱에게 2루이를 받은 사실도 숨김없이 말하고, 시내에 뿌릴 중상비방문을 두 번이나 받았으며, 의심받지 않으려고 몇 부를 실제로 돌렸다고 고백했다.

12월 9일 목요일, 베르테는 푸즐롱과 마지막으로 만났다. 푸즐롱은 반혁명적이고 터무니없는 노래 가사 39부를 주었다. 그것은 리옹 지방의 방언으로 지은 노래로 바스티유 정복에 관한 6연짜리 시였다. 그는 베르테에게 그 노래를 거리의 악사들에게 나눠주고 부르도록 하라고 지시했다. 물론 푸즐롱은 악사들에게 돈 몇 푼씩 쥐어주라고 하면서 이제 거사의 순간이 다가왔다고 말했다. 그는 『아주 유명한 신문 발행인에게 쓰는 편지』와 『가면을 벗은 프랑스의 크롬웰』도 한 부씩 주었다. 베르테는 어느 날 오후 푸즐롱의 아들인 변호사를 테로 광장에서 우연히 만났는데, 그는 매사가 잘 진행되는지 묻더니, 그래도 조심해야 하며, 특히 "우리 아버지를 위험하게 만들지 마시오. 당신이 하려는 일이 무엇인지 신중하게 생각하고 실행하시오"라고 당부했다.

자콥 다비드의 활동

자콥 다비드는 모네의 소개로 테소네를 만났다. 다비드는 겨우 이틀 동안 단 두 번 테소네를 만났을 뿐이다. 테소네는 다비드에게 민중을 들고일어나게 선동하고 왕족들을 귀국시키라고 요구하도록 만들라고 지시했다. 민중을 들고일어나게 만들려면 앞으로 리옹이 어떤 이익을 보는지, 노동자들에게 얼마나 좋은 일이 일어날지 설득해야 한다고 말했다. 테소네는 왕족들이 리옹에 막대한 돈을 뿌릴 것이라고 약속했다. 그는 민중을 무장하게 만들어 테로 광장에 집결시키고, 그때 시정부에 청원서를 제출해야 한다고 말했다. 만일 시정부가 그 청원을 들어줄 권한이 없다면, 상위기관인 디스트릭트와 도의 지도부에 제출하는 계획도 얘기했다. 민중은 이제까지 정부가 수많은 약속을 하고서도 한 가지도 해준 것이 없다고 외치면, 리옹의 주둔군 사령관 라 샤펠과 테소네가 시위대를 이끌고 청원서를 지지하겠다고 했다. 그러면 민중은 라 샤펠을 향해 자신들의 사령관이 되어달라고 외칠 것이다. 테소네는 자신들이 3,000명을 준비해놓고 언제라도 왕족들을 모시러 행군할 준비를 갖췄다고 했다. 다비드는 3,000명이라면 왕족들을 호위하기에 터무니없이 적은 병력이 아닌지 물었다. 그렇긴 해도 리옹에서 먼저 불길이 솟으면 전국적으로 같은 일이 일어날 테니 괜찮을 거라고 테소네는 장담했다.

다비드가 테소네의 집에 두 번째 간 날, 마침 모네가 테소네와 볼일을 마치고 자리에서 일어섰다. 테소네는 아직 침대에서 일어나지 않았는데 다비드를 보더니 굉장히 부지런하다고 추어주었다. 다비드는 항상 부지런히 일한다고 대답한 뒤 두 사람을 포섭했는데 원한다면 데려오겠다고 말했다. 테소네는 집에 낯선 사람이 드나들면 위험하다고 생각했는지 다비드의 제안을 거절하고 그 대신 돈을 2루이 주었다. 다비드는 테소네에게 걱정거리를 털어

놓았다. 만일 이번 거사가 성공하지 못하면 외국으로 도주해야 할 텐데 남겨
두고 떠나는 가족 걱정에 잠도 제대로 자지 못한다고 눈물지었다. 테소네는
다 잘될 테니 너무 걱정하지 말라고 위로했다. 다비드는 민중이 제출할 청원
서에 대해 화제를 돌렸다. 테소네는 청원서를 단 한 군데에 하나만 제출하는
것이 아니라 서로 다른 노동자 계급이 각각 다른 경로로 여러 개 제출할 계획
임을 밝혔다. 견직물공, 양말제조공, 모자제조공, 짐꾼들은 청원서를 제출하
는 날 그들에게 맞는 청원서를 따로 받게 될 것이다. 그날 자신들이 준비해야
할 일은 가급적 많은 아낙을 동원하는 일이며, 그들에게 붉은 깃발을 두려워
하지 말라고 얘기해줘야 한다. 오늘날 붉은 깃발은 저항의 표시일지 모르나
당시에는 계엄령의 표시였다. 따라서 정규군은 민중에게 총을 쏘지 않을 것
이라는 말이었다. 민중이 청원서가 무슨 효력이 있겠는지 묻는다면, 주모자
들이 그들 속에 심어놓은 언변 좋은 사람들이 청원서가 어째서 정당한 권리
를 주장하는지 이유를 설명해주고 민중의 용기를 북돋워주기로 했다. 시정
부, 디스트릭트 또는 도의 지도부가 청원을 거부하면 라 샤펠이 앞장서서 민
중을 돕기로 했다. 테소네는 다비드에게 처신만 잘해주면 앞길이 훤히 트일
것이라고 장담했다. 또 아르투아 백작과 다른 왕족이 리옹에 들어오는 즉시
자신들이 돌아오도록 도와준 사람들에게 응분의 보상을 해줄 예정이라고 다
비드를 안심시켰다.

샤조의 활동

모네는 다비드를 테소네의 집으로 데려갈 때 샤조와 동행했다. 테소네의
집에는 브쥐세라는 야간경비대 장교가 있었다. 테소네는 세 사람을 돌려보
내면서 다비드에게는 11시, 샤조에게는 오후 1시에 다시 만나자고 했다. 샤

조가 1시에 테소네의 집에 다시 찾아갔을 때 모병 장교 한 사람, 리옹 주둔군 소속 추격부대 장교 한 사람이 있었다. 샤조가 들어서자 장교들이 자리를 떴다. 테소네는 곧바로 민중이 압제에 시달리고 온갖 악덕에 생활의 위협을 당한다고 한숨을 쉬면서 이 모든 불행이 혁명과 새 체제 때문에 생겼다고 말했다. 이 사태를 바로잡으려면 민중을 부추겨 왕족을 귀국시키라고 요구하게 만들어야 하며, 민중은 일치단결해서 시정부에 청원서를 제출해야 한다고 말했다. 시정부가 청원을 받아들이지 않는다면 도 지도부에 청원서를 제출할 계획이었다. 라 샤펠이 민중을 이끌면서 청원의 정당함을 지지할 것이다. 왕족이 리옹에 들어오는 날부터 입시세는 13리브르에서 6리브르로 낮아질 것이며, 그 밖에도 여러모로 큰 혜택을 줄 것이다. 게다가 파리에 감금된 왕도 리옹으로 오고, 리옹은 제2의 도시에서 중심지가 된다. 왕이 국회와 떨어지기 싫어하면 국회도 리옹으로 옮기면 된다. 이 말을 들은 샤조는 국회가 왕과 함께 움직이면 헌법은 어떻게 되며 그 밖에 얽히고설킨 일들은 또 어떻게 되는지 물었다. 테소네는 우리 모두 잘 지켜보면 된다고 대답했다. 그러나 국회가 자유롭지 못하면 차라리 해산하는 것이 낫지 않겠느냐고 샤조가 물었을 때, 테소네는 그렇게 된다면 모든 것이 과거로 되돌아가겠지만 파리는 황무지가 되고 리옹은 제국의 수도가 된다면서 웃었다. 샤조는 테소네가 주는 4루이를 받고 앞으로 그를 적극 도와주겠으며 최대한 많은 사람을 동원하도록 힘쓰겠다고 말했다. 샤조는 그 뒤에도 테소네를 두 번이나 더 만나서 그동안의 활동을 보고하고 모든 준비를 착실히 하고 있다고 안심시켰다. 테소네는 왕족이 리옹에 들어오면 궁핍한 노동자들에게 모두 600만 리브르를 나눠줄 것이라고 약속했다.

자본주의 이전의 사회에서도 모든 동력은 돈이었다. 선술집이나 거리에서 만나는 궁핍한 노동자들을 시위에 동원하려면 술 한 잔, 돈 한 푼이라도 주어야 했다. 왕족이 리옹에 들어오기만 하면 600만 리브르를 푼다고 했으니, 인구 10만 명 정도가 애어른 할 것 없이 60리브르씩 나눌 수 있는 액수다.

지금까지 네 명의 증언을 들어봤듯이, 다비드와 샤조의 증언에서 조금 앞뒤가 맞지 않는 부분이 있다. 다비드는 테소네의 집에 처음 갈 때 샤조와 함께 간 얘기를 하지 않았는데, 샤조는 다비드와 함께 갔다고 했다. 그럼에도 네 사람의 증언은 대체로 거의 일치했다. 프리바가 리옹 시정부에 음모를 적발한 과정을 보고했을 때, 시정부는 발칵 뒤집혔다. 그때가 12월 10일 새벽 1시 반이었다. 국민방위군 참모 프라숑에게 푸즐롱, 에스카르, 테소네를 잡아들이고 서류를 확보하라고 지시했다. 프라숑은 국민방위군을 이끌고 아침 6시에 그들을 체포해서 피에르 시즈 성에 가두었다. 시당국은 세 명을 심문했다. 푸즐롱은 에스카르와 아무런 관계도 없으며 잘 아는 사이도 아니기 때문에 돈을 주거나 받지 않았다고 딱 잡아뗐다. 테소네에게 1만 2,000리브르가 어떤 경로로 오갔는지 묻자, 그는 에스카르가 그 돈을 빌릴 때 자신이 보증인이 되었다고 말했다. 에스카르는 그 돈을 푸즐롱에게 빌렸으며 테소네가 보증을 서줬다고 대답했다.

리옹 시정부는 거의 두 달 전 테소네 집에서 반혁명의 불을 지피는 글이 쏟아져 나온다는 제보를 받고 그의 집을 뒤진 적이 있었다. 시정부 관리들이 현장에 도착했을 때 누군가 중상비방문 꾸러미를 창문 밖으로 던지는 것을 목격했다. 테소네에게 이 사실을 상기시키고 그 일을 그가 했는지 물었다. 그는 그 일을 하지도, 시키지도 않았다고 대답했다. 그러나 에스카르에게 그날 테소네의 집에 있었는지 물었더니 그렇다고 하면서 중상비방문 꾸러미를 아파트 창문 밖으로 던진 사람은 바로 테소네였다고 말했다. 푸즐롱과 테소네는 증인들을 한 번도 본 적이 없고 더욱이 혁명에 관한 것을 말한 적도 없다고 말했다. 에스카르도 똑같이 말했다. 그러나 에스카르는 모네가 9일에 자기를 찾아왔다는 것, 푸즐롱이 자신에게 모네가 리옹에서 유명한 노동자라고 말해주었다는 것, 모네가 노동자들의 고통에 대해 말하고 나서 4루이를 요구했지만 수중에 갖고 있던 200리브르짜리 아시냐를 주었다는 것을 차례로 자백했다. 또한 자신이 모네에게 바스티유에 관한 노래, 어떤 신문 발행인에게 쓴 편지, 칼론의 회고록을 주었다고 자백했다. 그럼에도 그는 반혁명에 대해서는 한마디도 하지 않았다고 강조했다. 한편 리옹 시정부는 긴급히 모든 정보와 증거를 수집했다. 그 증거물 가운데 테소네의 집에서 나온 서류가 있는데 증인들이 얘기한 청원서도 포함되어 있었다.

국회 조사위원회의 부아델 의원은 이들을 파리 감옥으로 이송해서 음모의 증거를 더 보완해야 한다고 의원들에게 호소했다. 보수파 의원들과 진보파 의원들이 오랫동안 갑론을박한 끝에 국회는 푸즐롱, 에스카르, 테소네를 리옹의 피에르 시즈 요새 감옥에서 한 사람씩 따로 파리의 감옥으로 이송하기로 의결했다. 리옹 시정부는 계속 증거를 보완해야 하며, 국회는 세 혐의자에게 반역죄를 적용하여 최고법원에서 재판하기로 했다. 왕은 즉시 리옹 주둔군 사령관 라 샤펠을 해임하고 다른 사람을 임명하기로 했다. 그리고 공무원이나 국가로부터 어떤 형태로든 돈을 받는 프랑스인이 앞으로 한 달 안에 시민 맹세를 하지 않을 경우 바로 그 사실만으로도 지위와 직책을 잃고 연금이나 봉급도 받지 못하게 한다는 법을 통과시켰다. 단 국가를 위해 왕의 임무를 띠고 외국에 억류된 사람만은 예외로 규정했다.

7
벨기에합중국의 독립

1790년 말까지 프랑스 왕실은 외국의 왕실들과 은밀한 외교관계를 유지했다. 루이 16세는 헌법의 제약에서 벗어나고자 몸부림치고 있었던 것이다. 프랑스에서 일어난 혁명과 관련해서 유럽의 정세는 어떠했는지 잠시 살펴볼 필요가 있다. 먼저 폴란드, 벨기에, 리에주는 모두 혁명의 중심지가 되어 있었다. 이들은 정서적으로 프랑스 혁명을 지지했고, 여러 면에서 그것을 모방하려고 애썼다. 폴란드 사람들은 러시아가 스웨덴과 오스만 투르크와 싸우던 전쟁의 덕을 보고 있었다. 영국과 프로이센은 예카테리나 2세의 침략을 방해하는 정책을 쓰면서 폴란드를 안전하게 보호해주려고 노력했다. 프로이센의 프리드리히 빌헬름 2세는 1790년 3월 29일 폴란드와 조약을 맺었다. 그 뒤 폴란드는 러시아의 공격에 크게 대비하지 않고 개혁작업에 매진할 수 있었다.

프랑스와 국경을 맞대고 있는 벨기에 지방은 어땠을까? 그 지방의 혁명과 독립은 오스트리아와 프랑스 양국의 정세에 긴밀한 관계가 있다. 요제프 2세가 브라방 지방에 개입하면서 본격적으로 봉기가 일어났다. 브라방 지방의 혁명을 이끈 사람들은 두 파였다. 하나는 위르젤 공작과 아렘베르 공작의 지지를 받는 변호사 봉크Jan Frans Vonck의 일파로서 오스트리아로부터 벨기에 지방의 헌법을 인정받아 의회제도를 확실하게 정착시키기를 원했다. 그들은 전쟁을 지지했지만 결국 항복을 하자고 했다. 다른 하나는 변호사 반데어누트Hendrik Karel Nicolaas Van der Noot와 사면주교대리 반에우펜Pierre Jean Simon Van Eupen이 이끄는 파로서 옛날 형식을 유지하는 한편 벨기에 연방의 독립과 주권을 원했다. 그들은 오스트리아에서 완전히 분리하는 것을 목표로 싸웠다.

두 파는 처음에는 협력했다. 봉크는 오스트리아에 봉사하는 대령 출신의 반데어메르슈Jan André Van der Meersch를 추천했고, 두 파는 그를 장군으로 받아들였다. 곧 오스트리아와 적대관계에 들어가면서, 벨기에 사람들은 요제프 2세를 황제로 인정하지 않았으며, 브뤼셀에 의회를 구성했다. 의회는 1790년 1월 11일, 벨기에 지방의 주들을 벨기에합중국으로 만드는 헌장을 통과시켰다. 공동 방어와 관련해서 모든 권리를 각 주의 대표들로 구성된 의회에 맡기도록 했고, 벨기에합중국 연방의회의 감독하에 두었다. 봉크파는 이러한 결정에 불만이었다. 그러나 반데어누트와 혁명의 열렬한 지지자인 반에우펜의 영향을 받은 파는 이 결정을 좋아했다. 반데어메르슈는 체포되었고, 그 자리를 쇤펠트Schönefeld 장군이 차지했다.

이렇게 설립된 벨기에는 외국의 지지를 호소했지만 허사였다. 베를린의 프로이센 정부는 보호를 거절했다. 영국 정부는 노골적으로 벨기에의 독립에 반대했다. 혁명이 진행 중인 프랑스만이 벨기에에 호의를 가지고 있었다. 두 나라는 혁명이라는 같은 원칙과 같은 명분으로 뭉쳤다. 중요한 문제는 주권에 대한 것이었으므로, 인민의 승인을 받은 반데어누트의 체제는 프랑스에 방위의 기초에 대한 개념을 제공했다. 그러나 루이 16세의 내각은 전혀 반대방향으로 움직였다. 그리고 내각에 영향력을 행사할 수 있는 부르주아 계층은 오직 벨기에 민중보다 부르주아 계층을 더 좋아했다. 그들은 봉크파에게만 공감했고, 봉크파와 함께 벨기에에 자유주의 개혁을 실시하는 최선의 길은 오스트리아의 간섭을 되살리는 것이라고 보았다.

파리의 자코뱅 클럽에서는 이 문제를 크게 다루었다. 인민주권의 지지자들은 반데어누트 편을 들었다. 그러나 입헌군주파는 봉크파를 옹호했으며,

상대편이 종교인의 지지를 받는다는 구실로 맹렬히 비난했다. 장 루이 카라는 이 논쟁에 맹렬히 가담해서 봉크파를 비난했다. 벨기에 출신의 스투름은 11월 28일 자코뱅 클럽에서 카라에게 반론을 제기했다. 당시 파리에는 그해 3월 18일 브뤼셀에서 봉기했다가 패배하고 도주했던 사람들이 들어와 있었다. 스투름은 11월 22일 오스트리아 군대가 별 저항을 받지 않고 벨기에 지방으로 들어가 12월 2일 브뤼셀 입성을 눈앞에 둔 때 연단에 올라 새 황제 레오폴트 2세가 요제프 2세의 잘못을 수정할 것이라고 옹호하면서 헌법상의 잘못을 반대파의 잘못으로 돌렸다.

벨기에는 이처럼 두 파로 분열되었기 때문에 아무런 저항도 할 수 없었다. 1790년 6월 26일에 라이헨바흐에서 영국, 오스트리아, 프로이센, 네덜란드 대표들이 프랑스 혁명에 개입하는 문제로 회의를 시작해서, 7월 27일에는 오스트리아가 벨기에 지방을 재합병하는 문제를 자유롭게 맡기는 한편, 프랑스 혁명과 그것이 외국에 끼치는 영향에 우려를 표명했다. 8월 5일, 오스트리아는 프로이센의 요구를 들어주는 대신 프로이센으로부터 영국과 네덜란드와 협력해서 오스트리아가 벨기에 지방을 복속시키는 일을 돕겠다는 약속을 받아냈다. 레오폴트는 9월 30일 대관식을 치른 뒤 병력 3만 명을 준비했다. 그는 11월 21일까지 벨기에 사람들이 항복하지 않으면 침공할 계획이었다. 벤더Bender 원수가 이끄는 오스트리아 군대는 뫼즈 강을 건너 벨기에 국경에 나타났다. 혁명의 지도자들은 도망치고, 혁명군도 궤멸했다. 그렇게 해서 12월 12일 오스트리아는 벨기에 전역을 재합병하게 되었다. 이러한 결말을 보면서 유럽 열강의 왕들과 귀족들은 프랑스 혁명도 그런 식으로 끝날 수 있다는 희망을 품었다. 그들은 프랑스 망명객들과 함께 벨기에 지방을 프랑스에 반혁명을 침투시킬 교두보로 보았다.

그러나 국제 정세의 현실은 이상과 달랐다. 반혁명세력을 도우려면 열강이 일치단결해도 쉽지 않았다. 러시아 문제에서 오스트리아 황제가 중립을 지켰기 때문에 프로이센과 영국이 러시아와 맺은 관계에는 아무런 변화가 없었다. 프로이센과 영국의 사주를 받아 무장했던 스웨덴이 러시아와 8월 14일 키미요키(키미Kymi 강) 유역의 베렐라 평원에서 평화조약을 맺었고, 스웨덴과 전쟁을 끝낸 러시아 장군들은 날마다 오스만 투르크 군에 승전했다. 그들은 이스마일로프를 공격해서 오스만 투르크인 3만 3,000명을 죽이고 승리했다. 1648년 베스트팔렌 조약 이후에 나온 유럽의 세력균형이 러시아 때문에 깨질지도 모른다는 것이 유럽 열강의 주요 관심사가 되었다. 이때 폴란드는 오스만 투르크와 조약을 맺고, 러시아의 팽창에 대비하는 영국과 프로이센 체제에 들어갔다. 에스파냐와 영국은 1790년 10월 27일에 우호조약을 맺었다. 이로써 프랑스 혁명파 애국자들은 근심거리 하나를 덜게 되었다. 그러나 에스파냐와 영국이 맺은 조약에 프랑스 혁명을 적대시하는 조항이 은밀하게 들어 있다는 소문이 퍼졌다.

　　신문에서도 이 문제를 다루었다. 그러나 사실상 위험이 임박했다는 것보다는 예방 차원의 문제였다. 오스트리아가 벨기에 지방에서 권력을 회복한 것을 보면서 파리 주민들은 확실히 불행하게 생각했다. 그러나 그들은 12월 19일 마리 앙투아네트에 대해 모든 신문에서 "왕비의 오빠가 프랑스 애국자들에게 대포를 쏘는 순간 왕비의 머리를 그에게 보내겠다"라는 내용으로 반응했을 뿐이다. 이 당시 나온 희화는 루이 16세와 열강의 왕들이 어떤 관계인지 아주 교묘히 요약해서 보여주었다. 루이 16세가 토끼들이 끄는 차에 타고 도망치는 그림이었다. 그는 쳇바퀴 돌 듯 제자리를 맴돈다. 이웃 왕들은 저마다 다른 구실을 대면서 제 앞의 일만 걱정하고 있다. 경기구 조종사 블랑

샤르가 공중에서 루이 16세에게 기구를 타라고 손을 내미는데, 그것이 아마 프랑스를 벗어날 유일한 수단이었을 것이다.

8
1791년 초의 이모저모

혁명의 열정이 더욱 드세지는 경향이 도처에서 나타났다. 그 당시에 나온 글에서 이러한 성향을 읽을 수 있다. 사람들은 양편으로 나뉘어 증오, 중상, 위협, 심지어 살육까지 저지르면서 의견의 차이를 좁히기는커녕 서로 자기 이야기만 떠들어댔다. 양편은 각각 우호적인 신문을 갖고 있었다. 자코뱅 클럽의 정책에 우호적인 매체는 『혁명의 신문*Journal de la Révolution*』이고, 반대하는 쪽은 『내일*Lendemain*』이었다. 1월 2일 일요일, 헌우회(자코뱅 클럽)에서는 파리 시장 바이이를 고발했다. 그는 신년 인사차 찾아간 '바스티유 정복자들'의 대표들을 푸대접했기 때문이다. 그들은 토론 끝에 애국자들이 글을 써서 바이이에게 "형제애를 가르쳐야 한다"고 결론을 내렸다. 그리고 나서 그들은 '바스티유 정복자들'이 만드는 '전제정의 적들의 클럽'과 자매결연을 맺기로 결정했다. '전제정의 적들'은 바스티유 요새를 철거한 곳에 회의실을 갖기를 원했다. 이날 알자스 지방 콜마르의 제3신분 출신 국회의원인 장 프랑수아 뢰프벨J.-F. Reubell은 자코뱅 클럽 회원들에게 국경지방의 근심거리에 대해 보고했다. 그는 알자스 국경지대에 망명자들이 군대를 결집하고 있다고 말한 뒤, 국회의 외교위원회는 아무런 조치도 취하지 않는다고 개탄했다. 그리고 그는 왕을 도주시킬 계획을 짜고 있는 부이예 장군을 역적이라 부르고, 미라보가 왕의 돈을 받고 왕을 돕고 있음을 안다는 식으로 자신 있게 말했다.

"프레토, 므누, 미라보. 당신들은 우리의 압제자들에게 돈을 받고 입을 다문 것입니까? 당신들은 유럽의 폭군들과 내통할 것입니까? 왕국의 방위를 어떻게 역적 부이예에게 계속 맡기고 고통을 감수해야 합니까?"

1월 9일, 파리 헌우회는 전국의 자매 헌우회에 다음과 같이 반혁명세력을 고발하는 회람을 발송했다. 지금까지 헌우회의 애국심이 언제나 반혁명세력들의 계획을 무산시키고 자유를 확고히 뿌리내리게 만들어 여러 차례 프랑스를 구했다. 그러나 지금 그 어느 때보다 열심히 용기를 내서 적들의 행동을 감시해야 한다. 지금까지 어렵게 만들어온 헌법을 위협하는 음모가 진행 중이다. 공공의 행복을 악착같이 무너뜨리려는 적들이 계속 범죄행위를 저지른다. 그들의 노력을 무산시켜야 한다. 군대를 일으켜 반혁명을 꾀하려는 세력은 세금징수를 방해하고 국가 신용을 떨어뜨리고, 재정적 질서를 파괴하려 노력했지만 우리가 잘 막았다. 인민의 정력과 국회의 단호한 태도가 그들을 막았던 것이다.

> 반혁명세력에게는 오직 한 가지 희망이 남아 있다. 이 끔찍하고 두려운 희망이. 그들은 종교전쟁을 촉발할 수 있다고 믿으며, 자신들이 싫어하는 헌법을 광기의 무기로 무효화하고 싶어 안달이다. 너그럽고 계몽된 시대에 맹목적인 미신이 이 산하를 피로 적실 수 있다고 생각할 수 있겠는가? 시민들을 대립하게 만들고 무정부상태로 이끌어 그다지도 아쉬워하던 귀족주의 정치로 되돌려놓는 일이 가능할 것인가?

회람에서 보듯이 1791년 1월의 쟁점은 성직자 시민헌법과 맹세가 가장 돈보였다. 왕당파는 수많은 중상비방문을 퍼뜨려 국회가 성직자 시민헌법을 통과시키고 거기에 맹세하도록 한 것은 월권이라고 여론을 조성했다. 그러나 '애국자들'은 그들의 주장이 틀렸다고 반박하면서, 국회는 절대로 영적인 부분을 건드리지 않았으며, 오직 세속적인 면에서 종교인들의 지위와 처우를 규정했음을 상기시켰다. 성직자 시민헌법에서 규정한 것은 마치 구체제의 왕들이 종교에 대해서 실시하던 정책과 같으며, 이제 왕 대신 국회가 그 정책을 실시하기 때문에 아무런 문제가 없다고 강조했다. 반혁명세력의 주장에 맞서 '애국자들'은 1790년 4월 13일 국회가 종교 교리문제에 대해 명쾌하게 태도를 정리했음을 상기시켰다.

"국회는 개인들의 양심과 종교적 의견에 아무런 권한을 행사할 수 없고 종교의 존엄성과 그것을 존경하는 마음에 대해서는 심의 의결하지 않는다."

1791년 1월 하순에도 국경의 외국 군대 집결과 종교문제로 걱정이 끊이지 않았다. 애국파 시민들이나 반혁명세력이나 모두 가시 돋고 칼을 감춘 말을 주고받았다. 정치 클럽과 신문들은 그런 말을 무성하게 생산하는 장소였다. 그들은 먹고 자는 시간만 빼고 모두 설전에 시간을 쏟는 듯했다. 고위직 종교인들의 저항이 세간을 뜨겁게 달구었고 전국에서 맹세를 거부하는 소식이 속속 파리로 쏟아져 들어갔다. 신성로마제국 황제 레오폴트 2세가 루이 16세에게 보낸 편지도 토론에 불을 붙였다. 황제는 알자스 지방, 로렌 지방, 프랑슈 콩테 지방에 있는 종교인들의 재산에 대해 걱정하고, 혁명에 경계심과 함께 전쟁의 두려움을 표현했다. 이미 1789년 8월 4일의 법에 대해 전임 황제 요제프 2세도 그러한 태도를 보여주었고, 그때 프로이센 왕도 황제 편을 들었다. 그 당시 협상을 시작했지만 결국 1790년 11월 27일 성직자 시민헌법에 대한 맹세를 규정하는 법을 통과시키면서 외교적 화해가 불가능해졌다. 이것은 '애국파'가 '역적'이라고 규정하기 시작한 부이예 장군의 속셈에 맞아떨어지는 일이었다. 그럼에도 그가 바라는 대로 루이 16세를 국경 쪽으로 초빙해서 전방 군인들의 충성맹세를 받게 한다는 계획이 성공하리라는 보장은 없었다.

왕당파는 사회가 극단적인 무정부상태에 들어섰고 절대왕정을 되살리기에 좋은 시점이 되었다고 믿었다. '평화의 친구들'이라는 이름으로 활동하는 협회가 사방에 생기고 파리에서는 군주정을 옹호하는 클럽이 활동을 다시 시작했다. 그러나 민중의 저항은 만만치 않았다. 말루에, 클레르몽 토네르 같은 보수 성향의 의원들은 마차를 타고 가다 돌벼락을 맞았고, 후자의 집은 두 달 전 민중이 난입해서 집기와 창문을 때려 부수었던 카스트리 저택처럼 난장판이 되었다.* 민중은 이들이 망명객들과 서신을 주고받았을 뿐 아니라 토리노, 엑스, 리옹의 반혁명세력과 연계되었다고 생각했다. 자코뱅 클럽 소속 의원들과 군주제 지지자 클럽 소속 의원들은 1월 25일 저녁에 국회 연단에서 힘을 겨뤘다. 아미엥 공무원 사제들이 선서를 거부하는 문제를 놓고 양측은 무기만 휘두르지 않았지 결투에 가까운 설전을 벌였다. 모리 신부가 연단에 올라 좌파 의원들의 야유와 국회의장 그레구아르 신부의 경고를 받으면서도 할 말을 다했고, 바르나브가 연단에 올라 우파 의원들의 제지를 받았지만 역시 할 말을 다했다. 바르나브가 연설하는 도중 여러 차례 발언권을 신청

---

* 1790년 11월 12일, 불로뉴 숲에서 좌파 의원 샤를 드 라메트와 우파 의원 카스트리가 결투를 했다. 17세기 리슐리외 추기경이 결투를 금했지만, 1세기가 훨씬 지난 혁명기에 국회의원들도 의정 활동에서 설전을 벌이다가 결투로써 문제를 해결했던 것이다. 이 싸움에서 샤를 드 라메트가 팔에 상처를 입었고, 이 소문을 들은 파리 민중은 카스트리 의원의 저택으로 몰려가 난장판을 만들었다. 11월 13일, 국회에서는 결투금지법에 대해 토론을 벌였다. 제4권 1부 8장 "의원들의 결투" 참조.

했다가 실패한 말루에는 연단으로 몸을 날렸고, 샤를 드 라메트는 그를 자객에 빗대어 비난했다. 우파 의원들은 마침내 입을 모아서 그런 얘기라면 자코뱅 클럽에서나 하라고 외치면서 바르나브의 발언을 막았다.

이처럼 국회의 안팎에서 좌파와 우파의 설전이 계속되는 동안, 왕의 도주 이후 7월에 두드러지게 나타날 현상이 희미하게 싹트고 있었다. 상층 부르주아는 입헌군주정 체제를 유지하고 싶어하는데, 소수 공화주의자들이 조금씩 제목소리를 내고 있었던 것이다. 훗날 국민공회la Convention에서 활약할 로베르F. Robert는 『프랑스가 채택한 공화주의Le républicanisme adapté à la France』라는 책을 썼다. 그럼에도 헌우회에서도 대부분의 회원이 공화주의를 받아들이지 않고 있었다. 브리소는 1월 29일자 『프랑스 애국자Patroite français』에서 자코뱅 클럽의 언쟁에 대해 보도했다. 그는 모콩세이 구의 대표로 연설한 젊은이가 자기 구가 제정한 명령을 언급하면서 거기에 들어 있는 '공화주의자들républicains'이라는 낱말을 입에 담자마자 사방에서 여러 회원이 그 말을 취소하라고 떠들었다고 썼다. 아직 '공화주의'가 자코뱅 클럽의 의제에 올라갈 날을 기약할 수 없는 실정이라 할지라도, 파리의 구에서는 그 말을 공식적인 문서에 담기 시작했다는 사실을 확인할 수 있다.

9
루이 드 부이예와
페르센의 협상

낭시 군사반란을 진압한 프랑수아 클로드 드 부이예 후작(장군)의 아들 루이 드 부이예 백작은 21세 반의 혈기왕성한 청년이었다. 그는 아버지가 루이 16세의 도주계획을 세울 때 중요한 역할을 맡았다. 그의 임무는 1790년 12월 25일 메스에서 파리로 가서 도주계획의 기본 사항을 직접 확인하는 일이었다. 그는 26일 저녁에 파리에 도착했다. 파리에는 라파예트 장군이 풀어놓은 끄나풀이 득실거렸기 때문에 그는 특히 눈에 띄지 않도록 조심했다. 그는 혁명이 일어나고는 그날 처음 파리로 갔다. 그는 옛 친구인 아실 프랑수아 뒤 샤스틀레Achille François du Chastellet의 집에 묵었다. 두 사람은 혁명에 대한 견해가 달랐지만, 아직은 친구관계를 유지하고 있었다. 마침 아실은 영국 여행 중이었다. 그럼에도 루이는 친구가 없는 집에 묵을 수 있었다. 그는 열렬한 혁명 지지자들뿐 아니라 자기처럼 반혁명 지지자들이 같은 집을 드나든다는 사실에 기분이 묘하다고 술회했다. 그는 반혁명의 증거가 될 만한 것이라고는 글씨 한 자도 지니고 있지 않았기 때문에 시치미를 떼면 그만이었다.

파리에서 그가 도착하기를 기다리는 사람이 있었다. 파미에 주교는 그에게 쪽지를 보내 이튿날 만나자고 했다. 두 사람은 두 시간 동안 만나면서 온갖 얘기를 했다. 먼저 파미에 주교는 루이 16세 부부가 부이예 장군을 전적으로 믿으며 이번 일만 잘 끝나면 봉사의 대가로 공작령을 하사하겠다는 뜻까지 전했다. 그러고 나서 당시 현실과 계획의 실천방안에 대해 대화했다. 주교는 왕과 왕비가 루이의 도착을 알고 있지만 그를 만나는 것이 위험하기 때문에 페르센 백작을 중간에 내세워 국내외 사정을 설명할 테니 메스로 돌아가 부이예 장군에게 자세히 보고해달라고 당부했다. 루이는 자신이 젊다는 이유로 왕이 믿지 못하는 것 같은데 정 그렇다면 좀더 나이 든 사람을 협상자로 선택해도 좋겠다고 말했다. 그 자신도 이런 엄청난 계획을 세우고 실천하는데 왕의 우유부단한 성격 때문에 솔직히 겁이 났다고 회고했다. 파미에 주교는 왕을 대신해서 루이를 믿음직스럽게 생각하므로 협상 당사자로 여겨도 좋겠다고 하면서 루이의 마음을 풀어주었다.

파미에 주교는 루이를 믿는다는 표시로 루이 16세가 페르센에게 털어놓은 속내를 확인해주었다. 부이예 장군이 있는 메스로 가서 왕 노릇을 하고 싶다는 말은 이처럼 루이 16세가 가장 믿는 사람에게 털어놓는 비밀이었다. 게다가 주교는 루이 16세가 10월 6일 에스파냐 왕에게 자신이 자유의사가 아니라 억지로 성직자 시민헌법을 승인했음을 털어놓는 편지를 보냈으며, 에스파냐에 편지를 전한 사람은 퐁브륀이라고 털어놓으면서, 자기가 루이를 얼마나 믿는지 증명했다. 주교와 루이는 일사천리로 협상을 진행했다. 주교는 루이에게 왕이 도주할 때 동원할 수 있는 병력으로 스위스인 부대, 에스파냐인 부대가 있으며, 오스트리아 황제도 병력과 물자를 지원하겠다고 약속했노라고 말했다. 두 사람은 잠시 토리노에 망명한 왕족들과 그들의 계획에 대해 이야기했다. 루이는 그들이 리옹에서 잘못했기 때문에 앞으로 계획을 세우고 실천하기가 더 어려워졌다고 지적했다. 파미에 주교는 자신이 스위스에 가 있을 때 루이가 왕을 직접 만나는 것은 위험하기 때문에 페르센 백작이 자기 대신 중간에 나설 것이라고 말했다.

루이 드 부이예는 파리에 모습을 드러낸 목적을 감추고 의심을 받지 않으려고 사교계에 드나들고 친혁명세력이 모이는 장소에도 드나들었다. 라파예트 장군이 아메리카에서 활약할 때 그를 도왔던 공병 장교 뒤포르타이가 신임 전쟁대신이었는데, 루이는 그에게 전할 편지를 가지고 있었다. 두 사람이 만나 아주 애국적인 대화를 나누었다. 루이는 뒤포르타이를 좋게 평가하지 않았다. 겉으로는 근엄하지만 그 가면을 벗기면 무능력한 인간이 나타난다고 보았다. 뒤포르타이는 루이의 아버지인 부이예 장군에 대해 별로 호감을

헌법을 상징하는 기념비. 기단은 바스티유의 돌을 이용했다.
기단 위에는 83개 도의 단결을 상징하는 나무다발을 세우고 법전을 걸어놓았다.
나무다발 위에는 자유의 모자를 씌우고, 그 위에서 프랑스의 상징인 수탉이 홰를 치고 있다.
국민을 상징하는 여성이 법조문을 새기고 있다.
오른쪽 구석에서는 "여기 미라보가 잠들다"라고 쓴 관과 그 위에 놓인 미라보의 흉상을 볼 수 있다.
전체적으로 목가적이고 조화로운 이상세계를 표현했다.

튈르리 궁의 정원에서 왕, 왕비, 왕세자는 열한 살짜리 '애국자'를 만난다.
이 '애국자'는 제복을 입고 '받들어총'을 한다.
이를 본 왕세자가 "아, 여기 어린 애국자가 있어요"라고 외친다.
어린 '애국자'는 이렇게 대답한다.
"우리는 모두 애국자로 태어나고 있어요."(BNF 소장)

"방트르 생 그리(앙리 4세의 욕설, 제기랄)! 내 아들은 어디 있지? 아니, 이건 돼지잖아!"
"맞아요, 바로 접니다. 지금 창피해서 죽겠어요."(작자 미상, BNF 소장)

자코뱅 클럽 명사들의 장례행렬(작자 미상, BNF 소장).

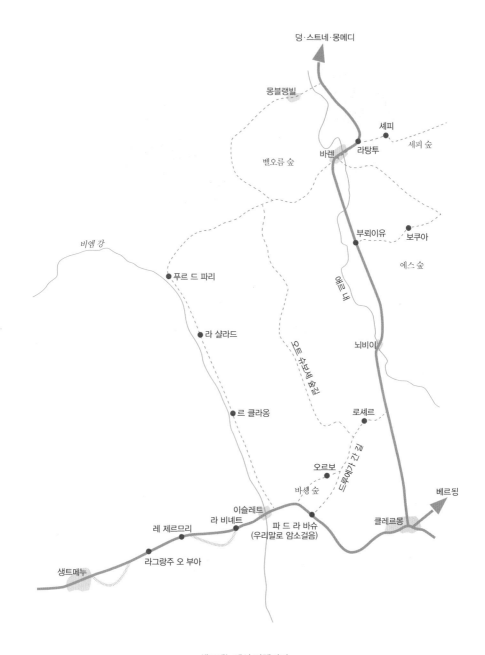

생트메누에서 바렌까지

갖고 있지 않았다. 그럼에도 부이예 장군과 라파예트 장군이 친하다고 알려졌기 때문에, 뒤포르타이는 루이에게 비교적 솔직하게 대했다. 이 전쟁대신은 군대를 분할할 계획, 결국 부이예 장군의 권한을 아주 축소하는 계획을 알려주었다. 사실 부이예 장군의 영향력은 예외적으로 컸기 때문에 혁명의 지지자들에게는 은근히 두려움의 대상이 되었다. 뒤포르타이는 루이에게 부이예 장군의 역할에 대해 안심시켰지만 루이는 불안했다. 나중에 루이가 메스로 돌아가 부이예 장군에게 그 말을 전했을 때 부이예 장군은 적들이 보기에도 놀랄 만큼 침착하게 행동했고, 자신이 맡았던 절대권력도 쉽게 포기했다. 아니, 스스로 포기했다기보다 전쟁대신의 계획을 따를 수밖에 없었다는 말이 맞다. 그렇지 않으면 반역이기 때문이다.

파미에 주교를 만나러 갔을 때 루이는 부이예 장군이 라파예트에게 보낸 편지도 가지고 갔다. 그러나 그는 3일 동안 그 편지를 전하지 않았다. 라파예트는 루이를 만나지 못해 유감이며 언제라도 만날 용의가 있다고 루이에게 기별했다. 루이는 서둘러서 그를 찾아갔다. 라파예트는 루이가 파리에 온 목적이 무엇인지 물었고, 루이는 젊음과 쾌락 추구라는 그럴듯한 핑계를 댔다. 라파예트는 부이예 장군에 대한 우정과 군주정에 대한 충성심을 루이에게 보여주려고 애썼지만, 루이는 라파예트의 엉큼함을 알기 때문에 완전히 속지는 않았다고 말했다.

파리에서 며칠을 보낸 뒤 루이는 파미에 주교가 스위스로 가기 전에 마련해준 약속 날짜에 페르센 백작과 만났다. 루이는 페르센 백작의 집에 갈 때 그 어느 때보다 주의했다. 페르센 백작은 왕비와 특별한 관계임을 모든 사람이 알고 있었기 때문이다. 오히려 페르센 백작이 이 점에서 편안했다. 그는 사람들이 자신에게 별로 신경 쓰지 않는다고 확신했다. 그는 생토노레 문밖

마티뇽 거리의 한 모퉁이 집에 살았다. 루이는 한밤중에 그의 집으로 갔다. 페르센은 먼저 외국 열강들이 루이 16세를 구출하려고 노력했지만 그 계획은 아무런 진전이 없었다는 사실부터 얘기했다. 스위스의 캉통(주)들의 배려, 오스트리아·에스파냐·스웨덴 궁정들의 호의는 확실하지만 아직까지 이렇다 할 결과를 낳지는 못했던 것이다.

가장 기본적인 것은 뭐니 뭐니 해도 돈 문제였다. 루이와 페르센 그리고 루이 16세의 의견은 모두 확실한 수입원을 확보할 때까지 모험을 하지 말고 차분히 기다리자는 것이었다. 외국의 왕들이 쉽게 나설 수 없고, 더욱이 국내 왕당파들의 동향도 라파예트가 풀어놓은 끄나풀들의 눈을 피하기 어려운 데다 군대도 기강이 해이해져 믿기 어려운 상태였기 때문에, 가장 확실한 방법은 왕실비를 아껴서 도주자금으로 쓰는 것이었다. 그리고 실제로 튈르리 궁에서 무사히 빠져나갔다 할지라도, 국경에 가까운 몽메디로 가는 동안 오스트리아 군대의 침입을 두려워하면서 여러 차례 동원되었던 시골 마을들을 무사히 통과하기도 어려운 실정이었으므로 부이예 장군 휘하의 군대를 어떤 식으로 지휘해서 왕과 가족을 무사히 빼돌리느냐가 가장 큰 문제였다. 그렇게 하려면 외국 군대도 국경 가까이 있어야 할 텐데, 그들이 생각대로 움직여줄지 그리고 그 맞은편 국내 국민방위군들의 경계심을 어떻게 다른 곳으로 돌려야 할지도 난감했다. 그럼에도 구체적으로 왕이 가야 할 목적지부터 확실히 정해야 했다. 루이 드 부이예가 의심받지 않고 파리에 자주 여행할 명분도 없는 데다 페르센 백작을 만나기도 어려웠기 때문에 두 사람이 만났을 때 목적지와 경로에 대해 최종 합의를 해두어야 했다.

브장송의 성채가 난공불락이기 때문에 가장 적합했다. 병력을 모으기도 쉽고 스위스인들을 동원하기도 유리했다. 그곳을 거점으로 왕당파가 우세한 부르고뉴 지방으로 진출하고 다시 파리를 점령하는 방법을 검토했다. 그다음은 플랑드르 지방의 발랑시엔이나 여타 도시를 후보로 꼽았다. 플랑드르 지방에는 믿을 만한 병력이 주둔해 있었고 여차하면 부이예 장군이 직접 그곳으로 가서 자기 휘하의 믿음직한 병력을 불러들일 수 있다면 성공할 가능성이 높았다. 오스트리아령 플랑드르나 아르덴을 지나 프랑스 밖으로 나가고 나서 부이예 장군이 병력을 적절히 배치한 뒤에 다시 프랑스로 들어오는 방법도 생각해봤다. 마지막으로 3주교구(라 뫼르트 도, 라 뫼즈 도, 모젤 에 마른 도)의 어느 한 곳, 스당Sedan이나 몽메디 같은 곳으로 직접 가는 방안을 검토했다. 이 지역은 부이예 장군이 은밀하게 병력을 움직이고 더욱이 국경에 오스트리아 병력이 집결해준다면 왕을 도주시키기에는 안성맞춤이었다.

물론 이러한 계획은 저마다 장단점을 가졌다. 브장송이 가장 멀었고, 발랑시엔이 가장 매력적인 곳이었다. 특히 발랑시엔에는 외국인도 많이 드나들었기 때문에 주민들이 상대적으로 외부인의 동향에 둔감했다. 그러나 루이 드 부이예는 이 계획에 분명히 반대했다. 만일 왕에게 믿음직스러운 병력만 있다면 가장 성공할 가능성이 높은 곳이었지만, 현실은 그렇지 못했기 때문이다. 그 지역 사령관 로샹보는 완전히 민주파 성향이었기 때문에 믿을 수 없었다. 그래서 이것저것 모두 고려한 끝에 몽메디를 목적지로 정할 수밖에 없었다.

다음은 튈르리에서 빠져나가는 방법을 논의했다. 페르센은 루이에게 튈르리 궁의 내부를 자세히 설명해주면서 왕의 가족을 은밀하게 빼낼 수 있는 가능성이 높다고 주장했다. 그렇다고 해도 왕 가족이 스스로 여행 방법과 경로도 결정하기 어려웠다. 루이는 왕을 안전하게 여행하게 하려면 왕비와 세자를 왕과 따로 움직이게 하자고 제안했다. 이렇게 하면 좀더 민첩하게 움직이면서도 의심을 덜 받기도 하려니와 사람들의 관심을 분산시키는 효과도 노릴 수 있었다. 이 계획을 조율하는 과정에 가장 반대한 사람은 왕비였다. 왕비는 자신이 얼마나 사람들의 미움을 받는지 잘 알았고, 만일 왕이 함께 움직이지 않는 과정에서 자신만 잡힐 경우 얼마나 험한 대접을 받을지 겁냈다. 그럼에도 왕비는 좀더 고상하고 용감한 구실을 내세웠다. 자신은 죽으나 사나 왕과 함께 위험을 감수하고 운명을 같이하기로 결심했다는 것이었다. "우리를 구하고자 하신다면 함께 구하시던가, 아니면 그대로 내버려두시던가."

결국 루이와 페르센은 왕, 왕비, 왕의 여동생 엘리자베트, 왕세자와 공주가 특별히 맞춘 마차를 함께 타고 떠나기로 합의했다. 그 대신 전령 차림의 근위병 세 명을 따르게 하면서 그중 한 명을 마차에 함께 태워 역참에 도착하거나 식당에 도착할 때 왕이 모습을 드러내지 않고 전령이 대신 일을 보도록 배려했다. 왕은 이 같은 목적으로 프랑스 수비대 소령인 다구 후작marquis d'Agoult을 데려가겠다고 약속했다. 다구 후작은 명민하고 용기 있는 사람이었기 때문에 아들의 보고를 받고 부이에 장군도 만족했다. 문제는 루이 16세가 여행 중에 약속을 얼마나 지키느냐 하는 데 달렸다. 이러한 협상은 페르센 백작의 집에서 시작해서 제3자인 수자 백작부인의 집에서 끝났다. 수자 백작부인은 루이의 친척이면서 포르투갈 대사의 부인이었다.

페르센은 루이에게 왕이 쓴 편지와 함께 왕비가 쓴 쪽지를 보여주었다. 루이는 그 쪽지를 베낀 뒤 원본을 페르센에게 돌려주었다. 왕비는 왕과 자신이 처한 끔찍한 상황에서 한시라도 빨리 벗어나고 싶어했다. 왕비는 여러 외국의 도움을 확보해야 가능하다고 하면서 부디 열심히 노력해달라고 썼다. 왕비는 자신이 부이에 장군을 전적으로 믿으며 지금까지의 봉사에 무한히 감사한다고 썼다. 왕의 편지는 친필이었다. 왕도 부이에 장군을 전적으로 믿으며, 장군이야말로 자신을 구원해줄 인물이라고 생각한다고 썼다. 왕은 외국이 자신을 구원해줄 것으로 확신하며 그때까지 참고 견뎌야 한다고 말했다. 그가 일단 파리를 떠나기로 결심하고 그 사실을 공표한다면 그 결정은 결코 번복할 수 없고 다른 사람들도 그 결정을 믿어야 한다고 말했다. 그는 그 모험이 성공하려면 비밀을 엄수해야 하며, 관계자가 적을수록 더욱 확실히 성공할 수 있다고 생각했다.

왕은 파리에서 벗어나는 경로를 여러 가지 생각했으며, 자신은 언제나 발랑시엔을 최적지로 꼽았지만 부이예 장군이 몽메디를 가장 확실하고 적합하다고 믿는다면 기꺼이 그곳으로 가겠다고 말했다. 그럼에도 그는 자신이 그곳에 가는 경로로서 아르덴 숲을 드나드는 경로를 채택할 수는 없다고 말했다. 그것은 잠시나마 왕국 밖으로 발을 내딛는 경로였기 때문이다. 왕은 왕국 밖으로 한 발자국이라도 나간다는 것을 상상도 하지 않았다. 만일 밖으로 나갔다가 그 사실이 알려지기라도 한다면 백성들이 가만히 있지 않을 터였다. 왕은 오직 평화와 안녕을 바란다고 말했다. 루이는 쪽지와 편지를 읽고 원본을 페르센에게 돌려주었다. 그러고 나서 루이는 서둘러 1월 8일에 파리를 출발해서 이튿날 저녁에 메스로 돌아갔다.

10
왕의 이동경로 조정

루이 드 부이예와 페르센 백작은 우편을 이용해서 편지를 주고받기로 합의했다. 그래서 내용을 들키지 않으려면 암호화해야 했다. 물론 우편제도가 근대 초에 발달할 때부터 개인의 편지를 남이 함부로 뜯어보면 중벌을 받았지만, 중간에서 가로채 내용을 훔쳐보는 사례가 많았다. 그래서 중요한 편지의 은밀한 내용을 탈취당하지 않도록 세심하게 주의를 기울여야 했다. 위조를 방지하려고 봉인에 쓰는 초를 특별히 제작한다든지, 내용에 둘만 아는 비밀을 심는다든지 신경을 써야 했다. 예를 들어 왕은 에스파냐에서 초를 수입해다 쓰기도 했다. 종이도 만드는 사람마다 질이 달랐다. 만드는 방식에 따라 특수한 결이 나타나기 때문에 제조자를 파악할 때 도움이 되었다. 잉크, 글씨를 번지지 않게 뿌리는 모래에 섞은 금가루의 함량도 모두 고려해야 할 사항이었다. 아무튼 편지를 주고받을 때 가장 신경 써야 할 일은 내용을 탈취당하지 않게 약속을 만들고 지키는 것이었다.

루이와 페르센은 6개월 동안 편지를 주고받으면서 단 한 번도 탈취당하지 않았으며, 오직 한 번만 오해의 소지가 있는 편지를 주고받았을 뿐, 통신보안을 철저히 유지할 수 있었다. 페르센이 깜빡 잊고 열쇠로 사용하는 책의 쪽수를 적지 않았기 때문에 루이가 애를 먹었던 것이다. 그러나 루이는 그동안 페르센과 편지를 주고받으면서 어느 정도 페르센의 특성을 파악한 덕에 어떻게든 루이 16세의 출발일을 해독해낼 수 있었다. 페르센이 루이에게 보내는 편지는 메스에 주둔한 나소 연대의 스웨덴인 대령 아밀통 남작 앞으로 썼다. 루이가 페르센에게 보내는 편지는 코르프 남작부인 앞으로 썼다. 이 50세의 부인은 페르센 백작의 친구이며 왕과 왕비에게 아주 헌신적이었다. 루이는 스웨덴 대사의 비서인 실베르스파르 앞으로도 편지를 써서 페르센과 연락했다.

루이는 페르센에게 보내는 편지에서 부이예 장군이 몹시 관심을 가진 내용을 세 가지 알려주었다. 루이 16세는 오스트리아 황제에게 부탁해서 자신이 파리를 떠나기 보름 전에 국경에서 군사적 시위를 벌이도록 조처해놓기를 바란다는 것이 첫째요, 몽메디로 가는 것이 어째서 이로운가 설명하는 것이 둘째요, 왕을 안전하게 모시려면 다른 곳이 아니라 바로 몽메디여야 모든 준비를 순조롭게 할 수 있다는 것이 셋째였다. 그리고 나서 루이는 자기 아버지가 원하는 내용을 정리해서 페르센에게 알려주었다. 부이예 장군은 왕이 도주하는 날 스위스인 부대와 에스파냐인 부대를 지휘할 장교를 몇 명 고용하는 것이 좋겠다고 생각했던 것이다. 먼저 스위스인 부대를 지휘할 사람으로 알자스 태생이면서 그곳에 고용된 팔켄하인 남작이 적합했고, 에스파냐인 부대의 지휘관으로 라투르뒤팽 백작을 지목했다. 이 사람은 전쟁대신이 된 후 프랑스 남부군을 지휘했다. 그는 아들 구베르네의 도움을 받아 오직 왕의 명예만을 위해 일했다. 이들 부자는 모두 왕에게 충성했다. 왕은 당시 스위스에 있던 카스트리 원수도 자신을 위해 일해줄 것이라고 생각하는 한편, 팔켄하인 남작과 함께 같은 고장 출신인 젤브 장군도 카스트리 원수 밑에 고용할 수 있도록 허락했다. 에스파냐의 경우, 라투르뒤팽과 에스파냐 왕실이 좋은 관계를 맺기 어려우며, 에스파냐 사람들이 군대 지휘권을 내놓기 싫어하기 때문에 라투르뒤팽 대신 협상가가 나서야 한다고 생각했다. 에스파냐에 대사로 나간 라보기용 공작이 적임자였다. 왕은 라보기용 공작에게 자세한 내용을 알려주지 않은 채 몇 가지 협상을 진행시켰다.

왕은 부이예 장군의 뜻대로 몽메디로 가기로 결심하고 파리에서 몽메디로 가는 최단거리를 알려달라고 했다. 왕은 아르덴 숲을 거쳐 잠시 국외로 나갔다가 다시 들어오는 경로를 절대 승인하지 않았으므로 다른 길을 찾아야 했는데, 모든 길이 거의 비슷했다. 그럼에도 어느 한 길을 정한다면 그때부터 그 길은 모험의 성패에 가장 큰 영향을 미칠 것이었다. 가장 먼저 생각한 경로는 파리에서 메스를 향해 가다가 베르됭에서 뫼즈 강을 따라 북쪽에 있는 스트네를 지나 몽메디로 가는 길이었다.

두 번째 경로는 랭스에서 동북쪽으로 일Isle을 거쳐 포브르까지 간 뒤 서북쪽에 있는 르텔Rethel로 가서 동쪽으로 방향을 틀어 스트네까지 가는 길이었다. 부이예 장군은 이 길을 가장 강력히 추천했다. 다른 길보다 남의 눈에 띌 가능성이 가장 적다고 생각했기 때문이다. 그러나 이 여정에서 가장 위험한 곳은 랭스였다. 루이 16세가 거기서 대관식을 거행했으므로 왕의 얼굴을 아는 사람들이 많았다. 그럼에도 샬롱보다 인구도 적은 도시였고, 그 밖의 지역은 몹시 빈곤하고 사람들도 별로 살지 않았기 때문에 다른 지역을 지날 때보다 신경 써야 할 일이 훨씬 적었다. 더욱이 최강 군대인 루아얄 알르망 연대가 스트네에 진을 치고 있었기 때문에 일이나 르텔부터는 그들만으로도 왕을 호위하기에 충분했다. 그렇게만 할 수 있다면 병력을 불편하게 많이 움직이는 위험한 상황을 피할 수 있을 것이었다. 이 경로를 추천한 사람은 마리 앙투아네트가 세자빈으로 프랑스에 온 뒤 베르사유 궁에서 그 뒤를 봐주고 조종하던 오스트리아 대사 출신 메르시 아르장토였다. 이 사람은 본국으로 돌아갔다가 벨기에 지역에 파견되었고, 훗날(1792년) 벨기에 총독이 된다.

왕은 랭스를 지날 때 자기를 알아볼 사람이 있을까봐 그 경로를 몹시 싫어했다. 그래서 부이예 장군도 할 수 없이 그 경로를 포기했다. 왕은 샬롱과 그 이웃 마을들을 통과하는 편이 더 안전하다고 생각했고, 그렇게 해서 랭스보다 남쪽의 샬롱을 거쳐 베르됭을 향해 가다가 북쪽으로 방향을 바꿔 바렌Varennes을 거쳐 몽메디까지 가기로 했다. 부이예 장군은 샬롱부터 몽메디까지 서너 개 마을에 병력을 분산시켜놓고 왕 일가를 안전하게 호송할 계획이었다. 왕은 그래도 불안한지 고글라 남작을 시켜 부이예 장군에게 샬롱까지 가는 길에도 병력을 배치해주면 좋겠다고 했다. 프랑수아 고글라는 왕비

궁의 특별비서로 봉사하던 측량기사였다. 그는 왕비를 위해 생클루 궁과 트리아농 궁을 개조할 계획을 세웠고, 왕비는 그에게 만족해서 왕비궁 소속 군대 참모부에 들어가게 했다. 그 뒤 고글라 남작은 부이예 장군의 부관으로 봉사하면서, 4월에 장군의 숫자 편지를 들고 파리로 갔다가 5월 초에 왕의 명을 받들고 메스로 돌아갔던 것이다. 부이예 장군은 왕의 의견에 분명히 반대하고, 그래도 왕을 안심시키려고 샬롱을 지나 퐁드솜벨Pont de Somme-Vesle에 분견대를 배치하겠다고 약속했다. 사실 이곳에 병력을 배치하는 것은 유익하기보다 성가신 일이었지만 왕을 안심시키려고 그렇게 하기로 했다.

몽메디는 아르덴 숲가의 국경에 있는 마을이다. 그 곁에는 험준한 협곡 사이로 매우 깊은 시에르la Chiers 강이 흘렀다. 이 강은 동쪽 50킬로미터 정도 떨어진 국경 마을 롱위 쪽으로 20여 킬로미터 떨어진 곳에서 시작해 몽메디를 거쳐 북쪽으로 흐르다 스당 근처에서 뫼즈 강과 합류했다. 시에르 강에 맞닿은 곳은 메디 바(낮은 메디)라는 곳이며 인구가 아주 적었다. 몽메디 마을은 사방에 총안을 뚫은 벽에 둘러싸여 있으며, 500~600자(160미터 이상) 높이의 깎아지른 절벽 위에 요새와 산길로 연결되었다. 요새는 700~800명 정도만으로도 충분히 방어할 수 있었다. 부이예 장군은 몽메디 근처에 왕의 거처를 생각해두었는데 그것은 토넬Thonnelle이었다. 그러니까 몽메디 북쪽의 토넬이 왕궁을 둘 곳이며, 그곳이 혁명세력의 공격을 받을 때 몽메디로 옮겨 항전한다는 계획이었다. 몽메디는 난공불락의 요새이긴 해도 왕이 거처하기에 불편했고, 만일 거기서 반역행위가 일어나면 후속조치를 취하기도 어려웠기 때문에, 보병과 충성스러운 기병을 주둔시켜 왕을 보호할 만한 곳으로 토넬이 적합했다. 또 국경 너머 벨기에 쪽의 도시 비르통과 가깝기 때문에 부이예 장군은 여차하면 비르통에 오스트리아 군대를 집결시켜놓고 프랑스 병력을 집결시킬 구실로 삼는 동시에 최악의 사태가 발생하면 오스트리아 군대에 협조를 구할 요량이었다.

그러나 국제 정세가 말처럼 쉽게 따라주지 않는 것이 문제였다. 가장 중요한 것이 신성로마제국의 황제(헝가리와 보헤미아의 왕인 레오폴트 2세)의 태도일 텐데, 그는 프랑스 왕을 구하는 일에 적극적으로 나서려 하지 않았고, 또 급하게 생각하지도 않았다. 그가 왕비의 오빠라 할지라도 왕비가 열 살 때까지 본 뒤로 1765년부터 토스카나 지방을 다스렸기 때문에 25년을 보지 못했으니 여동생을 남과 다르게 생각하지 않아도 이상하다 할 수 없는 일이었다. 게다가 황제는 프로이센의 태도 때문에 늘 불안했고, 영국을 의심했다. 영국은 언제나 프랑스 왕의 이익과 다른 길을 찾는 나라였기 때문이다. 에스파냐의 왕만이 루이 16세의 동맹 가운데 가장 진술했지만, 루이 16세가 파리를 떠난 뒤에야 비로소 어떤 행동을 취해줄 수 있을 뿐이었다. 한마디로 외국에서 루이 16세를 도와주려면 전제조건을 충족해야 했다. 루이 16세가 자신을 따르는 지방에 충성스러운 귀족들의 군대를 모은 뒤 파리에서 그곳으로 안전하게 이동해야 할 것이다. 그러나 그 결과 내전이 일어나는 것은 바람직하지 않다. 왕의 이동경로를 정해놓고 최선의 방법을 찾는다 해도 참으로 실천하기 어렵고 성공을 기대하기란 거의 불가능한 계획이었다.

11
혁명의 가시적인 성과

국회는 구체제의 불합리한 제도를 정비해서 중앙정부와 지방정부를 완전히 새로 조직했으며, 문화적으로 아주 뿌리

깊은 가톨릭교의 종교인들을 공무원으로 만들어 주교직을 많이 폐지하고 국가의 봉급을 받도록 해서 큰돈을 절약할 수 있었다. 전국적으로 불안과 소요가 그치지 않았지만, 국회는 계속해서 정부의 살림살이에 대해 일일이 재정상의 간섭을 하고 한 해의 예산까지 편성하는 작업을 하게 되었으니, 이쯤에서 국회가 재정적으로 어떤 성과를 이룩했는지 한번 알아볼 필요가 있다. 이것은 혁명의 성과를 가늠하는 일이기도 하다.

2월 6일에 국회는 재정위원회가 준비한 예산안을 보고받았다. 파리 문안에서 귀족 대표로 뽑힌 안 피에르 몽테스키우 프장삭 후작Anne-Pierre, marquis de Montesquiou Fezensac이 의원들에게 설명했다. 그의 설명을 통해서 우리는 혁명가들이 국가를 운영하던 방식을 들여다볼 수 있다. 몽테스키우는 국가예산을 전국 단위의 1년 경비와 지방 경비 그리고 일시적인 경비인 예비비의 세 부분으로 나누었다. 전국 단위의 1년 경비란 왕국 전체에 똑같이 지출해야 하기 때문에 국고에서 직접 나가야 할 돈이다. 국채의 이자가 여기에 포함된다. 지방 경비란 각 도의 운영에 관한 공적 비용이다. 크게 봐서 그것은 전국 단위의 경비와 마찬가지로 왕국 전체에 공통적인 경비지만, 지방의 다양한 사정에 따라 지출 규모가 달라진다. 도의 크기에 따라 디스트릭트와 캉통의 행정단위 수와 법원 수가 달라진다. 도로, 공공건물의 크기와 수의 차이 때문에 유지비도 달라진다. 산업과 구빈사업의 규모도 지방마다 다르다. 끝으로 뜻하지 않게 발생하는 일에 써야 할 경비가 있다. 1790년에 일어난 일이 1791년에 또 일어나지 않듯이, 1791년에만 일어날 일도 생기게 마련이다. 이러한 경우에 대처하려면 예비비를 따로 편성해야 한다. 다행히 해마다 평생 연금이나 급여에서 1억 7,500만 리브르를 줄여나갈 수 있다고 예상할 수 있기 때문에 국가가 거둬야 할 세금의 부담도 차차 줄일 수 있다.

종교행사, 왕실비, 왕실이나 귀족 영지에 대한 정기지출, 왕의 동생들에 대한 대우, 외교비, 전쟁비, 헌병대, 해군과 식민지, 교량과 도로, 내각의 각 부 대신, 국가 재정 운영, 예비비, 채무상환, 광산학교, 무역, 공탁금고, 왕의 정원과 서재 유지, 각 대학교, 아카데미, 문학회, 군원호원, 캉즈뱅 병원, 최고법원, 파기법원, 국회 그리고 이 모든 분야의 예비비 600만 리브르를 포함해서 총액 2억 8,000만 리브르가 필요하다. 폐지된 종교직에 대한 지출, 왕의 동생들과 오를레앙 공에 대해 승인한 지원금, 연금과 이자, 국채 이외의 빚과 평생 연금은 모두 3억 200만 리브르에 달한다. 이처럼 1791년에 국고에서 반드시 지출해야 할 돈은 5억 8,200만 리브르다. 그런데 1790년 12월 6일에 제정한 법에 따라 국가 재산에서 얻을 수입이 6,000만 리브르이므로 5억 2,200만 리브르를 세금으로 걷어야 한다는 사실을 알 수 있다. 국회의 징세위원회는 이 금액을 바탕으로 세금을 할당해야 한다.

구체제의 주province들은 도로, 공공건축, 교회와 부속건물, 민병대, 징세인 경비, 지사가 명령한 경비 따위를 자체적으로 마련했다. 특별한 원칙이 없이 자의적으로 마련해서 썼기 때문에 그 내역이 정확하지 않다. 그러나 이제 새 체제에서는 모든 지방에 일정한 원칙을 적용해서 경비를 마련해야 한다. 지방정부 운영을 위한 의회, 법원, 수형자受刑者, 직접세 징수 경비, 병원, 구빈사업 그리고 옛날처럼 도로와 공공건물의 건설이나 유지에 들어가는 돈을 지방정부가 마련해야 하는데, 전국적으로 5,900만 리브르가 필요하다. 그러므로 각 도에서는 국회가 법으로 할당해준 세금과 함께 자체적으로 필요한 경비를 걷어야 하며, 스스로 절약해서 세금을 헛되이 쓰지 않고 되도록 경비를 줄이려고 노력해야 한다. 그리고 이 경비에는 각 도의 방위와 치안비용을 포함시킬 수 없었다. 이 경우 국회에서는 각 도시가 형편에 맞는 입시세를 거둘 수 있도록 법적 근거를 마련해줘야 했다.

1791년에 책정할 예비비에는 국회가 구호사업에 쓰도록 각 도에 할당해준 1,500만 리브르와 예상 밖으로 길어지는 국회 회기 때문에 발생하는 경비를 포함하는데, 이 경우 6개월치만 계산하기로 했다. 게다가 루이 16세 다리 공사를 연장하고 완성하는 데 필요한 비용도 계산해야 한다. 루이 16세 다리는 루이 15세 광장(오늘날의 콩코르드 광장, 제3권 169쪽 도판 참조)을 조성할 때부터 건설하려던 것이었지만, 그리고 그때 건설했다면 루이 15세 다리가 되었겠지만, 1787년에 비로소 착공되었다. 파리 시정부의 결정으로 1789년 7월 16일부터 해체하기 시작한 바스티유 요새와 감옥의 돌을 이 공사에 활용했고, 결국 1791년에 다리를 완공했다. 이 다리는 오늘날 콩코르드 광장에서 건너편 팔레 부르봉으로 건너가는 콩코르드 다리다. 국회 회기 연장과 다리 건축비를 합쳐서 500만 리브르를 예상했다. 그리고 예비비에는 전쟁부, 해군부, 징세청부회사, 몇몇 법원에 들어가는 비용뿐 아니라 상환금 미지급으로 발생하는 이자도 포함시키니 2,000만 리브르가 되었다. 이렇게 해서 지금까지 예비비는 모두 4,000만 리브르가 되었다. 그런데 여기에 국회에서 논의하고 법을 제정했던 대로 국내외 안전과 관련한 비용을 추가해야 했다. 국회는 전시에 50개 연대를 증원하고, 원정에 필요한 포병과 기타 장비를 마련하는 데 모두 500만 리브르를 예비비로 책정했다. 식민지 원정, 셰르부르Cherbourg 항구를 비롯한 여타 항구의 토목공사 비용, 국경의 요새를 정비하는 비용 등등 모든 추가비용을 계산하면 최소한 3,600만 리브르가 필요했다. 따라서 1791년의 비상지출을 위한 예비비는 거의 7,600만 리브르였다.

지금까지 살펴본 예산 내역을 다시 한번 요약해보자. 국가가 거둬야 할 돈은 5억 2,200만 리브르다. 그중에서 5,500만 리브르는 창고에 쌓아둔 소금과 담배를 판매하고, 애국세contribution patriotique를 받아 충당할 수 있다.*
나머지 4억 6,700만 리브르는 우편과 역참, 국유지 수입 그리고 직접세와
간접세로 충당할 수 있다. 1789년 5월에 국고 수입은 직간접세 등으로 4억
7,500만 리브르, 여기에 국민의 부담으로 1억 3,000만 리브르의 십일조를 추
가해야 하기 때문에 모두 6억 500만 리브르였다. 그때 지출이 더 많았기 때
문에 결손은 5,600만 리브르였다. 당시에는 상환금 지불이 정지되었고, 내
각의 각 부마다 상당한 미불금이 있었다. 또 국가의 채권자들에게 줄 이자가
거의 2년치나 밀려 있었다. 당시까지 재정적자를 메우기 위해 치명적인 처방
으로 이용하던 기채起債도 불가능한 상황이 되었다. 그러나 몽테스키우는 혁
명 이후 이러한 상황이 어떻게 달라졌는지 설명했다. 그는 1791년부터 애국
세를 포함해서 모든 세입은 5억 2,200만 리브르가 될 것이며, 그것만 가지고
도 재정적자는 물론 상환금 미지급, 미불금도 없앨 수 있다고 장담했다. 더
욱이 군대의 봉급도 상당히 인상할 수 있으며, 재판도 무료로 받을 수 있게
해주고, 관직 보유자가 관직을 포기하면서 받아야 할 돈도 지급해줄 것이다.
앞으로 소금세와 기타 소비세를 걷을 때 드는 비용(총괄징세청부업자의 비용)
을 포함해서, 그동안 수많은 방식으로 사람들을 짓눌렀던 온갖 부당한 세금,

---

* 애국세란 일회성 애국성금을 일컫는 말이다. 국회는 재정위기를 해소하려고 고심하되 구체제의 불
  평등한 조세제도를 고치는 과정에서 1789년 10월 6일, 1790년 3월 27일~4월 1일, 1790년 10월
  25~31일의 법으로 애국세에 대해 규정했다. 여기서는 제일 처음 이 말을 사용한 법의 제1조만 인
  용하기로 한다. "다른 조항에서 예외로 삼은 경우를 제외하고 왕국의 모든 주민과 공동체에게 특
  별애국세contribution extraordinaire et patiriotique를 납부해주기를 요청한다. 이 세금은 단 한 번
  걷을 것이며, 그 어떠한 이유나 동기로 다시 걷을 수 없다." 애국세는 국회가 생각한 수준에 미치
  지 못할 때가 많았다.

요금, 부과금을 폐지할 것이다. 과거를 아쉬워하는 사람들은 혁명을 계속 비방하지만, 그나마 혁명 덕택에 이 같은 상황에서 차츰 벗어났다.

2월 18일, 국회는 종교행사, 왕실비, 대군의 영지, 외교와 전쟁 등에 2억 8,270만 리브르, 남녀 종교인 봉급과 연금 등에 3억 200만 리브르로 도합 5억 8,470만 리브르를 책정했다. 그러나 1790년 12월 6일의 법으로 국유재산의 예상수입을 6,000만 리브르로 정했기 때문에 조세위원회에 5억 2,470만 리브르를 징세할 방안을 제시하라고 명령했다. 그러나 이 금액과 상관없이 5,630만 리브르를 마련해 사법제도의 운영과 수형자에 드는 비용, 그리고 각 행정기관의 비용, 도로와 공공건물 유지비, 징세비용, 병원의 구호비로 써야 했다. 또한 1791년에 여러 가지 용도에 쓸 예비비를 따로 마련하도록 했다. 83개 도의 구빈사업, 항만 구축이나 유지사업, 파리의 구빈작업장 유지, 국회 회기 연장이나 새 국회에 필요한 비용, 예비병력의 장비 구입비, 병력증강에 필요한 비용, 특히 300만 리브르의 전방 요새 복구비용, 아메리카 식민지제도의 원정비용, 회계검사 결과로 발생할 수 있는 부가비용으로 2,000만 리브르를 비축할 계획도 있었다. 그러나 2월 19일, 조세위원회의 라로슈푸코 리앙쿠르가 보고한 예산에서는 수치가 조금씩 달라졌다. 라로슈푸코 리앙쿠르는 국유재산 수입을 6,000만 리브르로 예상했지만, 조세위원회가 면밀히 검토해본 결과 4,250만 리브르로 저평가할 수 있다고 하면서, 그러한 결과를 반영해서 걷을 수 있는 각 분야의 세금에 대해 조목조목 나열했다.

1791년의 재원을 어떻게 마련했는지 알기 위해 각 항목에 대해서 살펴보기로 한다. 먼저 애국세는 특별회계에서 국고로 들어가는 돈으로 3,456만 2,000리브르를 예상했다. 이것은 징세비용을 제한 금액이다. 그리고 부동산세(2억 8,700만 리브르)와 동산세(6,000만 리브르), 등록세(4,162만 5,000리브르),

인지세(2,200만 리브르), 특허세(1,800만 리브르), 관세(2,000만 리브르), 우편과 화물운송(1,200만 리브르), 화약과 초석(80만 리브르), 금은 정련(120만 리브르), 입시세(2,488만 2,000리브르 예상)가 있다. 라로슈푸코 리앙쿠르는 입시세가 폐단이 많아 사방에서 비판을 받는 세금이지만 다른 종류의 간접세보다는 덜 억압적인 세금이라고 설명했다. 그래서 폐지하기보다는 세율을 낮춤으로써 가난한 사람들이 거의 이 세금의 영향을 받지 않게 배려했다. 라로슈푸코 리앙쿠르는 전부 4,900만 리브르를 걷을 수 있고, 절반을 각 도시가 긴요한 일에 쓸 수 있는 이 세금을 없애느냐 존속시키느냐는 국회의원들의 결정에 달렸다고 말했다. 끝으로 지금까지 열거한 수입 가운데 가장 부도덕한 세금이라 할 수 있는 복권loterie 수익으로 1,000만 리브르를 예상할 수 있는데, 라로슈푸코 리앙쿠르는 이 세금에 대해 언급하는 것 자체가 부끄러운 일이라고 강조하면서, 이 정도 금액이라면 굳이 국고에 들어오지 않아도 큰 지장은 없을 거라고 말했다. 이 항목들과 국유재산 수입을 합치면 모두 5억 7,994만 4,000리브르가 된다.

라로슈푸코 리앙쿠르는 1793년부터는 평생금리로 나가는 돈이 800만 리브르 줄어드는 한편, 등록세, 인지세, 특허세 수입으로 1,000만 리브르, 운송 수입으로 300만 리브르, 세관 수입으로 200만 리브르, 국유림 수입으로 500만 리브르, 담배 공사公社 수입으로 300만 리브르씩 증가해 모두 3,100만 리브르의 수입증가 효과를 기대할 수 있다고 말했다. 그리고 1792년과 1793년에 애국세 그리고 담배와 소금 판매로 5,500만 리브르를 예상했는데, 그 예상 수입에서 수입증가액 3,100만 리브르를 빼고 남는 2,400만 리브르만 애국세로 걷으면 될 것이라고 말했다. 이것은 애국세로 원래 예상했던 3,500만 리브르보다 1,100만 리브르를 덜 걷어도 된다는 말이었다. 그는 만일 국가 경제가 좀더 개선되고 세금을 더욱 공평하게 분배하는 시기가 온다면 재정을 확충하는 일은 더욱 쉽고 비용도 적게 들 것이 분명하다고 예상했다. 마지막으로 그는 구체제의 예산과 1791년의 예산을 비교하면서 혁명과 국회의 업적에 대해 강조했다. 구체제에서 백성은 모두 7억 6,674만 4,000리브르를 부담했지만, 1791년에는 오직 5억 7,000만 리브르만 부담하면 되니까 국민의 부담은 모두 1억 9,676만 4,000리브르가 줄어든다는 것인데, 거기에 특권층의 부담금이 3,600만 리브르나 올라가기 때문에, 어떠한 특권도 누리지 못했던 사람들이 결국 2억 3,276만 4,000리브르의 혜택을 입게 되었다고 말했다. 이 말을 들은 의원들은 일제히 박수로써 서로를 축하하고 격려했다. 그들은 1789년 여름부터 충분히 쉬지도 못하면서 달려온 혁명의 길에서 가시적인 성과를 보고 기뻐했다.

그러나 계획과 현실은 언제나 차이가 나는 법이다. 제헌의원들의 의지와 달리 혁명의 복잡한 현실은 언제나 수많은 변수를 낳았다. 1790년에는 전년도에 비해 수확도 좋았지만, 여전히 재정적자를 메우기에 힘이 부쳤다. 1789년 말에 가톨릭교회 재산을 국유화해 그것을 담보로 4억 리브르어치의 아시냐 채권(기본 단위 1,000리브르에 이자 5퍼센트)을 발행한 국회는 몇 달 뒤(4월 16일 법)에 그 재산을 매각할 때 30억 리브르의 가치를 지녔다고 판단하면서 그 돈이면 1790년에 빚을 갚고 적자를 메울 수 있을 것이라고 판단했다. 그리고 이자율을 5퍼센트에서 3퍼센트로 낮추는 한편, 이번에는 단위를 1,000리브르, 300리브르, 200리브르로 나누었다. 그리고 이자 계산은 일별로 하기로 했다. 그러나 생각했던 만큼 재정을 개선하지 못한 재무대신이나 제헌의원들은 격론 끝에 9월 29일 아시냐 지폐assignat-monnaie(제2권 267쪽 도판 참조)를 12억 리브르어치 발행하기로 의결했다. 이제 아시냐는 채권이 아니라 이자를 지급하지 않는 지폐가 되었다. 당시 프랑스의 금속화폐는 모두 22억 리브르가 통용되었는데, 여기에 덧붙여 12억 리브르의 아시냐가 풀렸으니 통화팽창과 아시냐의 가치가 하락하는 결과를 가져왔다. "악화가 양화를 구축한다"는 법칙이 현실로 나타나 금속화폐가 자취를 감추기 시작했다. 단순하게 말해서 1791년 제헌의원들의 희망대로 빚을 갚고 적자를 메우려면 무엇보다도 아시냐 지폐의 가치를 안정시켜야 했다.

12
왕의 고모들은 이탈리아로

1791년 2월 3일자 『모니퇴르』를 읽은 사람들은 술렁댔다. 왕의 고모들이 이탈리아로 여행할 계획을 세웠다는 것이 확실해졌다. 로마는 가톨릭교의 성지이기 때문에 그 여행의 목적은 순례였다. 2월 4일, 파리 코뮌은 이 문제에 대해 다음과 같이 결정했다.

"파리 시정부는 파리 시장과 치안담당관들로부터 왕의 고모들이 왕국 밖으로 나가려는 의도로 여권을 신청했다는 사실을 통보받았다. 이에 시정부는 여권을 발행해주지 말라고 결정했으며, 이처럼 미묘한 시기에는 공공의 질서와 안전을 최우선으로 고려해야 하기 때문에 5일에 시장과 시정부 요원들이 왕을 방문해서 고모들의 여행에 대해 시민들이 몹시 불안해하며, 그 결과 난처한 상황이 생길지도 모른다는 점을 경고해주도록 결의했다."

한편, 내무대신 르사르는 9일 센에마른, 이욘, 손에루아르, 코트도르, 론에루아르의 도 지도부들에 편지를 보냈다.

"왕의 고모들은 이탈리아로 여행할 계획을 세우고 왕에게 허락해달라고 요구하셨습니다. 왕은 여러분에게 고모들의 여행 경로를 알려드려서 그분들에게 필요한 모든 편의를 제공하도록 관계기관에 명령을 내려달라고 당부하셨습니다. 고모들은 이달 15일부터 25일 사이에 출발할 것이며, 예전의 부르고뉴 주에서 리옹까지 간 뒤, 거기서 퐁드보부아쟁Pont-de-Beauvoisin이나 제네바로 가실 것입니다."

내무대신은 고모 아델라이드(59세)가 나르본 부부, 종복 네 명, 시녀 네 명, 마부 두 명을 거느리고, 고모 빅투아르(58세)가 샤틀뢰스 부부, 시녀 네 명, 종복 두 명, 마부 두 명, 의사 두 명, 시종 두 명을 거느리고 여행할 것이라고 예고했다.

2월 13일, 파리 코뮌 회의에는 그랑조귀스탱 구에 모였던 32개 구들의 대표단이 참석했다. 그들은 왕의 고모들의 여행과 관련해서 왕과 국회에 드리는 글을 읽었다. 코뮌의회 부의장인 뮐로 신부는 이 문제를 시정부가 신경 써서 처리할 것이며, 그 결과를 대표단에게 반드시 알려주겠다고 약속했다. 그리고 14일 저녁 코뮌은 대표단을 국회에 보내 사회를 안정시키기 위해 왕의 가족의 거처에 관한 법률을 제정해달라고 요구했다. 그날은 리케티 드 미라보(옛 백작)가 의장직을 수행하는 마지막 날이었다. 미라보는 이 문제를 헌법위원회에서 검토하도록 할 것이며, 수시로 코뮌에 결과를 알려주겠다고 약속했다.

마라는 13일 『인민의 친구』(371호)에서 왕의 고모들을 국외로 나가도록 허락해준다면 가장 경솔한 결정이라고 했다. 어리석은 신문기자들은 왕의 고모들에게 자유로이 여행할 권리가 있다고 말하지만 그들을 조금도 자유롭게 해서는 안 된다고 강조했다. 프랑스인들은 혁명의 적들과 전쟁을 벌이고 있기 때문이다. 그래서 고모들을 인질로 삼고 왕의 나머지 가족도 2중 3중으로 감시를 해야 한다. 그리고 당장 모든 지방정부에 회람을 돌려야 한다. 시민들은 왕의 고모들이 300만 리브르의 빚을 남기는 대신 1,200만 리브르의 황금을 가지고 나갈 것임을 명심해야 한다. 그들은 1루이(24리브르)짜리 금화를 5리브르씩 웃돈을 지불하면서 모았다. 더욱이 그들은 튈르리 궁에서 왕세자를 빼돌리는 대신 그 또래의 닮은 아이를 남겨둘 것이다. 그들은 이처럼 왕세자를 유괴하려고 18개월 전부터 그 아이를 키웠다. 마라는 이처럼 구체적으로 사람들에게 경고했다. 그런데 이것은 단지 마라의 상상일까, 아니면 반혁명을 두려워하는 '애국자'라면 다 그렇게 생각했을까? 단순한 상상이라 할지라도 그 근거가 될 만한 사례는 없을까? 현실적으로 왕세자의 교육에서 매가 필요할 때가 있었다. 그러나 존엄한 신체에 직접 매를 댈 수 없었기 때문에 평민으로서 그 또래 아이를 데려다 곁에 두고, 왕세자를 훈육할 때 대신 꾸중을 듣고 매를 맞는 역할을 시켰다. 이러한 현실에 바탕을 두고 왕세자를 빼돌리는 상상을 했음직하다.

왕의 고모들은 파리에서 베르사유로 가는 길목에 있는 뫼동 숲의 벨뷔 궁 Château de Bellevue에 살고 있었는데, 자신들이 받는 의심을 의식했는지 2월 20일에는 파리에 가겠다고 사람들에게 약속했다. 그런데 정작 20일은 일요일이라 국회에서는 오전회의가 11시 반에 시작되어 한창 연금법에 대해 열띤 토론을 벌이고 있을 때, 의장 아드리엥 뒤포르는 왕이 보낸 쪽지를 받았다.

"국회에서 과인의 고모들의 여행에 관한 문제를 헌법위원회가 검토한다고 들었소. 과인은 어젯밤 10시에 고모들이 출발했다는 것을 오늘 아침에야 알고 국회에 통보해야 한다고 생각했소. 과인은 모든 사람이 가고 싶은 곳으로 여행할 자유가 있다고 확신하면서 고모들이 과인과 헤어지는 것이 슬프기는 해도 과인에게는 그들의 출발을 막을 의무나 권한이 없다고 생각하오."

고모들은 파리로 가는 대신, 밤을 도와 파리에서 멀리 벗어나려고 서둘러 출발했던 것이다. 그들이 무사히 외국에 도착하면 루이 16세와 가족의 운명은 브르퇴이 남작, 페르센 백작, 부이에 장군이 그동안 세운 계획대로 바뀔 것인가? 아직 안심하기에는 일렀다. 그들이 벨뷔 궁을 떠나 캄캄한 밤길을 전속력으로 달렸다고 해도 한 시간에 12~13킬로미터 정도 움직일 수 있었으니 기껏해야 파리에서 150킬로미터밖에 벗어나지 못했기 때문이다. 의장이 왕의 쪽지를 읽자마자 카뮈 의원이 발의했다.

"국법에 따라 왕실비를 줄여야 합니다. 왕의 고모들이 외국에 나가 있는 동안 그들에게 지급할 돈을 왕실비에서 제해야 합니다."

좌파 의원들이 박수를 치며 카뮈의 의견에 동조했고, 우파 의원들은 그저 웅성거릴 뿐이었다. 그리고 사방에서 의사일정으로 넘어가자고 말했다. 그때 변호사 출신으로 파리 문안에서 당선된 루이 시몽 마르티노 의원이 국회의 품위에 맞지 않는 제안이라고 말문을 열자 좌파 의원들이 술렁댔다.

"다시 말씀드리지만, 카뮈 의원의 제안은 국회의 품위나 정의의 두 가지 측면에 모두 부합하지 않습니다. 지난 9월 3일의 왕실비에 관한 명령은 루이 16세 치세에 전부 해당하는 것입니다."

다시 좌파 의원들이 웅성거렸지만, 마르티노는 말을 이었다. 그는 국회의 명령과 국민이 수없이 보여준 위대함이나 너그러움과 모순되는 상황을 바라느냐고 묻고 나서, 의사일정을 다루기로 하자고 발의했다. 사방에서 웅성거리는 가운데 대다수가 의사일정으로 넘어가기로 결의했다. 그리고 21일에 한창 회의를 진행하던 중 바르나브가 왕의 고모들의 여행과 관련해서 긴급히 발언하겠다고 나섰다. 바르나브는 그들보다 더 중요한 인물이 도주한다는 소문이 나돌고 있으므로 시급히 법을 제정해서 세간의 불안을 떨쳐야 한다고 주장했다. 그가 말한 '더 중요한 인물'이 왕을 뜻한다는 사실을 누가 모를 수 있겠는가? 따라서 22일까지 헌법위원회에 왕의 가족 구성원들의 도리와 의무를 규정하는 법안을 상정해달라고 주문했고, 수많은 의원이 바르나브의 의견을 열렬히 환영했다. 그러나 이 문제에 대해 별다른 진전이 없이 23일이 되었다.

23일, 자코뱅 클럽에서는 왕의 고모들이 왕세자를 데리고 파리를 탈출했다는 말이 돌았다. 1791년 초에 자코뱅 클럽과 자매결연을 맺고 싶다고 자청했던 '법률협회Société de la Loi'라는 단체가 작성한 보고서를 보면 상상력과 실제 일어날 수 있는 일을 구별하기 어려운 이야기가 나온다. '지난 수요일'* 저녁 11시 반에 귀족에게 고용된 목수가 튈르리 궁에 들어갔다. 목수는 거기서 왕세자가 서거나 앉을 수 있을 정도의 상자를 만들었다. 이 '판도라의 상자'는 왕세자를 파리에서 몰래 데리고 나갈 목적으로 만든 것이었다. 그렇게 해서 왕세자는 파리를 떠났다. 혁명의 적들은 왕세자를 담은 상자를 독일 쪽 로렌 지방의 사르부르Sarrebour로 옮겨갈 계획이다. 그곳에는 보병 199명, 기병 22명, 포병 60만 명, 대포 4만 문, 그 밖에 장포長砲와 투석기를 갖춘 병력이 왕세자를 기다린다. 왕세자가 도착하면 그들은 방패 위에 왕세자를 올리고 전국 4만 4,000개 자치정부의 왕이며 국가의 제1공무원임을 선포할 계획이다. 이 황당한 계획은 과연 누구의 머리에서 나온 것일까? 육군 병력이 15만 명 남짓하던 시절에 포병이 60만 명이라니! 이 터무니없는 숫자 뒤에서 우리는 '애국자들'이 반혁명을 경계하는 마음을 읽을 수 있다. 루이 16세보다 감

---

* 왕의 고모들이 2월 19일 토요일 밤에 출발했으므로, 수요일이라면 2월 16일 가능성이 높다.

시의 눈을 피하기 쉬운 왕세자를 빼돌리려고 왕세자를 닮은 어린이를 뽑아 예절을 가르치는 한편, 진짜 왕세자를 멀리 로렌 지방으로 빼돌려 새 왕으로 추대한다는 계획은 반혁명에 대비하는 '애국자들'의 머릿속에서 나온 예방책의 일부였던 것이다.

그날 파리 자코뱅 클럽의 지도부는 전국의 자매협회 지도부에 긴급히 회람을 돌렸다. 왕의 고모들이 얼마 전 떠났으며, 왕세자를 계집아이로 꾸미거나 마차에 실은 상자에 감춰서 데리고 나갔다. 그들은 왕세자를 외국 군대와 망명귀족들의 우두머리로 삼아 다가오는 봄에 반혁명을 일으키려 한다. 이 소식을 알리는 이유는 무엇보다도 프랑스인이 혁명을 지지하지 않는 것 같은 왕에게 지금까지 인정해준 권위를 빼앗아야 한다고 믿기 때문이다. 왕세자가 이미 파리에서 사라지고, 왕궁의 귀족주의자들은 자코뱅 클럽을 무력하게 만들려고 호시탐탐 기회를 엿보는 이때, 자코뱅 클럽은 군주에게 더는 후계자를 남겨주고 싶지 않기 때문에 그의 유일한 상속인의 자격을 없애고자 한다. 파리 본부에서는 왕이나 측근이 하는 말을 믿지 않기로 작정했다. 누군가 필시 왕세자가 아직 튈르리에 있다고 말하겠지만, 그것은 거짓말이다. 파리 본부는 전국의 자매협회들에 왕비가 인민을 속이려고 왕세자를 닮은 아이를 키웠으며, 그 아이는 생소뵈르Saint-Sauveur(신성한 구원자)라는 귀족의 아들이라고 분명히 밝혔다.

"우리는 이미 우리 편인 신문 발행인들이 이 소식을 널리 알리는 것을 보면서 만족하고 있습니다. 여러분도 부디 이 소식을 곳곳에 알리시오. 이 소식이 우리가 기대하는 만큼 효과를 거둔다면, 우리는 곧 프랑스 군주정을 공화국으로 바꾸는 방법을 여러분께 일러주겠습니다. 이 행복한 순간을 기다리면서, 우리 모두 소중하고 성실한 전우로 남읍시다."

127

이처럼 혁명의 급진파는 절대군주정이건 입헌군주정이건 군주정을 거부하고 공화국을 수립하는 방안을 생각하고 있었다. 아직 국회에서는 입헌군주제의 헌법을 만들려고 애쓰고 있었지만, 루이 16세의 권위를 완전히 부정하는 사람들 때문에 그의 처지는 날이 갈수록 더욱 초라해졌다.

자코뱅 클럽에서 왕의 고모들과 왕세자 납치사건에 대해 토론하던 2월 23일, 국회에서는 국회의장이 모레Moret 캉통 자치정부로부터 왕의 고모들에 관한 편지를 받았다고 보고했다. 여러 사람이 그냥 의사일정대로 회의를 하자고 외쳤지만, 대다수는 편지를 읽으라고 촉구했다. 모레는 파리에서 동남쪽으로 90킬로미터 남짓 떨어진 곳이었다. 모레 당국 관리들은 왕의 고모들이 20일 오전 6시에서 7시 사이 그곳에 도착했다고 보고했다. 거의 아홉 시간 만에 그곳에 도착했으니 시속 10킬로미터의 속도였다. 모레 주민들은 왕의 고모들이 자유롭게 여행하는 모습이라기보다 도망치는 모습이라고 생각했다. 그곳 국민방위군은 그들에게 여권을 제시하기 전에 통과할 수 없다고 말하면서 당장 성문을 닫았다.

왕의 고모들과 동행한 생루이 기사단의 훈장을 단 사람이 코뮌 검찰관을 찾아가 고모들의 여권에 통과해도 좋다고 승인하는 도장을 받으려고 했다. 어떤 국민방위군은 모레 캉통의 행정관 집으로 갔다가 그와 함께 코뮌 검찰관 집으로 갔다. 거기서 그들은 왕이 서명하고 몽모랭이 부서한 여권들을 제출한 생루이 기사단의 인물을 만났다. 그가 제시한 여권들은 왕의 고모들이 로마로 가는 데 필요한 것이었다. 그는 왕의 고모들을 수행하는 중이며, 자신은 파리 시정부의 통행증을 받았다고 말했다. 통행증에는 파리 시정부의 서기장 드졸리의 서명이 있었다. 그는 드졸리로부터 누구나 가고 싶은 곳을 마음대로 갈 수 있으며, 법은 방해할 권리가 없는 사안에 대해 어떤 권한도 줄 수 없다는 말을 들었다고 주장했다. 그가 들었다는 말은 실제로 2월 1일 파리 시정부가 결의한 내용이었다. 그러나 모레 당국은 왕이 서명한 여권과 파리의 서기장이 서명한 여권이 모순을 보여준다는 사실에 주목했다. 왕은 외국으로 가는 여권에 서명했는데, 드졸리는 단지 왕국 안에서 통행할 수 있는 여권에 서명했기 때문이다.

모레 당국이 두 가지 여권의 모순에 대해 고민하고 있을 때, 로렌 지방에서 퐁텐블로에 파견되었던 100명 정도의 엽보병 분견대가 그 도시의 시장이자 군장관인 몽모랭의 가솔들과 함께 급히 모레에 당도했다. 모레 당국은 이웃 도시인 퐁텐블로에 아무런 도움을 요청한 일도 없는데, 무장한 병력이 들이닥치니 몹시 당황했다. 더욱이 그들은 도성 문을 강제로 열었다. 그들이 왕의 고모들을 구하려고 달려왔음이 분명했다. 파리에 있어야 할 왕의 고모들이 아침 7시에 모레에 나타났다는 것은 밤새 마차를 탔다는 뜻이고, 그것은 통상적인 여행이라기보다 도주라고 볼 수 있었다. 더욱이 이웃 도시에서 병력이 아무런 요구를 받지 않고서 들이닥쳤고, 왕의 고모들을 모레 당국에서 빼내 계속 여행할 수 있도록 만들었으니, 모레 당국은 급히 그 사실을 국회에 보고해야 한다고 생각했다. 그래서 그들은 국회에 이 사실을 알리고 지침을 받고자 했다.

좌파 국회의원들은 외무대신 몽모랭이 어떻게 왕의 고모들의 여권에 부서할 수 있는지, 그것은 파리 코뮌의 청원은 물론 국회의 권위까지 무시하는 행위라고 규탄했다. 뢰프벨·의원은 퐁텐블로에 파견된 로렌 지방의 엽보병 분견대가 민간정부의 요청을 받지도 않고 출동해서 성문을 부수고 왕의 고모들을 구하려고 한 것은 헌법을 무시한 처사라고 강조했다. 그러나 며칠 뒤에는 모레에서 잘못을 저지른 병사들이 에노Hainaut 연대의 분견대였음이 밝혀졌지만,[*] 그 행위가 부당했다는 사실은 변함없었다. 이 문제는 국회의 군사위원회가 다루고, 전쟁대신 뒤포르타이에게 질의하기로 했다. 전쟁대신은 답신에서 자신은 전혀 모르는 일이라고 발을 뺐다. 의원들은 갑론을박 끝에 모두 9개조의 법안을 검토해서 이틀 뒤인 2월 25일 금요일에 심의하기로 했다. 그 법안은 공무원들의 공무수행과 거처에 관한 것이었다. 특히 제4조부터 제7조까지 왕과 왕세자에 대해 규정했다. 제1공복인 왕은 국회의 회기 중에는 국회와 가까운 곳에 거처를 정해야 하며, 국회의 회기가 끝나면 다른 곳에 머물 수 있다. 왕위의 추정상속인은 왕 근처에 머물러야 하며, 왕이 허가할 때 프랑스 국내로 여행을 떠날 수 있다. 단 외국 여행을 하려면 국회의 명령과 왕의 승인을 받아야 한다. 추정상속자가 미성년일 때, 왕위계승권에 가장 가까운 성년의 대리인도 헌법과 이 법 조항에 따라 거처의 제약을 받아야 한다. 그리고 추정상속자가 미성년일 때 그 어머니는 반드시 그와 함께 살아야 한다.

2월 24일 목요일, 국회의장 아드리엥 뒤포르는 내무대신인 르사르가 보낸 편지를 받고 의원들에게 공개했다. 왕의 고모들이 파리의 남동쪽 300킬로미터, 부르고뉴의 중심지인 본Beaune의 서쪽 35킬로미터에 있는 아르네르 뒤크Arnay-le-Duc에서 22일에 붙잡혔다는 내용이었다. 모레에서 한 번 곤란한

---

* 3월 2일, 국회에서는 2월 28일 에노 엽보병 부대 대령인 세귀르가 보낸 편지를 읽었다. 세귀르는 왕의 고모들을 퐁텐블로에서 모레까지 수행한 에노 연대 분견대의 중대장이 아직도 유효한 옛날 왕령을 받들었을 뿐이라고 해명했다. 그리고 벨뷔 궁에서 왕의 고모들은 수비대의 보호를 받고 있었는데, 여행 중에도 신변안전을 위해 그들이 지나는 길에 있는 도시마다 거기에 배치된 병력의 보호를 받도록 배려했다. 에노 연대 병력은 아무런 폭력도 자행하지 않았기 때문에 그들을 지휘한 중대장에게는 죄가 없으며, 만일 법을 어긴 죄를 묻는다면 세귀르 자신에게 물어달라고 호소했다.

일을 겪은 마리 아델라이드와 빅투아르 루이즈 고모들은 국회의장에게 편지로 하소연했다.

> 국회의장님, 우리는 왕의 허락을 받았고 또 정당한 여권을 지녔습니다. 또 파리 시정부도 우리에게 프랑스를 여행할 권리를 인정해주었습니다. 그럼에도 오늘 아르네르뒤크에서 붙잡혔습니다. 아르네르뒤크 코뮌은 우리에게 국회가 발행한 여권이 없다는 이유로 우리를 붙잡았습니다. 국회는 국회의원에게만 여권을 발급한다는 법이 존재합니다. 우리는 평범한 시민으로서 어떠한 종류의 차별도 원하지 않습니다. 단지 프랑스제국의 모든 시민이 누리는 권리를 누리고 싶습니다. 우리는 여타 시민들에게 우리의 자유를 인정해줄 것을 강력히 요구하는 동시에 국회의 정의를 믿는다는 사실을 말씀드립니다. 국회의장님, 부디 아르네르뒤크 코뮌을 설득해서 우리가 계속 여행할 수 있도록 조치해주시기 바랍니다.

국회의원들은 코트도르 도에 속한 아르네르뒤크 디스트릭트의 코뮌 의장 벨리Vely의 보고서를 읽었다. 그 보고서에서 왕이 고모들의 여권에 서명한 날짜가 나왔다. 2월 2일이었다. 그러므로 앞에서 보았듯이 2월 3일자 『모니퇴르』의 정보는 정확했다. 그럼에도 왕이나 측근들은 이 사실을 숨기다가 2월 9일 내무대신이 고모들의 여행 경로에 있는 지방정부와 군대에 협조를 바라는 공문서를 보냈고, 고모들은 2월 19일 밤에 여행길에 올랐던 것이다. 벨리는 2월 14일에 파리 코뮌의 대표단이 국회에 청원한 사실을 상기시키면서, 국회가 그날 이후 청원에 대해 구체적인 결정을 내리지 않은 상태에서 왕이 그보다 훨씬 전에 발행한 여권을 소지한 고모들의 여행을 정지시킬 수밖에 없었다고 설명했다. 다시 말해 왕의 고모들은 2월 14일 이후에 발행한 여권을 지녀야 여행을 계속할 수 있다는 것이다. 국회의원들은 이 문제를 놓고 그 어느 때보다 더 많은 설전을 벌였다. 특히 바르나브와 미라보가 법안을 다투었고, 수많은 의원이 수정안을 제시하면서 한참이나 공방을 벌였다. 마침내 국회의장은 미라보가 우파들로부터 대폭 지지를 받았던 안을 상정했고 의원들은 곧바로 통과시켰다.

"국회는 왕국의 어떤 법도 왕의 고모들의 자유로운 여행을 막을 길이 없다고 생각하기 때문에, 아르네르뒤크 코뮌의 보고서에 대해 심의할 이유가 없다고 판단하면서 이 사안을 행정부에 넘기기로 의결했다."

왕은 이 법을 받자마자 승인했다. 미라보는 왕실에서 그동안 받은 보수에 맞게 의원들에게 영향력을 행사해서 왕의 시름을 덜어주었던 것일까? 좌우 가릴 것 없이 모든 의원이 내세우는 표면상의 이유는 '인권'이기 때문에 속내를 정확히 알 길은 없다. 그럼에도 분명한 것은 '자유', '인권', '민주주의'의 덕을 제일 많이 보는 사람들은 그것을 확립하려고 애쓴 사람들이 아니라 그것을 반대하던 사람들이라는 점이다. 수구세력은 언제나 '자유'롭지만, 진보세력은 언제나 '자유' 때문에 제약을 받게 마련이다. 아무튼 왕의 고모들의 여행을 둘러싸고 일어난 사건에서 우리는 파리 코뮌과 그에 동조하는 지방정부가 왕보다 국회의 권위를 더욱 존중했다는 사실을 볼 수 있다. 프랑스 남부에서는 왕당파가 계속 반혁명의 기회를 엿보았고, 동부의 국경지대에서는 부이에 장군의 영향을 받는 군대가 있었다 할지라도, 오스트리아 군대의 이동에 민감한 지방민들은 더욱 혁명을 지지하게 되었다. 이러한 상황에서 파리에 가장 가까운 국경인 벨기에 지방을 놔두고 내륙을 가로질러 스위스나 이탈리아로 향하는 망명객의 여정은 고달프기 짝이 없었다. 다행히 왕의 고모들은 왕실에서 중요성이 떨어진 인물들이었기 때문에 무사히 로마까지 여행할 수 있었다. 그러나 왕과 직계 가족의 파리 탈출계획은 과연 언제 실현될 것인가?

왕의 탈출계획은 점점 더 실현 가능성을 잃고 있었다. 뜻밖의 사건이 일어나 여론이 나빠졌기 때문이다. 마라는 2월 28일자 『인민의 친구』에서 망명자들에 대한 법의 문제를 검토하고 그 기초에 대해 설명하면서 페티옹, 바르나브 같은 국회의원들의 온정주의를 매섭게 비판했다. 왕과 귀족들이 국민의 가장 큰 적이 되었고, 국민을 끊임없이 속박하려고 음모를 꾸미고 있는 현실에서, 왕비의 오라비는 국경에 군대를 모아놓고 오직 프랑스인들의 피로 목욕하는 순간만 기다린다. 왕의 동생과 사촌들이 조국에 반역을 꾀하는 도망자들, 왕국을 공격하고 자유의 친구들을 학살하려는 도당의 군대를 이끌고 있다. 왕의 고모들은 외국으로 도주했다. 바로 이때 국민에게 권리를 되찾아주는 방법을 알아야 한다. 이것이 가장 중요한 문제다. 그럼에도 페티옹은 인권을 들먹이면서 왕의 가족도 모든 시민처럼 자유를 누려야 한다고 말한다. 그것은 칠푼이나 할 소리다. 왕가의 구성원들도 여타 망명자들처럼 벌을 받아야 하는 것을 마치 시민의 권리를 박탈하는 것으로 생각하는데, 그것도 어리석다. 바르나브는 왕가의 구성원들이 왕국 안에 거주해야 하며, 만일 그렇지 않은 경우 왕위를 잃게 된다는 법을 제정하자고 요구했다. 그것은 바르나브가 비굴하기 때문이다.

마라는 한가하게 시민의 권리나 개인의 자유를 존중하고 있을 때가 아니라고 외쳤다. 왕의 가족이 국민의 품을 떠나는 순간 불붙을 내전을 막는 일이 중요하다. 프랑스에 주민들의 피를 뿌리지 않는 일이 중요하다. 국민은 프랑스제국의 몰락과 파괴를 막아야 한다. 국민은 나라를 구해야 한다. 이 숭고한 법 앞에 그 어떤 법도 빛을 잃는다. 조국을 구하는 일이라면 모든 방법이 좋고 정당하고 칭송받아 마땅하다. 국민은 오로지 평화를 사랑하고, 피를 흘리는 일을 두려워하며, 자신을 보존하려고 노력할 수 있게 만드는 법만 요구한다. 프랑스 국민의 철천지원수들은 전쟁을 일으킨다. 그러므로 모든 음모가, 반역자, 모사꾼, 공모자들을 끊임없이 감시하고, 사건이 일어날 때 그들의 머리로써 대가를 치르게 해야 한다. 국민은 대표들에게 국가를 구하기 위한 법을 제정해주기 바란다. 국민의 자유가 확립될 때까지 왕, 아들, 그의 아내, 동생, 누이, 그 밖의 가족은 파리를 떠날 수 없다. 그들은 파리의 국민방위군의 보호를 받아야 한다. 국민방위군 사령관, 참모, 모든 장교는 왕의 가족에 대해 머리를 걸어야 한다. 왕의 가족을 단 한 사람이라도 도주하도록 도와주는 시민을 공모자로 처벌해야 한다.

마라는 카페 왕조의 아르투아, 콩데, 부르봉 가문들을 앞으로 15일 이내에 왕국으로 되돌아오게 만들고, 만일 응하지 않을 경우 왕위를 계승할 자격을 영원히 박탈하고, 재산을 몰수한 뒤 조국의 역적으로 규정하며, 그들의 머리에 현상금을 걸어야 한다고 주장했다. 게다가 부동산 소유자로서 국외로 망명한 자가 앞으로 6주 안에 프랑스로 돌아오지 않으면 시민권을 박탈하고 재산을 몰수해야 한다고 했다. 물론 왕의 고모들도 프랑스로 돌아오게 해야 하고, 응하지 않을 경우 똑같은 벌을 내려야 한다. 마라는 이같이 망명자들에 대한 법을 한시라도 빨리 제정해야 내란을 막고 평화를 되찾으며 시민의 자유를 굳게 뿌리내리게 만들 수 있다고 주장하면서, 이러한 법을 촉구하기 위해 시민들이 국회로 몰려가자고 촉구했다. 그는 모든 선량한 시민의 염원이 바로 조국이라는 대의명분임을 분명히 보여달라고 간청했다. 마라가 주장하고 수많은 사람이 공감한 대로 망명자들에 대해 국회는 2월 28일에 헌법위원회가 마련한 망명자 관련법에 대해 토론을 시작했다. 그러나 의원들은 3월, 4월이 되어 토론에 토론을 거듭하면서도 그 법을 쉽게 제정하지 못했다.

13
뱅센 성의 공격

2월 하순에는 왕의 고모들이 외국으로 가는 길에 모레, 아르네르뒤크에서 차례로 잡혔다가 무사히 풀려나 여행을 계속한다는 소식이 잇달아 들리면서 파리 주민들이 웅성거렸다. 마라는 계속해서 독자들을 선동했다. 그는 곡식과 금은화폐를 매점매석하는 행위에 대해 경고했고, 파리 시정부가 수도의 생필품을 공급하도록 임무를 맡긴 텔리에Tellier의 부정을 고발했다. 그는 2월 26일자 『인민의 친구』에서 통신원 위베르가 제공한 정보를 바탕으로 뷔케Buquet와 보스케Bosquet가 금은화폐와 곡식을 매점매석했다고 비난하면서 그들의 주소와 전력을 밝혔다. 이것은 일종의 '사형선고'였다. 또 27일자 신문에서는 여러 군데 대장간에서 단검 5,000자루를 주문받아 생산하고 있다면서 대장장이의 이름까지 밝혔다. 그는 코르들리에 클럽에서 이 정보를 얻었다. 이 클럽에 드나드는 애국자 도검 제조인 7~8명이 이처럼 은밀히 칼을 제조한다는 정보를 밝혔던 것이다. 파리 시당국은 칼붙이 장인인 리오나르가 그라빌리에 구에서 운영하는 대장간에서 단검 36자루를 압수했다. 오몽이라는 거간꾼이 보르도의 무역업자로부터 흑인노예 무역에 쓸 칼 106자루를 구해달라는 부탁을 받고 리오나르에게 주문했음이 밝혀졌다. 리오나르는 납품기일에 맞추려고 동료 대장장이들과 일을 나누었다. 그 일을 나눠 맡은 사람 가운데 한 사람이 이 사실을 당국에 알렸던 것이다.

생탕투안 문밖 주민들의 소요가 2월에 일어난 사건 가운데 가장 격렬했다. 그들은 뱅센 성을 공격했다. 뱅센 성은 파리 중심에서 동쪽으로 약 8킬로미터, 파리 문밖 거주지역에 거의 붙어 있는 뱅센 숲에 12세기 중엽부터 왕이 사냥하다가 쉴 수 있는 작은 집으로 시작해서 1180년 필리프 오귀스트가 거처하는 왕궁으로 바뀌었다. 14세기에 그곳을 요새화하기로 결정하고 높이 50미터에 달하는 아성牙城을 짓고 둘레에 높은 담을 쳤다. 루이 14세가 베르사유에 거처를 정할 때까지 여러 차례 왕궁으로 쓰였지만, 18세기에 들어서는 왕립감옥으로 이용되었다. 18세기 중엽에는 『백과사전』의 중심편찬자 드니 디드로가 100일 동안 갇혔다 풀려나고, 아버지 미라보 후작의 미움을 산 미라보 백작이나 '포르노그래피' 작가인 사드 후작이 갇혔던 곳이기도 하다. 그러나 1784년 이후에는 감옥으로 쓰이지 않았다. 그런데 혁명이 시작되면서 국유재산을 매각하는 문제가 떠오르고, 바스티유 감옥이 사라진 뒤 감옥의 수요가 계속 늘어나자 뱅센 감옥이 주목을 받게 되었다.

1790년 4월 10일, 남서부 타르브에서 온 제3신분 출신 의원 베르트랑 바레르(바레르 드 비외자크)가 국유지양도위원회의 이름으로 왕실 영지의 매각과 양도에 대해 설명하면서 뱅센 성을 언급했다. 그는 뱅센과 그 부속물을 취득하겠다는 의사를 밝힌 사람이 있는데 그 가치는 70~80만 리브르이며, 만일 팔지 않고 허문다면 모든 분야의 인부가 이 처참한 한 해를 나는 데 필요한 일거리와 구호품을 제공해줄 것이라고 설명했다. 한마디로 구체제의 전제정이 뱅센 성을 감옥으로 썼던 기억을 지우려면 팔아버리거나 허물어야 한다는 취지였다. 그러나 11월 15일, 파리 시장은 샤틀레 감옥에 있는 수형자들을 뱅센 성의 아성으로 옮기도록 허락해줄 것과 아성을 고치고 이감하는 데 드는 비용을 국고에서 지원해달라고 부탁하는 편지를 국회에 보낸 뒤 18일 저녁회의에는 대표단을 이끌고 들어가 직접 호소했다. 11월 20일, 국회의 오전회의에서 국유지양도위원회의 보고자 바레르는 형법과 감옥에 대한 문제를 다루는 입법가의 고민을 토로하면서, 법에 따라 감금된 사람들이 지하감옥에 빼곡하게 들어차 있는 현실은 인류애의 차원에서 가슴 아픈 일이라고 말했다. 파리 시정부도 바로 그런 심정으로 샤틀레 재판소가 관할하는 여러 감옥에서 53명의 수형자를 콩시에르주리 감옥으로 이감했지만, 이것만으로는 부족하기 때문에 다른 곳을 찾다가 뱅센의 아성에 관심을 가졌다고 설명했다.

국유지양도위원회는 파리의 옛 감옥들의 끔찍한 현실과 거기에 빼곡하게 갇힌 수형자들의 불행한 모습에 대해 파리 시정부와 공감했다. 날이 풀리면 전염병이 감옥을 휩쓸지 모르는 위험이 도사리고 있었다. 그러므로 옛 전제정의 감옥을 새 체제의 합법적인 감옥으로 변모시키는 작업이 필요하고, 파리의 감옥에 수용할 수 없는 수형자들을 임시로 뱅센의 감옥에 이감할 수 있게 허락해주기 위해 그것을 좀더 건강한 장소로 고칠 필요가 있었다. 이렇게 해서 의원들은 토론을 거쳐 파리 시정부가 수형자들을 뱅센 감옥으로 옮기도록 하며, 그전에 필요한 보수공사를 허락했다. 그러나 보수공사 비용을 국고에서 지불할 것인지, 아니면 파리 코뮌이 책임질 것인지에 대해서는 결정하지 않았다.

파리 시정부는 1791년 2월 19일 예정대로 아성을 고치기로 결정했다. 그 소식을 들은 사람들은 뱅센 성에 새 국립감옥, 다시 말해 새로운 바스티유 감옥을 준비하는 것이며, 따라서 그것을 허물어야 한다고 생각했다. 그런데 뱅센 성을 허물자는 것은 이미 오래전인 1790년 3월 23일 파리의 생루이드라 퀼튀르 선거구가 생각한 일이었다. 그들은 그렇게 결의하고 파리 코뮌의회에 그 결과를 통보했다. 라파예트는 5월 26일에 왕에게 뱅센 성에 나가면 반드시 성을 허물라고 명령하기 바란다는 편지를 썼다. 이렇게 뱅센 성을 보존하느냐 허무느냐 하는 문제에서 파리 시정부와 구민들의 의견은 갈라졌다. 1791년 2월 25일, 캥즈뱅 구는 이 문제에 관심을 보여주었고 파리 시정부에 통보했다. 더욱이 코르들리에 클럽은 헌우회에 대표단을 보내 함께 뱅센의 아성을 허물러 가자고 제안했다. 그러나 헌우회 의장 뢰프벨은 이 제안에 반대하고 회의를 끝냈다.

26일 토요일, 뤼드몽트뢰이 구 치안위원인 뒤몽은 파리 시장에게 생탕투안 문밖 시민들이 아성에서 시작된 공사 때문에 불안해하고 있으며 28일 월요일에는 뱅센으로 가서 성을 허물려는 계획을 세웠다고 알려주었다. 또한 뱅센 읍 관리들도 27일에 생탕투안 문밖에서 맥주양조장을 운영하던 상테르 Antoine Joseph Santerre(1752~1809)가 지휘하는 앙팡트루베 대대의 엽기병 대위 카네Cagné로부터 생탕투안 문밖 주민들이 28일 오전에 뱅센 성을 허물러 갈 계획을 세웠다는 이야기를 듣고 파리 시장에게 알렸다. 생탕투안 문밖 사람들은 그동안 뱅센 성에 대해 나쁜 소문을 많이 들었는데, 그중에는 리케티(미라보)와 모티에(라파예트)가 협조해서 오를레앙 공과 애국자들을 뱅센 성에 가둔다는 소문도 있었다. 그래서 생탕투안 문밖 사람들은 화가 났고 뱅센 성을 허물어야 한다고 생각했던 것이다. 뱅센 읍 당국은 흥분한 시위대가 주민들의 집을 약탈하고 생명에도 위해를 가할까봐 두려워했다. 그들은 저녁 늦게 다시 한번 시장에게 파리 문밖에서 뱅센으로 가는 길목을 국민방위군 병력으로 막아달라고 간청했다.

시장 바이이는 병력을 생탕투안 문에 집결시켜 여차하면 진격시킬 준비를 갖추었으며, 시정부 관리인 샹피옹과 몽토방을 그들 곁에 파견해서 뱅센 읍 당국과 협조해 모든 공격과 폭력을 막아낼 조치를 취하도록 했다고 그들을 안심시켰다. 또 바이이는 샹피옹에게 뱅센 읍 당국과 공공질서를 철저히 유지하라고 지시하는 한편, 아성 근처에 벽보를 붙여 시위자들에게 모든 책임이 있음을 알리도록 했다. 그는 상급기관인 파리 도의 검찰관 파스토레에게도 편지를 써서 구호작업장의 인부들이 뱅센 아성을 공격하기로 결정했다는 사실을 알리는 동시에 파리 코뮌의 관할지역 밖에 있는 뱅센으로 파리 국민방위군을 파견할 수 있게 허락해달라고 요청했다. 도 지도부는 국민방위군 병력을 준비시키되 반드시 출동할 필요가 있을 때 움직이라고 명령했다. 그와 동시에 사람이 살지 않는 아성을 보호하는 일도 중요하지만, 뱅센 성을 공격한다는 소식을 듣고 튈르리 궁을 공격할지도 모르니, 왕궁 수비를 더 중요하고 급하게 생각해서 필요한 만큼 병력을 배치하라고 명령했다. 그리고 국민방위군 사령관 라파예트는 28일 아침 부관 데모트에게 뱅센에 분견대를 데리고 나가 성을 보살피라고 조치해놓았다.

28일 월요일에 시정부 회의가 긴급히 열렸다. 생탕투안 문밖에서 뱅센 쪽으로 수백 명의 시위대가 몰려간다는 소식을 들었기 때문이다. 파리 시정부는 포고문을 붙여서 사람들에게 뱅센의 아성을 보수하는 의도를 정확히 알리자고 결의했다. 새 체제를 만드는 동안 법원들이 재판을 실시하지 못했기 때문에 감옥에 수용한 사람들이 늘었다. 여태껏 콩시에르주리, 라 포스, 그 밖의 감옥에 수형자들을 나눠서 수용했지만 그것은 심각한 전염병의 원인이 될 수 있다. 그래서 치안의 어려운 문제를 해결하기 위해 새로운 시설을 마련해야 했다. 더욱이 보수공사는 국회가 법으로 명령하고 왕의 승인을 받왔다. 시정부는 대중이 뱅센 성에서 하는 공사가 죄를 짓고 자유를 박탈당한 사람들이 겪는 고통을 공식적인 법에 따라 덜어주려는 인도적인 차원의 공사임을 알아주기 바랐다. 이처럼 파리 시정부는 악의를 가진 사람들의 지나친 행동을 국유재산과 공공질서에 대한 공격으로 인정할 수밖에 없음을 분명히 밝히고, 뱅센 읍이 요청하면 도의 승인을 받은 대로 법이 허용하는 한도 안에서 모든 힘을 동원해서 도와줄 것이라는 사실도 널리 알리기로 했다.

오후 1시부터 시위대는 아성에서 대포, 200여 개의 야전침대, 소총 받침대 그리고 건축에 쓰는 모든 종류의 도구를 보았고, 문짝이나 유리창을 부수기 시작했다. 그동안 시정부 회의는 뱅센에서 도와달라는 요청이 오기를 기다렸고, 마침내 오후 2시에 북을 쳐서 국민방위군을 모았다. 파리의 모든 시민 병사는 뱅센으로 가라는 명령을 받았다. 3시경 상테르가 지휘하는 앙팡트루베 구의 병력이 맨 처음 시위현장에 도착했다. 그 분견대는 기마헌병대의 분대를 앞세우고 나타났다. 잠시 후 파리 국민방위군 소속 보병 1,200명과 기병 60명이 생제르베 대대장인 콜로 드 베리에르의 지휘를 받으면서 현장에 도착했다. 상테르의 병력은 국민방위군 앞을 막았다. 그들은 진압하는 대신 시위대를 보호하려고 출동한 것 같았다. 곧 도착한 라파예트가 상테르와 실랑이를 벌였다. 라파예트는 명령에 복종하라고 외쳤고, 상테르의 병사들이 반역자라고 모욕하는 소리를 들어야 했다. 라파예트는 자기 병사들에게 그들을 조준하라고 명령해 사태를 수습했다.

파리 시정부 관리들도 국민방위군 분견대들을 이끌고 뱅센 성의 도개교로 다가가 거기에 모인 시민들에게 해산하라고 명령했다. 그곳에는 이미 3,000~4,000명이 모여 있었다. 왜 이렇게 많은 사람이 모였던 것일까? 그것은 반혁명에 대한 두려움 때문이었다. 그들은 뱅센 아성을 새로운 바스티유로 만들고 자유의 적들이 집결하는 중심지로 삼을 것이라고 믿었다. 튈르리 궁에서 아성까지 지하통로를 만들어 반혁명세력이 쉽게 이동하면서 애국자들을 가두고 죽일지 모른다는 두려움 때문에 그들은 화가 났던 것이다. 라파예트는 기병대에게 그들을 해산시키라는 명령을 내려 단 5분 만에 시위대를 뒤로 물러나게 만들었다. 그런데 라파예트가 병력을 배치하려는 순간, 트레넬 대대인지 포팽쿠르 대대인지 분명치 않지만 몇몇 추격병이 외치기 시작했다. "라파예트를 끌어내려라!" 시위대를 진압하러 출동한 시민 병사들 가운데 시위대의 명분에 동조하는 사람들이 있었던 것이다. 그러나 장군은 당황하지 않고 말했다. "누구든 명령에 불복하면 당장 처벌하겠다."

한편 시위대는 아성을 허무는 작업을 멈추지 않았다. 아성을 고치려고 설치한 난간과 발판은 물론 간이침대, 문짝, 유리창도 부쉈다. 철책과 유리창살을 뜯어내서 지렛대나 망치, 심지어 창으로 이용했다. 아성을 허물던 노동자들은 내려오라는 소리를 듣고서 위협적인 몸짓으로 대꾸했다. 그들은 아성 꼭대기에 있는 종을 마구 쳐서 위급한 상황을 알리기도 했다. 시정부 관리가 카퓌생 뒤 마레Capucins-du-Marais의 대대장과 함께 자원자 몇 명을 데리고 아성 안으로 들어갔다. 그들은 잠시 저항을 받았지만 아성을 무너뜨리던 노동자 64명을 잡고 아성에서 시위대를 몰아냈다. 시위대를 진압한 뒤, 혹시 상황이 재발할지 몰라 300명의 분견대를 남겨두고 나머지 병력은 포로들을 에워싸고 파리로 돌아갔다. 기병대가 병력의 앞과 뒤를 맡았다. 보병은 네 줄로 행진하면서 뱅센 성까지 가지고 갔던 대포도 함께 끌고 돌아갔다.

뱅센 성에서 도망친 사람들이 생탕투안 문밖으로 몰려가 사람들에게 도움을 청했고, 그들에게 동조하는 사람들은 급히 경종을 울리는 한편 포로들을 중간에서 탈취할 준비를 했다. 상테르의 대대 병력 일부가 라파예트를 둘러싸고 포로들을 풀어주라고 요구했다. 그들은 포로들 사이에서 아는 얼굴을 보았을 것이다. 이러한 요구를 받은 라파예트는 단호히 거절했다. 여러 사람이 라파예트에게 포로들을 데리고 생탕투안 문밖을 가로질러 가지 말라고 권했다. 그러나 라파예트는 의용군이며 직업군인인 척탄병 분견대, 대포, 기병을 앞세우고 포로들을 호송해서 나아갔다. 그들의 행렬에는 파리 시정부 관리 샹피옹과 몽토방도 끼어 있었다. 그들은 길을 가다가 몇몇 대대와 합류했다.

국민방위군이 트론 세관 울타리에 도착했을 때, 그곳에는 온갖 무기로 무장한 사람들이 울타리를 폐쇄하고 서서 기다리고 있었다. 그들은 뱅센에서 해산당한 뒤 포로들을 구출하려고 그곳까지 앞질러 온 사람들이었다. 그러나 라파예트는 전위부대를 전투대형으로 벌리고 대포를 장전하라고 명령했다. 상대방은 아무런 저항도 하지 않았다. 기병 한 명이 대열에서 벗어났다가 총에 부상당했을 뿐이다. 기병과 보병이 포병을 에워싼 채 철책문을 열러 갔고, 그곳에 모인 사람들을 해산시켰다. 겨우 몇 사람이 기병들에게 돌을 던지면서 맞섰다. 국민방위군은 저항세력을 뚫고 생탕투안 시장市場까지 나아갔고 그 뒤에는 저항을 받지 않았다. 거리마다 불을 환하게 밝히고 있었고, 시위에 가담하지 않은 시민들은 국민방위군이 보여준 단호한 의지를 박수로써 격려했다.

28일의 시정부 회의 중에 시장 바이이는 튈르리 궁에서 사건이 발생했다는 보고를 받고 긴급히 자리를 떴다. 그때가 오후 2시였다. 바이이가 없는 동안에도 로이에Lohier가 회의를 주재해 필요한 조치를 마련했다. 시장은 4시에 되돌아와서 회의를 다시 주재했다. 그리고 저녁회의가 6시에 열렸을 때, 뱅센 성에 갔던 샹피옹과 몽토방이 회의에 참석해서 파리 국민방위군이 아성을 마구 부순 64명을 체포하면서 뱅센 읍에 평화를 회복했다고 보고했다. 마라의 선동 때문이건 아니건 뱅센 아성을 공격해서 붙잡힌 사람들 가운데 어린이가 여남은 명, 척탄병, 추격병, 소총수 각 한 명, 국민방위군 소속 병사 몇 명이 있었다. 시정부 회의는 국민방위군 사령관 라파예트에게 64명을 직접 콩시에르주리 감옥으로 데려가 24시간 안에 심문을 마치도록 명령하고, 파리 도 지도부에 몽토방을 비롯해 대표 3인을 파견해서 그 사실을 보고한 뒤 그날 체포한 사람들을 처리할 방안을 받아오라고 명령했다.

잠시 후, 라파예트가 명령을 수행하고 돌아왔다. 시정부는 소요사태를 일으킨 '불한당들'을 헌신적으로 진압한 라파예트의 노고를 치하했다. 라파예트는 자신이 겪은 일을 자세히 보고하고 휘하 병력의 노고를 추켜세웠다. 특히 상테르가 지휘하는 앙팡트루베 대대의 분견대만큼은 별로 칭찬할 일이 없어서 유감이라고 말했다. 마지막으로 시정부는 칼붙이를 만드는 일을 옛날부터 금지했다는 사실을 지적하면서 시중에서 칼을 제조하는 일에 대해 금지한다고 분명히 밝혔다. 그날 하루, 시정부는 땔감의 값을 낮추는 문제부터 뱅센 성에서 일어난 사건을 수습하느라 바쁘게 보냈다.

3월 1일 이후, 콩시에르주리에 갇힌 사람들의 아내들이 나서서 남편들의 애국심을 강조하며 빨리 풀어달라고 시위했다. 3일, 시장 바이이는 라파예트에게 이 사실을 알리고 앙리 4세 대대로 하여금 콩시에르주리 감옥과 함께 옛 파리 고등법원 수석재판장의 관저도 잘 경비해달라고 부탁했다. 관저는 파리 도 지도부가 쓰고 있었기 때문이다. 그날 캥즈뱅 구는 생탕투안 문밖 주민들의 의견을 반영하는 결정을 내렸다. 당시 지하감옥에 갇힌 사람들이 비록 법을 어겼다 할지라도 그동안 각자 성실하게 살았음을 주변 사람들도 증언하고 있으므로 너그럽게 용서해주기 바란다는 내용이었다. 3월 9일에는 테아트르 프랑세(프랑스 극단) 구가 의견을 내놓았다. 그들은 캥즈뱅 구의 결정에 공감해서 64명의 석방을 위해 몇 명의 위원을 임명하기로 하며, 혁명을 성공시키고 공공의 안정을 꾀하려면 뱅센 요새를 허물어야 한다고 생각하기 때문에 파리의 나머지 47개 구도 자신들과 함께 테아트르 프랑세 구에 모여 파리 코뮌 의회를 소집하도록 촉구하자고 결의했다. 사방에서 언론인들이 그들을 석방하라고 촉구했다. 3월 20일, 일요일에 64명을 공식적으로 심문하기 시작했다. 그리고 이튿날 몇 명을 제외하고 나머지를 석방하기로 결정했다.

생트마르그리트 대대 추격병 하사인 캉타그렐은 뱅센 성에서 돌아오던 기병 베이넬Waynel에게 총을 발사한 혐의로 3월 26일 아베 감옥에 정식으로 감금되었다. 4월 30일, 그는 샤틀레 감옥에 이감되었다가 곧 라 포르스 감옥을 거쳐 마지막에는 미님(성 프랑수아 드 폴 수도회) 재판소로 끌려갔다. 『법의 친구l'Ami de la loi』를 발행하던 뷔레트 드 베리에르Buirette de Verrières는 5월 1~4일자 제1호에서 베이넬에 대한 혐의는 단 네댓 명이 일관성 없이 한 증언만 가지고 경찰국이 억지로 뒤집어씌운 것이라고 주장했다. 며칠 뒤 날짜도 없이 발행한 제3호에서는 캉타그렐의 불행한 사태에 대해 한층 목소리를 높였다. 그럼에도 캉타그렐은 석방되지 않았다. 그는 그 뒤에도 몇 달을 계속 감금된 상태로 지내야 했다.

14
'단도의 기사들'

파리 코뮌 회의록을 보면 "2월 28일 오전 튈르리 궁에서 일어난 사건, 파리 시장을 푀이양 구 회의장에 급히 다녀오게

만든 사건은 아직도 잘 알려지지 않았다"라고 말하고 나서, 3월 1일과 2일자
『모니퇴르』신문에 실린 기사를 차례로 인용했다. 2월 28일, 생루이 기사가
튈르리 궁에서 대중에게는 개방하지 않는 거실에 들어갔다. 그를 잡아보니
조금 긴 사냥용 칼을 지니고 있었다. 궁정이 발칵 뒤집힐 정도로 불안해졌다.
사람들이 궁으로 몰려가 그 사내를 풀어주라고 요구하면서, 그는 지난 40개
월 동안 호신용 단도를 지니고 다녔지만 악의는 없는 사람이라고 증언했다.
왕이 위험하다는 소문이 퍼질 때 마침 국민방위군 1사단이 왕궁을 수비하고
있었는데, 왕이 그들에게 이제 안전하게 되었으니 가서 쉬라고 몇 번이나 권
했지만 계속 왕을 지켰다. 체포된 생루이 기사는 드쿠르chevalier de Court라는
60세쯤의 사내였다. 사람들은 그의 진정한 의도를 알 수 없었지만, 그가 어
느 날 밤늦게 집으로 돌아가다가 모욕을 당한 뒤부터 호신용 단도를 품게 되
었다는 말을 들었다.

　시간이 지날수록 이 사내에 대한 이야기가 더욱 자세히 알려지게 되었
다. 『파리의 혁명Révolutions de Paris』(2월 27일~3월 5일)에서는 그 사건을 귀
족들의 음모와 연결시켰다. 귀족주의자들은 심복부하인 생루이 기사를 밀
사로 이용했는데, 그는 튈르리 궁으로 들어가 거실마다 돌아다니면서 옷 속
에 비단 끈으로 묶은 단도를 슬그머니 노출시켰다. 그를 붙잡아 몸을 뒤져보
니 단도뿐 아니라 권총도 지니고 있었다. 그는 푀이양 구위원회로 끌려가, 그
곳으로 달려간 파리 시장의 심문을 받았다. 그러나 드쿠르의 의도는 제대로
드러나지 않았다. 3월 6일자 『파리 시와 도 신문Journal de la Municipalité et du
département de Paris』은 몇 가지 새로운 사실을 밝혔다. 오전 10시경, 튈르리
궁의 왕세자 거처에서 쿠르 드 토넬Court de Tonnelles(일명 드쿠르)을 잡았다.
그는 쥐라 산맥이 흐르는 폴리니 지방의 중심지 살랭Salins에서 왕의 대리관

노릇을 하는 사람이었다. 그는 긴 칼을 차고 별도로 단도도 지니고 있었다. 그를 근처의 푀이양 구위원회로 데려가 심문하는 동안, 그를 잡았다는 소식을 들은 사람들이 튈르리 궁의 정원으로 몰려들었다. 국민방위군의 수비대는 정원의 문을 닫았다. 수비대는 정오에 임무를 끝마쳤지만 그대로 남는 한편 인원도 보강했다. 다수의 시민과 국민방위군 자원자들이 그들에게 합세했다. 왕의 신변이 위험하다는 소문이 급속히 퍼졌다. 파리의 국민방위군은 출동태세를 갖추었다. 기사 드쿠르 사건은 별다른 혐의를 찾지 못했기 때문에 며칠 뒤 그를 풀어주는 것으로 끝났다.

왕비와 젖남매 사이였던 베버는 바로 드쿠르 사건에서 '단도의 기사들'이라는 말이 생겼다고 하면서 사건의 배경을 설명했다. 2월 말, 왕의 친구들은 노동자들이 자코뱅 클럽의 사주를 받아 시위를 일으킨다는 은밀한 소문을 들었다. 자코뱅파와 민중은 왕당파가 매주 왕을 알현하는 날인 목요일과 일요일에는 튈르리 궁에 검은 옷을 입은 사람들이 수없이 드나들 뿐만 아니라 다른 날에도 그런 일이 끊이지 않고 생긴다는 사실에 불만이었다. 더욱이 그들은 만일 검은 옷의 사람들이 왕에게 봉사한다면 왕은 든든한 원군을 얻을 것이며, 또 검은 옷의 사람들이 외국인이라면 그렇게 똑같이 옷을 입고 같은 시간에 다수가 모이는 것이 어떤 계획을 세웠기 때문이라고 생각했다. 그래서 그들은 자신들이 생각하는 불길한 계획을 막는 방법을 찾았다. 그들은 왕비를 납치해서 뤽상부르 궁에 가두고 봉기해서 국회의 사후 승인을 받으려고 했다. 그들은 이미 1789년 10월 5~6일 사건에 대해 국회에서 정당성을 인정받은 전력이 있기 때문이다. 그래서 귀족들은 될수록 왕의 가족 곁에서 그들의 안전을 지켜주려고 노력했다. 자코뱅파는 귀족들 때문에 자신들의 계획이 틀어지는 것을 보고 못마땅하게 여겨 귀족들이 튈르리 궁에 모이는 것을 막으려 노력하고, 검은 옷의 외국인들이 튈르리 궁에 드나드는 것은 왕의 일가를 빼돌리려는 계획을 실행하기 위한 것이라는 소문을 퍼뜨렸다.

바로 그날(2월 28일) 저녁 8시에 뱅센 읍에 나갔던 국민방위군이 파리로 돌아왔고, 튈르리 궁에도 그들의 일부가 수비 근무에 나섰다. 국민방위군의 척탄병들은 오후 4시부터 왕을 보호한다는 명분으로 긴 칼, 사냥용 칼, 권총, 탄약통을 가지고 튈르리 궁에 들어갔던 500여 명, 또는 『모니퇴르』에서는 700~800명이라고 하는 귀족들을 붙잡아 몸을 뒤지고 무기를 빼앗고, 심지어 학대하기도 했다. 이렇게 한바탕 소동이 일어나자 왕이 나타나 무슨 일인지 설명하라고 요구했다. 어떤 귀족이 튈르리 궁에 온 목적을 얘기했고, 왕은 담담하게 자신을 보호해줄 사람들은 국민방위군이니 귀족들의 보호는 필요 없다고 말하고 침소로 돌아갔다. 곧 척탄병들은 귀족들을 30여 명 체포하고 나머지는 등을 떠밀어 궁 밖으로 쫓아냈다. 신문들은 그들이 온갖 수모를 당했다고 유쾌한 투로 전했다. 특히 인도에서 태어나 어린 시절 파리에서 교육받고 파리 고등법원 법관이 되어 왕의 대권에 항의하다가 국회의원이 된 뒤에는 군주정을 허무는 혁명에 사사건건 반대했던 뒤발 데프레메닐(제3권 102쪽 도판 참조)이 "마르그리트 제도의 미친놈"이라고 욕을 먹고 온갖 모욕과 함께 엉덩이에 발길질까지 당했다고 놀렸다.

왕에 대한 충성심으로 오직 루이 16세의 안위만을 생각하면서 튈르리 궁에 갔던 사람이 직접 겪은 이야기도 이 사건을 더 잘 이해할 수 있게 도와준다. 오귀스탱 조제프 루이 필리프 드 로시는 40세(또는 41세)로 카퓌생 뒤 마레 구의 명사였다. 그는 평소에 구민회의나 파리 코뮌에 자신이 쓴 글을 보내 인정받았다. 예를 들어 1790년 8월 3일 파리 코뮌의 보고위원회는 조제프 드 로시가 쓴 "우리가 시급히 마련해야 할 정치적이고 도덕적인 조치들에

대하여"를 제출했다. 다음은 로시가 직접 들려주는 이야기다.[*] 그는 1791년 2월 28일 오후 4시에 몸이 아픈데도 루이 16세를 보호하기 위해 튈르리 궁으로 갔다. 그는 사전에 어떤 연락을 받고 그날 거기에 갔는지는 말하지 않는다. 그럼에도 우리는 그뿐만 아니라 그날 왕의 주위에 모였던 사람들이 거의 자동적으로 튈르리 궁에 들르는 사람들이었으며, 그날은 특히 뱅센 성의 소요사태 때문에 왕의 곁을 지킬 목적으로 궁으로 몰려들었다는 사실을 알 수 있다. 왜냐하면 그들은 상당수가 2월 24일에 왕의 고모들이 여행 중 붙잡혔다는 소식을 듣고 곧바로 튈르리 궁에 모여들어 왕의 안전을 확인했던 사람들이기 때문이다. 28일, 로시는 아팠기 때문에 누워 있다가 어느 정도 몸을 추스를 수 있게 되자 자동적으로 튈르리 궁을 향했던 것이다.

로시는 중앙철문을 통과해서 궁의 중앙계단을 올라 안으로 들어간 뒤 큰방을 여러 개 거쳐 왕의 방까지 갔다. 가는 동안 국민방위군이 곳곳을 지키고 있었지만 한 번도 저지당하지 않았다. 아무도 신분증이나 이름을 묻지 않았다. 그는 아직 완쾌하지 않은 채 갔기 때문에 오한이 났다. 방 안에 들어서니 아는 사람이 많이 와 있었다. 그는 거기에 모인 사람들이 구체제에 만족하는 대신 불만스럽게 생각하는 이들이라고 말하며, 그들에게서 반혁명의 혐의를 벗겨주자는 의도를 보여준다. 그는 그날 무슨 일이 있었는지, 왜 그들이 급히 궁에 모였는지 몰랐기 때문에 수많은 사람에게 물어보았다. 그들은 그에게 오전에 드쿠르가 궁에서 잡힌 이야기를 자세히 들려주었다. 그들은 로시에게 왕의 고모들이 떠난 뒤 국회에서 망명자에 대한 법안을 마련하고 파리 주

---

[*] 『2월 28일 튈르리 궁에서 일어난 사건*Journée du 28 février au Château des Truileries*』.

민들이 사방에서 술렁거리는 불안한 상황에 대해 설명했다. 그들은 왕이 지난 목요일에 자신을 지켜주려고 모였던 사람들이 시간이 흐르면서 더욱 늘어났다는 사실에 감동하는 모습을 보여주었다고 그에게 말해주었다. 그들은 겉으로는 선량한 척하는 '도적떼'가 지난 목요일(2월 24일)에 왕의 고모들이 붙잡혔다는 소식을 듣고 소요사태를 일으켰기 때문에, 게다가 더욱 치밀하고 격렬하게 일을 벌일지 모르기 때문에 몰려든 것이라고 설명했다.

로시는 왕의 거처에 모인 사람들이 여기저기 20여 개 집단으로 모여 이야기를 하고 있었다고 말했다. 그는 사람들이 여기저기서 국민방위군에 대해 말하는 소리를 들었는데, 특히 귀족들은 거의 두 시간 동안 국민방위군에 대해 좋은 얘기란 한마디도 하지 않았다고 전한다. 그러나 그들의 대화는 아주 평화로웠고, 집단마다 다른 주제를 가지고 얘기했다. 거기서 돋보였던 점이 있다면 수년 전부터 프랑스 사회에 들어온 영국식 태도였다. 그것은 자유롭게 옷을 입고 옷치장도 편안하기 때문에 평소 엄격하게 장신구를 맞추던 프랑스 풍속과 달리 장신구에서 조화를 보여주지 않았다는 점이다. 9시쯤 왕이 나타났다. 누군가 그에게 뱅센 성에서 일어난 일을 보고했다. 뱅센 성에서 소동을 벌이던 사람들이 조금 저항했지만, 국민방위군이 그들을 진압하고 가장 심하게 저항하던 40명(실은 64명이었다)을 붙잡아 감옥에 가두었다고 보고했다. 왕은 오랫동안 그들과 함께 머문 뒤 사람들의 울타리 사이를 뚫고 나갔다. 모든 사람이 약속이나 한 듯이 급히 왕에게 길을 터주었다. 그들은 뱅센 성에서 일어난 사건이 잘 끝났다는 말을 듣고 안심했으며, 다수가 그 자리를 떠났다. 그들은 오직 국가의 위험, "국민의 영원한 대표"인 왕의 안위에 관심을 가졌던 것이 분명했다.

그들은 아무 말 없이, 아무런 요구도 하지 않고, 거기 모였을 때처럼 조용히 빠져나갔다. 그들에겐 어떠한 규약이나 계획이 없었고, 행동도 일치하지 않았다. 로시는 그들에게는 아무런 잘못이 없다고 했다. 더욱이 로시는 그들이 국민방위군이 왕을 지켜준다는 사실에 안심하고 궁을 떠날 수 있었다고 강조했다. 그들은 뱅센 성에서 소요사태가 일어났다는 소식을 듣고, 국민방위군이 그곳에 출동했으니 자신들이라도 궁으로 가서 왕의 곁을 지켜야겠다고 생각하고 자발적으로 모였다가 모든 사태가 잠잠해지자 안심하고 각자 궁을 떠났다. 그러므로 그들은 오전에 잡힌 생루이 기사 드쿠르와 직접 상관이 없었다. 그럼에도 국민방위군은 그들이 궁을 떠날 때 그들의 무기를 빼앗고, 그 과정에서 조금이라도 저항하면 학대했다. 로시는 아직 뒤편에 있다가 앞서 나가던 사람들이 곧 칼이나 총을 빼앗기고 학대당한 뒤 되돌아오는 것을 보았다. 로시는 자기 주위에 있던 브리삭 공작이나 다른 사람들에게 자기가 보고 들은 사실에 대해 말해주었다. 아직 나가지 않았던 사람들은 대표를 한 명 뽑아 국민방위군이 무슨 의도로 그런 행동을 하는지 알아보게 했다. 대표가 돌아와 국민방위군은 사람들이 궁에서 나갈 때 지니고 있던 무기만 내놓는다면 손끝 하나 대지 않겠다고 명예를 걸고 맹세했다고 보고했다.

모인 사람들은 온갖 이야기를 주고받으면서 웅성거렸다. 그사이 라파예트가 궁에 들어갔다. 그때가 10시 반 또는 로시의 말로는 10시 45분이었다. 라파예트는 왕의 시종 빌키에게 큰 소리로 왕의 처소에 그렇게 많은 사람이 모이도록 무엇을 했느냐고 질책했다. 그는 사람들에게 무기를 내려놓게 하라고 요구했고, 이 말을 들은 왕은 그 요청을 받아들였다. 왕은 사람들이 모인 곳으로 다시 나와 "여러분이 과인을 지켜주려고 가지고 들어온 무기를 제발 이곳에 내려놓으시오"라고 부탁했다. 왕은 그들이 온건하게 행동하면 국민방위군도 그들의 충정을 오해하지 않을 것이라는 뜻으로 말했다. 왕의 부탁은 그들에게 내리는 명령과 같았다. 그들은 일제히 그 명령을 받들고, 곧 무기를 손수건에 싸서 각자 표시를 한 뒤 여섯 명의 척탄병과 국민방위군 대대의 부관들에게 넘겨주거나, 왕의 침대 밑의 서랍장 위 또는 상자 안에 집어넣었다. 로시도 그들처럼 했다. 어떤 사람들은 자신들이 왜 그런 취급을 받아야 하는지 툴툴댔다. 사건이 일어난 지 얼마 뒤, '군주제 헌법의 친구들 협회 La Société des Amis de la constitution monarchique'는 자신들에게 쏟아지는 의심의 눈초리가 부담스러웠던지 자신들이 어떤 음모도 꾸미지 않았으며, 오직 왕을 해치려는 도당에게 저항할 목표만 가지고 있었다고 주장했다. 그러나 한참 뒤인 1792년 12월 5일에 루이 16세의 재판이 시작되었을 때 그들의 말은 거짓임이 드러났다. 루이 16세는 튈르리 궁에 비밀금고를 설치해놓았는데, 재판 직전에 그 비밀이 밝혀져 거기에 감춰두었던 문서가 공개되었다. 그 문서 속에는 1791년 2월 23일에 왕의 시종인 라포르트가 왕에게 건넨 '반혁명 계획'이 있었는데, 그 계획은 어떻게든 '군주제 헌법의 친구들 협회'의 지원을 받아야 한다는 의도로 작성되었던 것이다.

튈르리 궁에서 붙잡힌 귀족주의자들은 20~30명으로 정확한 수를 파악할 수 없으며, 그들은 국민방위군 초소 또는 튈르리 궁이 속한 구와 이웃의 구로 끌려갔다가 대부분 그대로 석방되었다. 그러나 그들 중 저항한 몇 명은 생제르맹데프레에 있는 아베 감옥에 갇혔다. 『파리의 혁명』(2월 27일~3월 5일자)에서는 수백 명이 마차를 타고 그들을 면회하러 갔다고 보도했다. 아베 감옥을 관장하는 카트르 나시옹 구 당국은 간수들에게 입구에서 그들의 무기를 빼앗으라고 명령했고, 시정부는 그들이 면회를 마치고 나갈 때 무기를 돌려주라고 명령했다고 보도했다. 『여론의 온도계 또는 파리 구區들의 신문 Thermomètre de l'opinion publique ou Journal des sections de Paris』의 첫 호에서는

3월 1일 저녁 8시에 아베 감옥 정문에 마차들이 모여들었고, 총과 칼로 무장한 90여 명이 그곳에 갇힌 여덟 명의 면회를 신청했다고 보도했다. 수위는 문 앞에서 그들의 몸을 뒤져 무기를 맡기도록 한 뒤 들여보냈다. 3월 12일, 아베 감옥에 갇힌 사람들은 자신들을 석방해달라고 탄원서를 제출했다. 그들은 법이 정하는 경우와 형식에 따라서만 구금할 수 있다고 한 인권선언을 인용하면서, 법원의 판단에 따라 일시적이거나 완전히 석방해달라고 요청했다.

이들의 문제는 국회까지 갔다. 파리 시장은 3월 11일 국회의장 노아유(옛 자작)에게 편지를 보내 아베 감옥에 갇힌 사람들을 풀어주는 문제를 논의해달라 요청했고, 의원들은 "법을 어긴 범죄행위가 발생할 경우 법원에서 판단하면 되지만, 범죄행위가 발생하지 않았을 때는 누가 판단할 것인가?"라면서 국회가 다룰 사안이 아니라고 결의했다. 3월 12일, 파리 시정부는 아베 감옥에 갇힌 베르티에, 고다르 드 동빌, 드 팡제, 드 퐁벨, 샹팽, 드 릴레르, 뒤부아 드 라모트, 드 라부르도네에 대해 국회가 논의한 내용을 정식 문서로 발송해주면 석방해주겠다고 결의했다.* 국회는 오전회의가 끝날 즈음 전날 밤 파리 도 지도부가 보낸 편지를 읽은 뒤 여덟 명의 석방문제에 대해 다시 논의했지만 별다른 결정을 하지 않고 단지 파리 시정부의 결정을 그대로 인정했다.

"지금까지 파리 시정부가 당사자들을 석방하기로 결정했으며, 그 밖에 다른 해법이 없음을 보면서, 국회는 공공의 권리를 침해했다고 볼 수 없는 사안을 정치적 범죄로 보지 않는다."

이렇게 해서 여덟 명은 3월 13일에 석방되었는데, 곧 그들은 자신들의 억

---

* 처음 두 명은 기병대 대위, 그다음부터 파리 소비세 재판소 수석변호사 출신, 옛 기마 순찰대원이며 왕의 시종, 오스트라지 연대 장교, 왕의 근위대원, 국회의 예비의원, 왕의 처소 전령이었다.

울한 옥살이를 호소하는 '진정서'를 발간해서 자신들이 오직 왕의 신변을 보호하려는 충정에서 그 자리에 있었다고 주장했다. 이 사건에서 우리는 무엇을 보는가? 왕의 처지를 불쌍하게 생각하는 왕당파 귀족들은 파리에서 시위가 일어나면 튈르리 궁에 들어가 왕의 곁을 지키려 했다. 그들은 왕이 메스로 떠나고 싶어한다는 사실을 알았고, 여차하면 자신들이 보호해서 궁을 떠날 수 있게 도와주고 싶었다. 그러나 왕이 선뜻 나서지 못하는 이유는 많았다. 자신을 데리고 나가는 귀족주의자들이 제아무리 강하다 한들, 파리 국민방위군과 주민들이 가만히 놔두겠는가? 그리고 메스까지 먼 길을 가는 동안에도 왕의 고모들이 겪었던 일을 당할 가능성을 생각하면 버젓이 궁을 떠나기란 어려웠다. 또 왕에게는 무엇보다 돈이 필요했다. 왕이 그럭저럭 자기가 가고자 하는 곳까지 무사히 간다 한들 국회가 승인해준 왕실비를 받아야 그곳에 정착해서 다음 일을 꾀할 수 있을 터였다. 그 밖에도 왕이 다른 곳으로 궁을 옮기려면 왕을 증명하는 수많은 물건, 예를 들어 예복, 왕관, 왕홀, 국새 따위도 함께 가져가야 한다. 그러므로 왕을 궁 밖으로 데리고 나가는 일은 그를 보호하려고 궁에 모이는 사람들이 일일이 생각할 수 없을 만큼 복잡했다.

15
루이 16세의 건강

3월 10일, 파리 코뮌 회의에서 시장은 왕의 건강에 대해 말을 꺼냈다. 루이 16세는 3월 4일부터 독감에 걸려 고열과 오한에 시달리고 있었다. 국회는 그가 아프다는 소식을 8일에야 알게 되었고, 당장 의원 여섯 명을 대표로 뽑아 매일 저녁 튈르리 궁에 들러 왕의 건강에 대한 소식을 듣고 이튿날 오전회의를 시작할 때 보고하도록 결정했다. 왕의 건강에 대한 소식은 3월 8일부터 16일까지 아홉 번이나 인쇄물로 발간되었다. 각각의 소식지는 『왕의 소식*Bulletin du roi*』인데, 16일자만 『왕의 최근 소식*Dernier bulletin du roi*』이었다. 국회에서도 9일부터 16일까지 이 소식지들을 회의 때 보고하면서, 거기에 대표들이 궁에서 보고 들은 소식을 덧붙였다. 대체로 오전회의에서는 왕의 소식지를 인용하고, 저녁회의에서는 대표들의 보고를 들으면서, 왕의 건강에 대한 정보를 의원들이 공유하게 되었다. 파리 48개 구 가운데 그라빌리에 구는 파리 코뮌 의회를 본받아 3월 11일 왕의 건강 소식을 파악할 위원 네 명을 날마다 튈르리 궁에 보내기로 결정했다. 17일, 파리 코뮌 의회는 모든 시민이 다음 일요일(20일) 노트르담 대성당에서 왕의 건강을 회복하도록 '테 데움' 찬양미사를 드리도록 촉구하는 한편, 밤에도 파리 전체를 환하게 밝히도록 했다. 같은 날, 국회에서도 파리 코뮌의 요청을 받아들여 일요일에 48명의 의원들이 노트르담 대성당에 가기로 했다.

　그러나 왕이 진짜 아픈지 아닌지 의심하는 언론인도 있었다. 마라는 『인민의 친구』에서 노골적으로 의심했다. 그는 3월 26일자 신문에서 왕이 한 번도 불편한 적이 없으며, 그가 병이 난 척하는 것은 대신들이 짠 사기극에 의사들도 동의한 것이라고 말했다. 그는 그 꾀병의 목적이 요양하겠다는 핑계로 어떻게든 파리 밖으로 나가서 결국 외국으로 도망치려는 것이라고 주장했다. 그러나 『왕의 최근 소식』을 보면 마라의 상상력이 얼마나 풍부하고, 언제나 왕의 도주에 대비하고 있는지 알 수 있다.

　"왕의 상태는 만족스럽다. 그러나 아직 목은 쉰 상태다. 며칠 전부터 우유를 조금씩 마셔 뱃속을 편안하게 만든다. 왕은 계속 하제를 복용할 것이다."

　16일에 왕이 거의 나았다고 의사들이 확인해주었지만, 마라는 26일에

도 그의 병이 도주를 위한 꾀병이라고 주장했던 것이다. 언론인이 왕에 대해 어떻게 생각하는지는 카미유 데물랭의 글에서도 잘 나타났다. 그는 『프랑스와 브라방의 혁명들』 69호에서 시의侍醫들을 몰리에르의 희극(『꾀병 환자 Le Malade imaginaire』, 1673)에 나오는 무식하지만 특권을 지키는 디아푀뤼스 Diaforus에 비유하면서 놀려댔다. 그들은 "오줌을 더 많이 누고 색깔도 투명하다. 변은 달걀 흰자처럼 보인다"고 거창하게 진단하기 때문이다. 더욱이 국회에서는 어떤 주교가 연단에 올라 "감기에 걸린 시민이 변을 많이 보는데, 별로 악취도 나지 않아서 아주 칭찬할 만하다"고 말할 때 박수를 치는 의원들이 많은데, 그 천박함에 박수칠 시민이 과연 몇이나 되겠느냐고 조롱했다. 르모니에Le Monnier, 라세르볼La Servolle, 비크다지르Vicq-d′Azyr, 앙두이예Andouillé, 루스토노Loustaunau 같은 시의들이 왕의 요강과 변좌를 국회의장의 코밑에 들이미는 행사를 하지 않는 것이 놀랍다고 말하기도 했다.

언론인들은 이렇듯 왕의 병을 대수롭지 않게 여겼고, 실제로 감기 정도야 대수롭지 않았을 테지만, 왕은 정말 단순한 감기 몸살이었을까? 베버는 왕이 건강을 해친 원인을 '단도의 기사들' 사건에서 찾았다. 그것은 현실적으로 아무것도 마음대로 할 수 없는 슬픔과 고통 때문에 생긴 병이라는 것이다. 게다가 지긋지긋한 튈르리 궁에서 빨리 벗어나 자유를 찾고 싶어하던 루이 16세가 그동안 은밀히 도주준비를 하고 있었다가 뜻하지 않게 자기 주위에 귀족주의자들이 모여들어 물의를 빚었으니 얼마나 놀랐을까? 더욱이 파리 주민들은 언론인들이나 자코뱅 클럽의 사주를 받아 왕궁을 더욱 매섭게 감시하고 있다는 사실을 잘 아는 왕은 심신이 몹시 지쳤다. 가벼운 병이라도 심하게 발전하기 좋을 만큼 쇠약해졌던 것이다. 왕의 건강은 국회에서 몹시 신경 쓸 문제가 되었다. 입헌군주제 헌법을 만들고 있던 제헌의회에서 아직도 왕을 존중하는 태도가 우세했음을 볼 수 있다. 3월 20일, 노트르담 성당에서는 왕이 건강을 되찾았음을 기뻐하는 '테 데움' 찬송가를 부르고 미사를 봉헌했다. 그곳에는 파리 시장 바이이, 국민방위군 사령관 라파예트, 국민방위군 참모들과 장교들과 함께 국회의원들도 참석했다. 3월 25일, 파리 시정부는 왕에게 대표단을 보내 건강회복을 축하했다. 왕이 건강을 회복한 것은 어린 왕세자가 날마다 기도한 덕분이기도 했으리라.* 둘 이상에서 하나로 선택받아야 할 때, 모든 조건이 같은데도 '그 하나'로 뽑히는 것을 기도 덕택이 아니라고 설명할 길이 없을 때가 있으니 말이다.

16
미라보의 죽음

오노레 가브리엘 리케티(미라보 백작)는 1749년 3월 9일에 가티네 오를레아네 지방의 비뇽 성에서 태어나 파란만장하게 살다가 1791년 4월 2일 토요일에 숨을 거두었다. 그는 16세기에 프로방스 지방의 미라보 봉토를 매입하면서 귀족이 된 가문에서 태어났다. 그의 아버지 빅토르는 제4대 미라보 후작(1715~1789)으로서 케네의 제자인 중농주의 사상가이며 아비뇽에서 다섯 권짜리 저작인 『인간의 친구 또는 인구론 l'Ami des Hommes ou théorie de la population』(1756~1758)을 발간했기 때문에

---

* 왕세자는 자기 기도문에 희곡 『표트르 대제』에서 둘째 비 예카테리나의 기도문을 덧붙였다. "지금 제가 하는 / 기도를 들어주소서, / 이 착한 아버지를 / 백성이 잃지 않게 하소서Exauce la prière / Qu'ici je fais, / Conserve ce bon père / A ses sujets."

'인간의 친구'라는 별명을 얻었다. 빅토르의 다섯째 아들이자 살아남은 첫 아들인 미라보 백작에게는 다섯 살 어린 동생 미라보 자작(앙드레 보니파스 루이 드 리케티, 일명 '술통 미라보'. 제3권 103쪽 도판 참조)이 있었는데, 형제는 제헌의회에서 서로 다른 성향을 보여주었다.

미라보는 태어날 때부터 머리가 컸기 때문에 어머니의 생명까지 위협했다고 한다. 빅토르는 아기의 성별을 확인하기도 전에 부인에게 "아기를 보고 겁먹지 마세요"라고 몇 번이나 말했다. 그만큼 그는 머리가 크고 못생겼던 것이다. 그는 태어날 때부터 한쪽 발이 뒤틀려 있었고, 혀에도 장애를 가지고 태어났음이 밝혀졌다. 그는 혀밑띠(설소대frenulum)가 짧아 말을 제대로 할 수 없을 정도였다. 그가 장애를 극복하고 혁명기 국회 연단에서 연설로 사람들의 마음을 사로잡았다는 사실은 감동을 준다. 또 그는 세 살에 천연두(융합성 두창)에 걸려 겨우 목숨을 구했지만 얼굴에 그 흔적을 갖고 살았다. 아버지는 친척에게 "자네 조카는 악마처럼 못생겼다네"라고 썼다. 아버지가 아들의 행실을 두고두고 못마땅하게 생각하는 배경에는 아들의 외모에 대한 혐오감도 있었던 것 같다. 그 가문의 구성원들을 그린 초상화를 보면, 우리의 주인공을 빼고 모두 잘생긴 축이었다.

그는 교육과 환경에서 어떤 방향으로 지도를 받느냐에 따라 선이나 악 가운데 하나를 맹렬하고 힘차게 추구할 만큼 천부적으로 강한 체질, 불같은 성격, 활기찬 능력을 갖추었다. 그가 청소년기에 스승으로 섬긴 문학가 라샤보시에르Lachabeaussière는 그의 열정을 충분히 계발해주지 못했다. 그래서 그는 라틴어와 고전문학에 대해 조금 배운 뒤 스승과 헤어졌고 열다섯 살에는 군사기숙학교에 입학했다. 거기서 그는 다양한 언어를 배우고, 예능교육도 받았으며, 특히 유명한 수학자 라그랑주J.-L. Lagrange에게 수학을 배웠다.

1766년 열일곱 살에 그는 생트에 주둔한 베리 기병연대에 들어갔고, 장교들이 별로 의미 없이 경쟁하는 것을 보면서 다른 데서 의미를 찾기 시작했다. 그는 전략과 전술에 관해 구할 수 있는 저작을 닥치는 대로 연구했다. 그는 학구적인 습관 때문에 아버지에게 밉보여 경제적 지원을 받지 못하게 되었다.

더욱이 그는 부모의 마음에 들지 않는 여성과 사랑하게 되었기 때문에 감옥에 갇혔다. '인간의 친구(미라보 후작)'가 직접 봉인장을 신청해서 아들을 레 섬l'île de Ré에 가두고, 네덜란드 식민지로 쫓아 보내 사교계와 발을 끊게 만들려는 계획을 세웠다. 미라보 백작은 자기 가치를 알아주는 로렌 연대의 비오므닐 백작comte de Viomenil을 따라 코르시카 원정길에 간다는 조건으로 아버지의 노여움에서 벗어났다. 그리고 코르시카에서 눈에 띌 만큼 열심히 봉사해 아버지의 자존심을 살려주었다. 그렇게 해서 미라보 백작은 용기병 대위의 자격증을 얻었다. 아버지인 후작은 그 자격증이 "다행히 아무런 의무를 요구하지 않는 것"이라고 말했고, 자기 동생에게 "자네 조카는 전쟁을 좋아하지! 그 아이는 대구와 청어의 군대를 어디에 쓰겠느냐고 내게 말하지. 그는 내가 아를르캥이나 스카라무슈 같은 어릿광대처럼 전쟁 경비를 대줄 만큼 돈이 많다고 생각하나봐"라고 썼다. '인간의 친구'는 굳이 이렇게 말하지 않더라도 구두쇠였고, 아들을 자기처럼 '경제학자(중농주의자)'로 만들려는 계획을 갖고 있었다.

그러나 미라보 백작은 경제학에 관심이 없었고, 아버지의 명령에 순순히 따르고 싶지도 않았다. 프랑스가 코르시카를 합병한 뒤, 그는 제노아 사람들이 코르시카를 얼마나 탄압했는지 묘사했다. 완성도는 그리 높지 않은 작품이었지만, 코르시카인들은 출판할 가치가 있다고 인정해주었다. 그러나 '인간의 친구'는 그 원고를 자기 손에서 없애려고 노력했다. 1770년에 코르시카에서 돌아온 아들은 아버지로부터 경제적 지원을 받아야 했기 때문에 타협해야 했지만, 경제학자들이 협잡꾼이라는 생각을 지울 수 없었고, 특히 1771년 모푸와 테레 같은 대신들이 전제정을 편다는 사실에 반감을 가지게 되었다. 늘 전통적 권위에 호의를 보이는 아버지와 한바탕 싸우게 되었고, 프로방스 지방에서 새로운 고등법원 판사들을 적으로 만들었다.* 그리고 1772년 부유한 상속녀인 마리냔Marignane과 결혼했으나, 2년 뒤에 그는 모든 재산의 두 배를 날렸다. 다행히 빚쟁이들과 문제를 쉽게 수습했지만, 아버지는 아들을 금치산자로 만들고 싶어했고, 왕의 명령을 받아내 자기 영지에 가두었다.

이렇게 1774년에 자유를 제한당한 상태에서 미라보는 타키투스, 장 자크 루소의 작품과 함께 손에 넣은 책과 신문을 읽었으며, 1772년부터 쓰던 『전제주의론Essai sur le despotisme』을 1775년에 발간했다. 그는 "이것은 시민으로서 나의 신조를 처음 선언한 작품이다"라고 썼다. 그 작품에서 그는 이렇게 말했다.

> 독재자가 되려는 욕망은 사회인에게 일어나는 자연스러운 감정이다. 독재자들을 미워하는 마음 또한 예속상태에서도 본성을 잃지 않은 사람에게 자연스러운 감정이다.

그사이 그는 자기 누이를 모욕한 귀족에게 결투로써 복수하겠다고 포고했던 약속을 깼기 때문에 새로운 소송에 휘말렸고, 그의 아버지는 왕의 허락

---

* 이 배경은 제1권 제2부 6장 "모푸정변"을 참고할 것.

을 받아 그를 마르세유 항구 앞에 있는 이프 섬의 요새château d'If에 가두도록 했다. 그는 거기서 1775년 5월 24일에 주Joux 요새로 이감되었다. 그 요새가 있는 군관구의 군장관이었던 드 생모리스는 루이 16세의 축성식과 대관식*에 즈음하여 퐁타를리에 지방에 자신이 베푼 호화로운 잔치에 대한 증언과 기록을 미라보에게 맡기기로 작정했다. 요새에 감금되어 우울한 나날을 보내던 미라보는 그렇게 해서 요새의 범위를 벗어나 퐁타를리에 전체를 감옥으로 여길 수 있을 만큼 전보다 훨씬 더 자유를 누렸다.

그는 퐁타를리에에서 젊은 부인에게 사랑을 느꼈다. 이 부인은 부모의 강요로 돌Dole의 회계검사원 재판장을 지낸 60대의 모니에 후작과 결혼한 소피 드 뤼페였다. 그러나 그는 소피를 열렬히 사랑하는 대신 순진한 젊은 부인을 유혹하고 열정적으로 사랑했다. 이번에는 그 여성의 남편, 소피의 남편인 모니에 후작 그리고 미라보 후작이 미라보에게 모든 법을 엄격하게 적용하고자 노력했다. 계몽사상가들의 친구이며 당시 궁부대신인 라무아뇽 드 말제르브는 미라보에게 도망치는 것이 최상책이라고 충고했고, 미라보는 그렇게 했다. 소피 드 뤼페이는 스위스에서 그와 합류했고, 두 사람은 네덜란드로 피신했다. 미라보는 돈이 궁해진 나머지 미친 듯이 글을 써서 출판사에 넘겼다. 그는 아메리카로 가서 새 출발을 하려고 했지만 실현하지 못했다. 1777년 5월 10일 퐁타를리에 법원은 미라보가 여성을 유괴했다고 인정해서 허수아비의 참수형을 선고했다. 그는 네덜란드 정부의 범인 인도 결정으로 5월 14일 소피와 함께 경찰에게 붙잡혀 프랑스로 되돌아갔다. 임신한 소피

* 제1권의 "더 볼거리"를 참고할 것.

〈마담 드 모니에〉는 파리의 샤론 거리에 있는 보호소에 마담 드 쿠르비에르라는 이름으로 갇히고, 미라보는 뱅센 성에 갇혀 42개월을 보내야 했다. 당시 파리 치안총감인 르누아르Lenoir는 자신에게만 검열을 받는 조건으로 미라보와 소피의 통신을 허락했다. 두 사람의 편지는 13년 만에 발굴되어 미라보가 죽은 지 1년 뒤인 1792년에 4권으로 발간되었다.

미라보는 뱅센 성에 갇혔을 때 구체제의 인권에 대해 생각한 결과를 책으로 썼다. 그것은 악명 높은 봉인장lettre de cachet에 관한 책이었다. 영국에서는 1679년에 이미 인신보호령habeas corpus을 법제화했지만, 프랑스에서는 계몽사상가들의 비판을 들으면서도 변덕스러운 봉인장 제도를 유지했다. 인신구속영장인 봉인장은 사전에 발행하는 것이 맞지만, 실제로 구속한 뒤에 발행해서 구색을 맞추는 경우가 많았다. 그래서 그르노블 고등법원의 차장검사였던 세르방Joseph-Michel-Antoine Servan(1737~1807)은 구체제 말에 『바스티유 감옥에 대한 변명Apologie de la Bastille』에서 이렇게 말했다.

바스티유란 굳건히 건축되고 단단히 닫힌 채 부단히 감시받는 곳으로, 거기에 수감된 사람들은 신분, 나이, 성별과 관계없이 이유도 모르고 갇혀서 얼마나 있을지도 또 어떻게 나올지도 전혀 모른 채 풀려날 날만을 하염없이 기다린다.

미라보는 자신을 구속하게 만든 봉인장이 아버지의 변덕 때문에 발행되었듯이 자신이 풀려날 가능성도 오로지 변덕 때문일 것으로 생각했으며, 그것이야말로 전제주의라고 생각했음이 분명하다. 절대군주정은 원칙과 질서를 존중하지만, 전제주의는 원칙을 무시하기 때문이다. 그가 1780년에 발간한『봉인장과 국립감옥에 대하여*Des lettres de cachet et des prisons d'Etat*』는 자연권에 바탕을 둔 체제를 무시하고 자유를 구속하는 자의적인 권력행사를 비판했다. 당시 절대군주제는 선량한 군주의 의지와 상관없이 대신들이 제멋대로 휘두르는 이른바 '대신들의 전제정'으로 변질되었다는 것이 당시 계몽사상가들과 그 추종자들의 비판이었다. 미라보는 그 폐단을 직접 경험했기 때문에 절대군주제의 변질을 더욱 심하게 꾸짖었다. 여느 사상가처럼 그도 "모든 법의 원리는 자연법, 이성의 빛 그리고 보편적 합의에 바탕을 둔 것"이라고 생각했던 것이다.

소피에게 쓴 편지에는 좋은 취향의 표현이 많았지만, 미라보는 당시의 관점에서 금지된 주제를 다루는 글도 썼다. 예를 들어 1783년에 발간된『에로티카 비블리온*Erotica biblion*』은 성서에 나오는 민족들에 대한 '음담패설'로 가득 찼다. 또 같은 해 발간된『나의 개종*Ma conversion*』도 마찬가지다. 게다가 1786년에 나온『들춰진 커튼 또는 로르의 교육*Le Rideau levé, ou l'Education de Laure*』도 성생활을 자유롭게 이야기한 책이었다. 그러나 그것은 일종의 성교육 지침서였다. 당시 계몽사상가들이 이러한 저작을 써서 여성으로 하여금 자기 몸에 대해 알아가게 만들고, 스스로 생각할 힘을 갖추게 해준 맥락에서 읽어야 할 작품이다. 잠시 계몽사상가 미라보가 생각하는 남녀의 차이를『들춰진 커튼 또는 로르의 교육』에서 알아보기로 한다. 로르는 의붓아버지에게 남녀의 권리에 대해 배운다. 로르는 여자가 신체구조상 남자보다 더 많은 사람을 상대할 수 있기 때문에 남자 못지않은 권리를 갖고 있지 않느냐고 묻는다. 아버지는 만일 여자가 그렇게 한다면 자연의 일반법칙으로부터 아주 멀어진다고 하면서 비유를 들어 설명한다.

먼저, 나는 네게 자연의 일반법칙을 더욱 알기 쉽고 분명하게 해줄 비유를 들어주겠다. 만일 단지 스무 개에 똑같은 액체를 부어넣고 그 단지에서 넘치는 액체를 그릇에 받아냈을 때, 그 액체의 성격은 조금도 바뀌지 않는다. 그것이 만일 휘발성 액체라면 옮기는 과정에서 조금 줄어들 뿐이다. 그러나 단지 하나에 스무 가지 이질적 액체를 부어넣는다면 그 액체는 부글거리고 본래의 성격이 바뀌게 된다. 만일 이 단지를 비운 뒤 헹구거나 닦아내지 않은 채, 다시 말해 발효한 액체가 묻은 단지 속에 효모 한 방울만 떨어뜨려도 스무 가지 액체 가운데 한 가지의 본질을 바꾸기 충분할 것이다. (……) 이 같은 보기에 대한 결과는 다음과 같다. 건강한 남자가 여자 여럿과 성교를 할 때, 그는 아무런 병을 얻지 않는다. 그것은 마치 단지 여럿에 똑같은 액체를 붓는 것과 같은 이치이기 때문이다. 그러나 아주 건강한 여인이라 할지라도 남자 여럿과 성교를 하면 한 사람 한 사람에 의해서는 병에 감염되지 않겠지만, 여러 사람의 정액이 여자 체내의 열 때문에 더욱 빠르게 발효되어 가장 위험한 결과를 낳는다.

미라보는 여성의 몸이 구조적으로 '단지' 같은 것이라서 남자 여럿을 상대하면 위험하다고 경고하지만, 거기서 그치지 않고 적절한 대응책도 마련해주었다. 예컨대 스펀지를 소금물에 적셔서 몸에 집어넣으면 '오염'을 막을 수 있다고 가르쳐주었다. "소금물은 강알칼리성을 띠기 때문에 오염된 액체의 산성염과 빠르게 결합하고" 결국 여성이 피해자가 될 수 있는 성적 결합에서 오염을 막아준다.

여인은 스펀지를 이 혼합물에 담근 뒤 몸 안에 집어넣으면, 연달아 여러 남자와 교접을 해도 아무런 해를 입지 않는다. 심지어 건강치 못한 남자도 받아들일 수 있다. 아니면 오염된 경우 좀더 확실한 방법을 찾자면 교접이 끝나자마자 끈을 당겨 스펀지를 밖으로 꺼내서 앞서 말한 물로 씻고 적셔서 쓰면 된다.

미라보가 제시한 방법은 남녀의 신체적 차이와 성병에 대한 두려움이 내재된 편견을 보여주긴 해도, 당시의 사회학적·의학적 관심을 반영했다. 몸을 깨끗하게 간수하면 병을 막을 수 있다는 믿음은 특히 남녀관계에서 중요했다. 세척은 오늘날에도 강조할 수 있는 내용이다. 또 스펀지를 '페서리'로 활용하는 방법은 피임과 성병 예방에 도움을 준다. 미라보는 심지어 건강한 남자가 성병에 걸린 여성과 관계할 때에도 스펀지를 넣으라고 권했다. 아직 안전한 콘돔이 없던 시절이라 그랬을 것이다. 아무튼 미라보도 이런 글을 성교육에 활용한다는 점에서 그 시대에 나온 '포르노그래피'의 성격에서 벗어나지 않았다.

아무리 구체제의 검열제도가 날마다 쏟아지는 출판물을 일일이 검토하고 '나쁜 책'(업계에서는 '철학책'이라고 했다)을 제재하기 어려울 정도였다 할지라도, 혁명 전까지 필화로 감옥에 갇힌 사람은 많았다. 예를 들어 극작가 보마르셰는 생라자르 감옥에 갇혔던 것이다. 검열제도의 3단계(원고 검토, 인쇄 중, 인쇄 출판 후) 가운데 경찰은 두 번째 단계부터 개입했다. 경찰은 익명의 작품이 나오면 곧 인쇄소를 급습하여 관계자를 잡아다 심문해서 누가 원고를 맡겼는지 알아냈다. 또 외국에서 인쇄해 밀수입한 책에 대해서는 필요하다면 그것을 인쇄한 네덜란드나 영국까지 가서 조사했다. 물론 증거를 모으기 전에도 치안당국이나 일반인까지 문체를 보면서 저자가 누구인지 알아낼 수 있었으니 익명은 오히려 독자의 관심과 호기심을 더욱 키우기도 했다. 미라보의 작품도 마찬가지였다. 게다가 우리는 미라보가 뱅센 성에 갇혔을 때 파리 치안총감 르누아르의 호의로 연인과 편지를 주고받았음을 알고 있다. 이때부터 미라보는 치안당국과 상리공생의 관계를 맺었다고 볼 수 있다.

미라보는 1780년 12월 13일에 풀려난 뒤 돈 한 푼 없는 상태에서 신문 발행에 관심을 가졌고 여기저기서 수많은 사람을 사귀었다. 1782년 8월에 프랑스 동북부 국경 가까이 있는 뇌샤텔 공국에서 제네바로부터 망명한 에티엔 클라비에르를 만났다. 클라비에르는 1792년 8월에 왕정을 몰락시킨 이른바 '제2의 혁명' 이후부터 이듬해 지롱드파가 몰락할 때까지 재무장관을 지낸 지식인이었다. 1784년 6월에는 파리에서 자크 피에르 브리소(일명 브리소 드 와르빌)를 만났다. 브리소는 혁명 전부터 신문을 발간했으며, 혁명이 시작된 후 니콜라 드 본빌이나 클로드 포셰와 '사회동인Le Cercle social'을 결성해서 『월간시평Le Chronique du mois』을 발간하고 대중교육에 힘쓴 사람이었다. 미라보는 영국에서도 기회를 잡으려고 노력했으며, 1784년에는 런던에서 『킨키나투스 협회에 관한 고찰 또는 영미의 정치 팸플릿을 모방함 Considérations sur l'ordre de Cincinnatus, ou Imitation d'un pamphlet anglo-américain』 을 발간했다. 이 작품은 1783년에 미국에서 발간된 정치 팸플릿에서 영감을 받아 귀족을 신랄하게 비판했다. 그는 거기에 조지 워싱턴이 서명한 편지도 한 통 실었다. 미국 건국의 아버지인 워싱턴은 기원전 5세기 로마 공화국에서 덕의 상징인 킨키나투스와 비교할 수 있는 사람이었기 때문이다. 워싱턴이 킨키나투스 협회에 보낸 회람의 내용은 다음과 같다.

"군인들의 영광은 시민들의 역할을 수행할 때 비로소 완전해진다."

미라보는 이 협회가 3년간의 아메리카 독립혁명에 봉사하고 의회에 의해

퇴역당한 뒤 혁명의 기억을 영원히 간직하기 위해 뭉친 육군 장성들과 여타 장교들의 연합이라고 설명했다. 그들은 남성 후계자들에게 협회를 세습하는 원칙을 마련했다. 그는 로마 공화국의 귀족정에 대해 설명한 뒤 아메리카 합중국을 구성하는 주들이 합의한 민주주의 원칙을 설명했다. 미국 입법가들의 원칙은 "자연적 평등, 정치적 평등, 시민의 평등"이며, 귀족이 없으면 명예를 세습하는 일도 없을 것이고, 그렇게 해서 귀족주의는 성가신 존재가 되리라는 것이었다. 그런데 미국 독립전쟁에서 혁혁한 공을 세운 유명한 지휘관들은 킨키나투스들의 협회를 세워 자신들의 상징과 특권을 자손들까지 배타적으로 향유하도록 만들었기 때문에 거기에 속한 전우들에게 다른 법, 원칙, 풍습을 따르도록 만들었다고 미라보는 비판했다. 미라보는 원래 이 협회가 평등한 시민들이 연합해서 만든 것이지만, 그들이 동료 시민들보다 우위에 서고 자신들만의 상징, 동기, 멋진 이름을 가지면서 사실상 세습의 귀족계급, 킨키나투스들을 위한 귀족제도가 되었을 뿐이라고 비판했다.

미라보는 런던에서 여러 가지 글을 썼지만 쉽게 돈을 벌 수 없었다. 그럼에도 계속 글을 써야 했다. 신성로마제국 황제가 에스코(스헬더) 강에 대해 권리를 주장할 때, 변호사 출신의 유명한 정치평론가 랭게S.-N. Henri Linguet는 황제 편을 들었지만, 그보다 훨씬 덜 유명했던 미라보는 식민지 편을 들었다. 그러나 랭게는 1784년에 세상을 떴고, 미라보는 그 뒤에 계속해서 글을 썼으며, 더욱이 혁명이 시작되었을 때는 가장 뛰어난 웅변가가 되었다. 뒷일은 그렇게 나타나지만, 당장 돈이 궁한 런던 생활에서 미라보는 네라 부인과 사귀었다. 1785년 2월 그는 네라 부인에게 파리에서 자신의 곤궁하고 위험한 처지를 해결해줄 방안을 찾아달라고 부탁하면서 먼저 귀국시켰다. 네라 부인이 한 일은 궁부대신 브르퇴이 남작에게 미라보 백작의 회고록 원고를 전하는 일이었다. 브르퇴이 남작은 봉인장을 발행해 미라보를 바스티유 감옥에 넣을 수 있는 권한을 가진 사람이었다. 네라 부인은 파리에서 미라보 백작에게 희망을 주는 편지를 썼다. 사실 그동안 미라보 자신은 정작 그 사실을 모르고 있었는지 분명치 않지만 아버지의 태도가 바뀌어 있었다. 브르퇴이 남작이 파리 치안총감에게 1783년 9월 22일에 보여준 편지에서 미라보 후작은 아들에게 행사하던 권위를 포기하고 아들의 자유를 인정해주었던 것이다.

미라보는 네라 부인과 양자를 데리고 프로방스에 정착해서 역사책을 저술하려는 계획을 세웠지만, 아들이 아픈 바람에 계획을 연기했다. 그는 뇌샤텔에서 알게 된 클라비에르를 통해서 제네바 은행가 팡쇼Panchaud를 소개받았다. 두 사람은 재정문제에 대해 진지하게 이야기를 했고, 재무총감 칼론과 관계를 맺게 되었다. 그 결과, 미라보는 할인은행과 국립은행의 기능에 대해 비판적인 관점으로 『생샤를 은행과 할인은행에 대해 르쿨퇴 드 라노레 선생에게 보내는 편지Lettres à M. Lecoulteux de la Noraye sur la Banque de Saint-Charles et la Caisse d'escompte』를 썼다. 1786년에 거물급 귀족 탈레랑(1788년에 오툉의 주교가 된다)이 미라보에게 베를린에서 칼론을 위해 비밀임무를 수행하게 만들었다. 그것은 프로이센의 군주를 설득해서 프랑스에 돈을 빌려주게 만드는 일이었다. 미라보는 프로이센의 거물급 귀족인 브룬스비크 볼펜뷔텔 공 Charles-Guillaume-Ferdinand de Brunswick-Wolfenbüttel과 프리드리히 대왕을 차례로 만나 임무를 완수했다. 그러나 미라보는 프리드리히 2세가 1786년 8월 17일에 사망하자, 그의 조카로서 그날 즉위한 프리드리히 빌헬름 2세에게도 선왕이 한 약속을 이행할 수밖에 없는 서한을 전했다. 미라보는 이렇게 열심히 조국의 이익을 위해 헌신했지만 베를린에 머물면서 늘 돈에 쪼들렸다. 그래서 그는 본국에 통신문을 보낼 때마다 특별수당을 지급해달라고 요청했다. 한편 그는 베를린에서 수많은 정보를 모았다. 신성로마제국의 비밀통계 자료는 물론 수많은 문학적 소재와 프로이센에 대한 값진 문서도 손에 넣었다. 그에게 그 문서를 제공한 사람은 프랑스 위그노(개신교도)의 후손으로서 브룬스비크 볼펜뷔텔 공의 정치학 교수인 야콥 모비용Jakob Mauvillon이었다.

프랑스로 돌아간 미라보는 칼론이 맡긴 임무를 열심히 수행했지만 기대한 대가를 충분히 얻지 못하자, 1787년에『왕과 명사회에 투기를 고발함 Dénonciation de l'agiotage au Roi et à l'Assemblée des Notables』을 써서 칼론을 비판했다. 그 때문에 그는 또 봉인장의 표적이 되어 피신해야 했다. 그는 다시 프로이센으로 가서 자기가 모은 문서를 가지고 시작했던 여덟 권짜리 대작『프로이센 군주정Monarchie prussienne』을 마무리했다. 미라보가 쓴 프로이센의 역사를 읽고 프리드리히 빌헬름 2세는 미라보의 통찰력을 두려워한 나머지 나라 밖으로 내보냈다. 그렇게 해서 미라보는 1787년 11월 말에 다시 파리로 돌아갔고, 그때부터 혁명이 일어날 때까지 반주간半週刊으로『영국 신문 분석Analyse des papiers anglais』을 발간하고, 1788년에 브리소와 함께 '흑인의 친구들 협회la société des Amis des Noirs'를 만들어 흑인노예제 폐지운동을 벌였다. 1789년 1월에 그는 프로방스 지방에서 전국신분회 대표가 되려고 준비를 하다가 특권층과 부딪치고, 마침내 엑스와 마르세유에서 제3신분의 대표로 뽑혔다.

미라보 백작은 귀족의 장남으로서 아버지의 뜻을 고분고분 받들었다면 편하게 살았을 테지만, 기질상 아버지와 부딪치면서 끊임없이 시련을 겪었다. 그럼에도 마침내 1789년에 제힘으로 전국신분회로 나갔다. 제헌의회에서 그는 물 만난 고기처럼 대중에게 영향을 끼쳤다. 그러나 제아무리 위대한 사람이라도 사건의 흐름을 이끌어갈 수만은 없는 법이다. 사건의 흐름에 영

루이 16세가 도주하던 중 식당에 들렀다가 아시냐에 박힌 그림 때문에 신분이 노출되고 만다.
마차 안의 식구들이 갈 길을 재촉하는데, 루이 16세는 식탐을 이기지 못해서 위험을 자초했다.
상단 간판에는 루이 16세의 모습과 함께 '도망자의 집'이라 쓰여 있다.

바렌 주민들이 루이 16세의 마차 바퀴 밑에 돌을 고여 꼼짝하지 못하게 한다.
경종을 치고 국민방위군이 도착한다.

스트라스부르에서는 왕의 도주를 조직했다는 혐의로 부이예, 에망^{Heyman}, 클랭글랭의 허수아비를 전시하고 불태워버렸다.
에망 장군은 부이예 장군의 명령을 받고 루이 16세를 위해 거액을 지니고 베를린에 갔다.
클랭글랭 장군도 부이예 장군의 부하로 루이 16세의 도주를 돕기 위해 나소^{Nassau} 부대를 덩으로 이동시켰다.

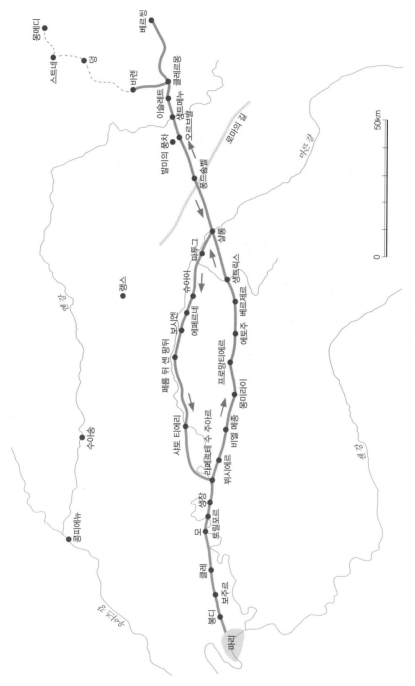

왕의 도주로: 파리에서 바렌, 바렌에서 다시 파리로

루이 16세를 돼지로 표현했다.
"코르프 남작부인의 수행하인으로 변장한 배반자 루이."

향을 받기도 하고 그 존재감이 떨어지기도 한다. 그렇게 살아가는 동안 순간 순간 선택을 해야 한다. 미라보는 적당한 선에서 혁명을 마무리 짓기 바라는 사람이었다. 그는 왕과 혁명을 타협시키려는 역할을 선택했다. 바깥에서 국회를 지켜보면서 대중에게 경계심을 풀지 않도록 선동하던 급진파들은 미라보 백작이 변했다는 사실을 눈치 채기 시작했다. 그는 왕과 왕비로부터 막대한 돈을 받아 몇 년 전까지만 해도 쪼들리면서 살던 처지에서 완전히 벗어났다. 상식적인 사람이라면 그것을 이상하게 생각했을 것이다. 그래서 세간에는 그가 돈을 훔쳐서 하루아침에 호사를 누리게 되었다는 말이 떠돌았다. 그러한 의심을 사면서도 그는 숨을 거두기 전까지 그 나름대로 자기 역할을 충실히 이행했다.

1789년 4월 6일, 모두 네 명을 뽑는 엑스 세네쇼세의 선거에서 첫 대표로 뽑힌 미라보는 전국신분회에 나가 6월 17일에 국회의 이름을 짓는 과정에서 발언했고, 20일에는 죄드폼에서 맹세했으며, 23일에는 루이 16세의 명령에 당당히 맞서는 모습을 보여주었다. 혁명사가 프랑수아 알퐁스 올라르F-A. Aulard는 『혁명의 위대한 연설가들: 미라보, 베르니오, 당통, 로베스피에르 Les Grands Orateurs de la Révolution: Mirabeau, Verniaud, Danton, Robespierre』(1914)에서 미라보만큼 연설에 준비를 갖춘 사람은 없을 것이라고 말했다. 미라보는 고대인들이 중시한 보편적 지식의 조건들을 두루 갖추었다. 그는 오랫동안 감옥에 갇혔을 때 폭넓은 독서로 그러한 자질을 갖추었기 때문에 1789년의 그 누구보다 뛰어난 연설가였던 것이다. 이프 섬, 주 요새, 뱅센 성에서 그는 간수들을 설득해 온갖 종류의 책과 신문을 두루 읽으며 세상 돌아가는 과정에서 결코 멀리 있은 적이 없었다. 그래서 그는 국회에서 모든 의제에 막힘 없이 감동적인 연설로 '프로방스의 횃불'이라는 별명을 얻었다.

미라보는 1789년 9월 26일 재정파탄에 대해 연설해서 국회에서 가장 훌륭한 연설가로 꼽혔다. 그는 이미 6월 초에 재무총재인 네케르를 만났지만 더는 친해지지 않았는데, 10월 17일에 다시 다섯 시간이나 만나서도 별다른 성과 없이 회담을 끝냈다. 그것은 네케르의 실패였다. 미라보를 자기편으로 만들지 못했기 때문이다. 그 뒤 미라보는 국회에서 네케르를 틈틈이 공격하는 한편, 라파예트와 가까워져 새로운 내각을 구성할 궁리를 했다. 이번에는 루이 16세가 미라보에게 접근하기 위해 1790년 3월에 사람을 시켜 그의 의중을 떠보았다. 그 성과는 5월에 나타났다. 그는 왕에게 의견서를 보냈는데, 거기서 왕의 합법적 권위를 회복하는 동시에 새로 태어나는 체제와 질서도 지키는 방안에 대해 논했다. 그는 새로 아시냐를 발행하는 데 반대하는 네케르를 공격했고, 9월 4일에 네케르는 사임했다. 그는 라파예트와 함께 왕에게 압력을 넣어 대신들을 교체하라고 주장했다. 11월 27일에는 성직자 시민헌법에 대해 일주일 안에 맹세하게 만들자는 부아델 의원의 안에 반대하는 연설을 했고, 1791년 1월 14일에는 종교위원회의 이름으로 보고하면서 예배 행위는 법의 지배를 받지만 종교가 국회의 권한 밖에 있는 문제라는 취지로 발언했다.

미라보는 왕에게서 받은 돈으로 쇼세 당탱 거리에 마련한 좋은 집에서 살았는데, 1월 18일에는 그 지역 국민방위군 대대장에 뽑혔고, 21일에는 파리 도 지도부 일원으로 뽑혔다. 그리고 1월 29일에 그는 그레구아르 신부의 뒤를 이어 국회의장이 되었고, 2월 14일에 아드리엥 뒤포르에게 자리를 넘겨주었다. 2월 28일, 뱅센 성에서 소요사태가 일어나고 튈르리 궁에 침입자가 발생해서 시끌벅적하던 때, 그는 국회에서 망명자에게 불리한 법을 통과시키는 일을 막아냈다. 그날 저녁에 자코뱅 클럽 회의장에 있던 사람들은 미라보가 들어서자 "무슨 낯으로 여기 나타났느냐"고 비난했다. 또 그의 후임 국회의장인 뒤포르는 자코뱅 클럽 연단에 올라 그를 사정없이 비판했다. 3월 23일에는 섭정에 대해 연설하고, 병이 들어 힘겨운 상태에서도 27일에 국회에 나가 광산의 소유권과 개발에 대해 연설했다. 이것이 그의 의정활동에서 마지막 연설이었다. 그리고 일주일만인 4월 2일에 숨을 거두었다. 보통 의원이 죽거나 사임하면 그 자리에 예비후보를 앉혔지만, 미라보가 남긴 의석은 빈자리로 남았다. 미라보는 1791년 3월 28일 월요일에 목욕을 마치고 나오면서 병에 걸렸다. 그의 병이 심해지자 자코뱅 클럽은 수요일에 병문안을 다녀갔다. 토요일에 숨을 거둘 때까지 수많은 사람이 그의 집 앞에 모여 그가 자리를 털고 일어나길 기원하고, 시시각각 들리는 소문을 파리 전역에 전파했다. 그가 죽은 뒤에도 쇼세 당탱 거리의 그의 집 앞은 북적거렸다. 그의 건강과 죽음은 일주일 동안 세인의 관심거리였다. 그만큼 그는 거물이었다. 그리고 아직 그가 왕과 어떤 계약을 맺었는지 세간에 드러나지는 않았지만, 사람들이 의심했던 대로 왕비의 수석시녀였던 캉팡 부인은 그를 가리켜 "돈에 팔리는 민주주의자인 동시에 왕당파démocrate mercenaire et royaliste vénal"라고 했으며, 현대 역사가 장 튈라르Jean Tulard는 그를 루이 16세의 '방패'라고 했으니, 그의 죽음은 왕에게 큰 손실이었다. 그러나 평소 프랑스에서 종교인들의 영향력을 약화시켜야 한다고 목청을 높이던 그의 죽음은 종교인들에게 적 한 명이 사라졌음을 뜻했다.

17
미라보의 장례식과
팡테옹의 탄생

오늘날 파리 센 강 남쪽 언덕에 웅장한 팡 테옹이 우뚝 서 있다. 그 건물 입구 위의 박공에서 우리는 "위대한 인물들에 게 조국은 감사한다"는 명문銘文을 읽을 수 있다. 그것은 고대 로마의 모든 신을 모시는 신전에서 따온 이름이고, 미라보가 사망한 뒤 그를 비롯해서 조 국에 봉사한 위대한 인물들에 대한 특별예우를 논의하는 과정에서 그 이름 으로 탄생하게 된 기념건축물이다.

미라보가 숨진 4월 2일 토요일에 국회의장 트롱세는 9시 반이 되자 회의 를 시작한다고 알렸고, 의원들은 의사일정대로 의제를 토론했다. 회의 중간 에 의장이 "여러분, 지금 저는 몹시 괴로운 임무를 수행해야 합니다"라고 무 겁게 운을 뗐고, 의원들은 모두 조용히 의장의 다음 말을 기다렸다.

미라보 선생이 너무 일찍 우리 곁을 떠나셨음을 여러분께 알려드립니다. 그분이 위대한 재능으로 언제나 여러분의 박수갈채를 받으셨음을 떠올 리면서, 그분을 잃은 여러분도 저와 같이 무척 슬프리라 믿습니다.

잠시 침묵이 흐른 뒤, 바레르 드 비외작 의원이 발의하고 몇 명이 잇달아 의견을 밝힌 뒤 의장이 정리해서 "미라보 의원의 장례식에 대표단을 파견한 다"는 안에 대해 표결할 것인지 물었다. 뒤부아 크랑세 의원이 곧바로 "우리 모두 참가합시다"라고 말했다. 의원들이 너도나도 "모두 갑시다"라고 동의했다. 의장은 다음의 안을 상정했다.

어떤 분이 회의록에 국회의 슬픈 마음을 담는 한편, 오툉의 주교(탈레랑)
로 하여금 미라보가 남긴 저작을 유언으로 읽게 하며, 그 저작을 인쇄해
서 널리 배급하도록 하자는 안을 내주셨습니다.

의원들은 이 안도 만장일치로 처리하고 나서 다시 그날의 의제를 다루었
다. 탈레랑이 의장에게 미라보의 유작에 대해 할 말이 있다고 알렸다. 의원들
은 탈레랑의 말을 기다렸다.

"이 글을 지은 이는 이제 우리 곁에 없습니다. 저는 여러분에게 그의 마
지막 작품을 가져왔습니다. 그것은 그가 국가에 바치는 감정과 사상을 모아
놓은 작품입니다. 제가 여러분에게 낭독해드리는 동안 부디 그의 마지막 숨
결을 느끼시기 바랍니다."

탈레랑은 미라보의 유작으로 "직계 가족의 상속에서 분배의 평등에 관한
논고Discours sur l'égalité des partages dans les successions en ligne directe"를 읽었
다. 이 원고는 3월 12일에 미라보가 상속에 대해 했던 연설에서 한 걸음 더
나아간 것이었다.

여러분, 우리는 그릇된 법을 고치는 일을 단번에 할 수 없습니다. 기존의
법에서 모든 잘못을 한꺼번에 발견할 만큼 천재적인 입법가라 할지라도
그러한 잘못을 한 번에 뒤집어엎기를 두려워합니다. 그는 잘못된 부분을
단계적으로 인식할 수밖에 없으며, 자신이 해야 할 일을 인식하기 위해
서는 많은 준비를 해야 합니다.

이렇게 시작한 미라보의 연설문은 그동안 그가 했던 다른 연설과 마찬가지로 쉽게 끝나지 않았다. 그러나 하늘 아래 끝나지 않는 것은 없는 법이다. 미라보는 탈레랑의 입을 빌려 다음과 같이 요구했다.

> 조상의 계보와 후손의 계보를 포함한 직계 가족에서 상속의 질서와 분배를 법으로 확실히 정하고, 이 계보에 속한 상속자들에게 유산의 9할을 확실하게 주도록 할 것.
> 모든 사람 사이에서 대리상속인을 지정 또는 유증하는 행위를 금지할 것.

이튿날인 4월 3일에 파리의 여러 구에서 대표단이 국회를 방문했다. 그들은 오노레 리케티 미라보의 장례식과 관련해서 청원할 것이 있다고 했고, 의장은 오전회의 일정이 끝날 즈음인 2시에 그들을 입장시키는 것이 좋을지 물었다. 의원들은 당장 들여보내라고 요구했다. 대표단이 증인석으로 들어왔고, 그중 한 사람이 나서서 말했다.

"파리 시의 모든 구민은 위대한 인물의 넋에 공식적으로 존경과 감사의 뜻을 품고 이곳에 왔습니다. 우리는 국회가 특별 애도기간을 정하고, 전국연맹제의 장에 있는 조국의 제단 아래 그의 주검을 놓고 장례식을 성대히 거행해주기를 바랍니다."

국회의장은 청원인들에게 국회가 그 일에 얼마나 많은 관심을 가지고 있는지 알아주기 바란다는 취지로 대답했다. 그리고 그 문제를 논의하자고 제안할 때, 파리 도 지도부가 대표단을 보내 발언권을 신청했다. 라로슈푸코 리앙쿠르가 도 지도부 회의 의장 자격으로 말했다. 그는 미라보가 도 지도부 요원이었음을 강조하면서 전날(4월 2일)에 도 지도부가 내린 결정을 보고했다.

"여러분, 미라보가 우리의 일원이 되어 명연설로써 공공의 안녕을 확실히 지키는 방법들을 설파한 지 겨우 일주일이 흘렀습니다만, 아쉽게도 그는 우리 곁을 떠났습니다."

미라보가 벤저민 프랭클린이 죽었을 때 명연설로 그 죽음을 기렸듯이, 이제는 프랑스인들이 그의 죽음에 대해 그만큼 애도해야 한다고 말한 뒤, 라로 슈푸코 리앙쿠르는 마지막으로 다음과 같이 국회에 청원했다.

1. 생트주느비에브 교회의 새 건물을 우리가 자유를 되찾은 신기원을 기념하고 위대한 인물들의 유해를 봉헌하는 장소로 지정한다.
2. 국회만이 거기에 안장할 인물을 선정할 수 있다.
3. 오노레 리케티 미라보는 그곳에 안장될 만한 자격을 갖추었다.
4. 데카르트, 볼테르, 장 자크 루소처럼 혁명 이전에 사망한 위대한 인물들에 대해서는 국회에서 특별히 논의하고 결정할 수 있다.
5. 파리 도 지도부는 즉시 생트주느비에브 교회 건물을 새로운 용도에 맞게 사용할 준비를 갖추고 입구의 박공 부분에 다음과 같이 새겨 넣는다.
위대한 인물들에게 / 조국은 감사한다Aux Grands Hommes / La Patrie Reconnaissante.

파리 도 지도부가 요구한 것은 로베스피에르가 잘 요약했듯이 미라보에 관한 것과, 국가에 봉사한 위대한 인물들에게 보상해주는 방법의 두 가지였다. 로베스피에르는 앞의 문제에는 전혀 이견이 없지만, 두 번째 문제에 대해서는 조국과 자유의 이해관계가 가장 크게 걸렸기 때문에 헌법에서 반드시 다뤄야 할 만큼 중요하다고 강조했다. 그러므로 국회에서는 미라보에 대한 문제를 이견이 없는 한 그대로 통과시키되, 애국심으로 조국에 봉사한 위대한 인물들에 대한 사안은 먼저 헌법위원회에서 연구하도록 하자고 제안했고, 의원들의 지지를 받았다. 다른 의원이 중간에 끼어들었지만, 바르나브가 로베스피에르를 지지하면서 토론을 끝내도록 했다. 한마디로 국회는 파리 도 지도부의 청원대로 오노레 리케티 미라보가 조국에 봉사한 위대한 인물들에게 국가가 주는 모든 영예를 누릴 자격이 있음을 인정하는 동시에, 위대한 인물들에 대한 보상방법은 헌법위원회에서 다루도록 한다고 의결하면서 오전회의를 파했다.

4월 4일 월요일, 헌법위원회를 대표해서 르 샤플리에가 미라보와 위대한 인물들에 대한 예우법안을 보고했다. 그것은 이미 여러 의원이 제안했던 내용을 반영하여, 생트주느비에브 교회의 새 건물을 위대한 인물들의 유해를 안치하고 프랑스 자유의 신기원을 기념하는 용도로 쓰고, 입법부만이 어떤 인물에게 이러한 영예를 안겨줄지 결정할 수 있으며, 오노레 리케티 미라보는 이 영예를 받을 자격이 있다고 판단한다고 했다. 이어서 새로운 조항으로 입법부는 앞으로 사망하는 의원마다 이러한 영예를 부여할 수는 없고, 혁명 전에 사망한 위대한 인물들에 대해서는 입법부만이 예외조항을 제정할 수 있으며, 파리 도 지도부는 즉시 생트주느비에브 건물의 새로운 용도에 맞게 "위대한 인물들에게 / 조국은 감사한다"는 문구를 새겨 넣으라고 했다.

동생 크리옹*이 긴급히 제안했다. 그는 위대한 인물을 심사할 때 오직 재능만으로는 안 되며, 영웅적인 행위와 헌신도 중요한 기준으로 삼아야 한다고 전제한 뒤, 낭시 군사반란이 일어났을 때 진압군과 반란군 사이에서 목숨을 바친 데질을 국민이 이미 영웅으로 기리면서 슬퍼했으므로 이 기회에 데

질도 생트주느비에브 교회의 새 건물에 안장시켜야 한다고 주장했다.** 사방에서 웅성거리는데, 도피네 제3신분 출신인 장 바티스트 샤를 샤브루J.-B.-C. Chabroud 의원은 크리옹의 안을 표결에 부치자고 제안했다. 트루아 세네쇼세 제3신분 출신인 블랭 의원은 정식 장례식을 치르기 전에 미라보의 유해를 어디다 안치하느냐부터 정하자고 제안했다. 루앙에서 제3신분 대표가 된 피에르 자크 니콜라 부르동P.-J.-N. Bourdon 의원은 그 문제는 간단히 해결할 수 있다고 말했다.

"미라보 선생은 위대한 인물들을 안치할 목적의 대성당 건축물에 최초로 무덤을 가져야 할 분입니다. 나는 그때까지 그분을 옛 생트주느비에브 교회에 잠들어 있는 데카르트 곁에 안치할 수 있다고 생각합니다."

의원들은 르 샤플리에가 보고한 법안과 부르동의 수정안을 함께 채택해서 모두 7개 조항의 법을 통과시켰다.

제1조. 생트주느비에브의 새 건물은 위대한 인물들의 유해를 안장하고 프랑스의 자유의 신기원을 기념하는 장소로 사용한다.

제2조. 입법부만이 이러한 영예를 안겨줄 대상을 선정할 수 있다.

제3조. 오노레 리케티 미라보는 이 영예에 걸맞은 인물이다.

제4조. 입법부는 앞으로 사망하는 의원에게 이러한 영예를 부여할 수 있

---

* 제헌의원으로 일한 형제가 많았는데, 그중에 크리옹 형제도 있었다. 아비뇽에서 1742년에 태어난 형은 크리옹 후작이고, 파리에서 1748년에 태어난 동생은 크리옹 백작이었다. 그런데 모든 작위를 폐지한 뒤에는 두 사람을 구별하기 위해 형l'aîné, 동생le jeune으로 표기했다.
** 제4권 제2부 "낭시 군사반란" 참조.

다. 위대한 인물을 선정하는 기준은 법으로 정한다.

제5조. 오직 입법부만이 혁명 전에 사망한 위대한 인물들에 대한 예외조항을 마련할 수 있다.

제6조. 파리 도 지도부는 생트주느비에브의 건물을 즉시 새로운 용도에 맞게 준비하며 "위대한 인물들에게 / 조국은 감사한다"를 새겨 넣는다.

제7조. 생트주느비에브의 새 건물을 완전히 준비할 때까지 리케티 미라보의 시신을 옛 생트주느비에브 교회 지하실에 있는 데카르트 무덤 곁에 안치한다.

이 문제는 아직 끝나지 않았다. 브르타뉴의 플로에르멜에서 제3신분 대표로 뽑힌 조제프 골벤 튀오 드 라 부브리J.-G. Tuault de La Bouverie 의원은 크리옹이 발의한 내용을 다루어야 한다고 제안했다. 그러자 크리옹은 "국회가 지금은 이 문제를 다룰 시기가 아니라고 판단한다면"이라고 말을 꺼냈다. 그러나 샬롱쉬르마른의 제3신분 대표 피에르 루이 프리외르P.-L. Prieur 의원은 크리옹의 말을 끊고서 이미 위대한 인물들이 어떤 사람을 뜻하는지 끝난 얘기라고 일축했다. 샤브루 의원은 영웅적 행위와 미덕이 위대한 인물의 특성이라면 생트주느비에브 같은 건물을 전국에 30개 세워도 부족할 것이라고 말했다. 크리옹은 샤브루의 말을 받아 방금 통과한 법에서 혁명이 일어난 뒤 사망한 위대한 인물에 대해서 규정했듯이, 데질이야말로 국가가 이러한 영예를 안겨줄 인물로 판단하지 않았느냐고 반박했다. 사방에서 의원들이 의사일정대로 회의를 진행하라고 떠들었고, 이렇게 해서 의원들은 오전회의의 의제인 상속문제를 다시 논의하기 시작했다.

그날 오후 4시 반에 국회의장은 의원들을 이끌고 회의실을 나섰다. 국회의 경비원들, 헌병대, 파리 국민방위군 분견대가 그들 앞에서 길을 열고 나아갔다. 그들은 쇼세 당탱 거리에 있는 미라보 자택의 이웃집에서 기다리다가 미라보의 유언집행인들의 기별을 받고 5시에 미라보의 집으로 들어갔다. 저명한 생물학자 장 바티스트 라마르크J.-B. La Marck와 국회의원 니콜라 프로쇼N. Frochot가 유언집행인 자격으로 기다리다가 그들을 영접했다. 생튀스타슈 성당 사제가 국회의장 트롱셰에게 인사하러 와서 예식에 대한 요구사항을 들었다. 관례상 국민방위군 대대장 네 명이 관포를 운반해야 격식에 맞을 텐데, 국회는 의원 네 명을 뽑아 그 일을 맡겼다. 6시에 운구행렬이 집을 나서 본당인 생튀스타슈 교회를 향했다. 파리 국민방위군 소속 척탄병 열두 명이 관을 들고 앞장섰고, 국회의원들이 따라갔다. 그 뒤로 파리 도의 행정관들, 시정부 요원들, 국민방위군들, 왕의 대신들, 퇴역군인들, 스위스인 병사 100명, 남녀노소 시민들이 슬픈 음악에 맞춰 행진해서 8시에 생튀스타슈 교회에 도착했다.

관행대로 미라보의 관을 성가대석의 닫집 아래 놓았다. 국회의장은 비서들을 거느리고 제단 아래의 성소에 앉았다. 의원들은 성가대석에 앉고, 다른 사람들은 중앙홀의 신도석으로 갔다. 모든 이가 자리를 잡은 뒤, 국회의장과 비서들이 차례로 교회등록부에 기록한 사망증명서에 서명했다. 장례식의 기도를 올리는 가운데 슬픈 분위기에 맞는 음악을 연주하고, 화승총부대가 몇 차례 총을 발사했다. 그랑주 바틀리에르 구의 시민 세루티가 국회의장의 허락을 받고 오노레 리케티 미라보를 기리는 추도사를 했다. 세루티는 자기 목소리는 작지만 유명한 인물의 관 앞에서 큰 소리로 슬픔을 토한다고 말을 시작했다. 그는 고대 로마의 입법가가 죽어가면서 "나는 애초에 진흙과 찰흙으로 건설되었던 로마를 대리석과 금속으로 건설했다"라고 마지막으로 남긴 말을 인용한 뒤, 미라보에게 말했다.

> 미라보 선생, 당신은 마지막 숨을 거두면서 이렇게 말했겠지요.
> "나는 프랑스에서 수많은 바스티유, 고등법원, 예속된 자들, 편견, 사슬
> 의 과중한 짐을 없애고, 그 대신 법과 애국 군대, 법을 따르는 법원들을
> 마련해주고, 교회를 개혁하고, 왕위를 확고한 기반에 올려놓았고, 나라
> 를 청렴하게 부활시키는 헌법도 만들어주었다."

국회의원들은 추도사를 듣고 일제히 박수를 친 다음 국회회의록에 기록
으로 남기고 인쇄해서 배포하기로 결정했다. 이제 생튀슈타슈 교회에서 모
든 행사를 마친 뒤, 운구행렬은 9시 15분에 생트주느비에브 교회를 향했다.
그들은 미라보의 집을 떠날 때와 같은 순서로 행진해서 11시 30분에 도착했
다. 국회의장은 비서들과 함께 성가대석에 자리를 잡더니 잠시 후 고인의 관
앞으로 나가 성수를 뿌렸다. 모든 국회의원이 차례로 그렇게 했다. 국회의장
과 비서들은 교회등록부에 시신을 안치했다는 기록에 서명했다. 그들은 그
날 낮에 제정한 시행령대로 관을 지하실에 안치한 뒤 자정에 헤어졌다.
　생트주느비에브 교회의 새 건물이 완공되기까지 거기에 안장할 위대한
인물들을 선정하는 작업이 몇 차례 있었다. 제일 먼저 마리 프랑수아 아루에
볼테르가 논의의 대상이 되었다. 볼테르는 1778년 5월 30일에 자기가 태어
난 파리에서 숨을 거두었다. 계몽사상가의 왕으로 살다가 계몽사상가의 신
으로 추앙받던 그가 죽자 생쉴피스 교회의 사제를 비롯해서 파리의 여느 사
제들은 모두 그의 시신을 받으려 들지 않았다. 그는 틈만 나면 가톨릭교를
'미신'이라고 조롱하고 "수치스러운 것을 짓뭉개버리자"고 했으니, 종교인

들이 싫어할 만했다. 그의 조카인 뱅상 미뇨 신부는 트루아 주교의 노여움을 살 각오를 하고 그의 시신을 마차에 태워 자기가 맡은 셀리에르의 시토 교단 수도원으로 모셔갔다. 신부는 그가 마차 안에서 잠든 것처럼 얼굴에 화장하고 가발을 씌워 남의 눈을 피했던 것이다.

그 뒤 혁명이 일어나서 수도원들을 국유재산으로 팔게 되었다. 1790년 11월 셀리에르의 수도원도 팔렸다. 파리에서 볼테르의 인척 조카로서 그의 마지막 숨을 받아준 빌레트 후작은 11월 9일 파리 코뮌 회의에 나가 볼테르의 유해를 파리로 옮기자고 제안했다. 빌레트는 11월 21일자 『83개 도에 보내는 파리 통신Courrier de Paris dans les 83 départements』에 실린 편지에서 참사회와 수도원을 폐지한 이상 생트주느비에브 교회를 가톨릭교의 예배장소로 쓸 이유가 없어졌기 때문에 이제 프랑스인들은 고대 그리스와 로마 사람들로부터 자유의 규범을 배운 대로 유럽에 본보기를 제공하는 뜻에서 그 건물을 '프랑스 팡테옹Panthéon français'이라 부르자고 제안했다. 그러나 그의 제안은 별로 주목받지 못했다. 그 뒤 트루아 지방의 자코뱅 클럽은 로미이 Romilly 읍 당국과 볼테르의 유해를 나눠 갖고자 했다. 셀리에르 주민들이 반대하면서 볼테르의 머리만이라도 자신들에게 남겨달라고 했다. 서양에서 유해를 나누는 일은 중세부터 있었다. 성인 반열에 오른 이의 유해를 교회들이 나눠 가지고 종교축일에 신도를 모으는 데 이용했다. 그러나 볼테르의 유해는 나누지 않았고, 5월 10일에 우선 로미이 쉬르 센 교회로 옮겼다. 5월 30일, 국회는 고생 의원의 발의를 토론에 부쳐 유해를 로미이 교회에서 파리의 생트주느비에브 교회로 옮기기로 의결했다. 유해를 파리로 옮기는 마차는 보라색 옷을 입힌 흰색 말 네 마리가 끌었다. 그 행렬은 7월 10일 일요일에 파리의 바스티유 광장에 도착했다. 파리 도 지도부는 11일 정오에 바스티유를 출발해서 생트주느비에브 교회의 미라보 유해 곁에 안장하겠으며, 만일 비가 오면 12일로 행사를 연기한다고 국회에 알렸다. 국회는 행사에 참가할 대표단의 의원들을 뽑았다.

5월 30일, 볼테르의 유해를 옮기는 문제를 논의하던 중, 낭시 출신의 프뤼농 의원이 생로슈에 안장된 『법의 정신』의 저자인 몽테스키외(샤를 루이 드 스공다, 바롱 드 라브레드 에 드 몽테스키외)의 유해도 옮기자고 제안했다. 샤브루 의원은 프뤼농 의원에게 반대할 의사는 없지만, 앞으로 이러한 문제를 계속 본회의에서 다룬다면 위대한 인물에게 본의 아니게 누를 끼치는 발언도 나올 위험이 있으므로 헌법위원회에서 다루기로 하자고 발의하면서, 프랑스에서 가장 위대한 법률가였던 로피탈L'Hôpital의 유해도 비날Vignal의 교회에서 파리로 옮기자고 제안했다. 그는 또한 계몽사상가로서 활동한 가브리엘 보노 드 마블리 신부도 옮겨야 한다고 말했다. 의원들은 프뤼농과 샤브루의 제안을 헌법위원회에서 검토하도록 했다. 그리고 8월 27일에는 파리의 선거인들과 문인 대표들 그리고 몽모랑시 시민의 대표들이 국회에 들어가 "『사회계약론』과 『에밀』의 저자인 장 자크 루소"를 위대한 인물로 규정하고 "프랑스의 팡테옹", 다시 말해 새로 지은 생트주느비에브 교회에 모시자고 제안했다. 의원들은 토론을 한 뒤 헌법위원회에서 이 문제를 더욱 깊이 연구하도록 의결했다.

8월 15일, 국회에서는 재정위원회의 세르농(옛 남작) 의원이 새로 짓는 생트주느비에브 교회의 건축비에 대해 말했다. 여기서 우리는 이 건축의 역사에 대해 알아볼 필요가 있다. 주느비에브는 파리 외곽의 낭테르에서 423년에 태어나 거의 90세에 파리에서 사망한 뒤 성인으로 추대받아 주느비에브 성인이라는 뜻의 생트주느비에브가 되었다. 이 여성은 외적의 침입으로부터 파리를 구했기 때문에 파리의 수호성인이 되었다. 주느비에브는 10대부터 기독교도가 되어 금욕주의를 실천했다. 프랑크족의 제1왕조를 열고 기독교도 아내 클로틸드의 영향을 받아 처음으로 기독교로 개종한 클로비스 1세는 베드로와 바울로의 두 사도를 기리는 '사도들의 수도원'을 지었고, 이들 부부는 모두 그 수도원 부속교회에 묻혔다. 주느비에브는 평소 그 수도원에 가서 기도를 했고, 죽은 뒤에는 클로비스 왕 부부의 곁에 묻혔다. 이렇게 해서 수도원 이름이 생트주느비에브 수도원이 되었고, 그 부속교회는 자연히 생트주느비에브 교회가 되었다. 이것이 앞에서 말한 옛 생트주느비에브 교회다.

1744년, 루이 15세는 오스트리아 황위계승전쟁에 직접 참가하다가 메스에서 심한 병에 걸렸다.* 사람이 이렇게 죽을지도 모른다고 두렵게 생각하면 평소 잘 믿지 않던 존재에게 매달리거나 갑자기 착하게 살겠다고 맹세한다. 루이 15세는 전장에 애첩을 데려갔기 때문에 벌을 받았다고 생각하는 사람들과 달리, 갑자기 "가장 독실한 기독교도"**로 되돌아가 도박을 걸었다. 원래 도박이란 불확실한 것을 얻기 위해 확실한 것을 거는 일이 아닌가? 그는 병이 낫기만 한다면 쇠락한 생트주느비에브 수도원 부속교회를 웅장한 건물로 바꿔주겠다고 맹세했다. 그리고 그는 건강을 되찾은 뒤, 새로 생긴 애첩 퐁파두르의 동생인 마리니 후작에게 그 맹세를 실현하라고 명령했다. 마리니 후작은 건축가 자크 제르맹 수플로Jacques Germain Soufflo에게 생트주느비에브 교회의 건축을 맡겼다.

수플로는 1758년부터 계획을 세우고 생트주느비에브 수도원 정원의 서

---

* 제1권 제2부 2장 "왕은 신성한 존재인가?" 참조.
** 프랑스 왕의 공식 칭호는 "가장 독실한 기독교도인 왕Le Roi très chrétien"이었다.

쪽 부분을 부지로 선정한 뒤 터를 다지기 시작했다. 마침내 1764년 9월 6일, 루이 15세는 초석을 놓았다. 그 뒤 공사는 돈 때문에 지지부진했다. 마리니 후작은 돈을 마련하려고 특별복권을 세 번이나 발행했다. 그래도 공사가 끝날 줄 몰랐고, 1774년에 루이 15세가 죽었다. 1778년에는 지진이 일어났지만 다행히 약간의 틈만 생겼을 뿐이었다. 그리고 1780년에는 수플로도 67년의 생을 마감했다. 그 일은 수플로의 제자인 장 롱들레가 이어받았다. 수플로의 계획은 고딕 양식을 적용해서 내부를 밝게 하는 것이었으나, 롱들레는 스승의 방식을 전부 받아들이지 않고 자기 나름대로 신고전주의 양식을 적용해서 공사를 진행했다. 프랑스 왕국의 재정상태가 악화될 만큼 악화된 1786년에 이르러 공사를 진척하기 어렵게 되자 빚을 내기로 결정했지만 목표액을 채우지 못했다. 혁명이 일어난 뒤에 국회에서 건축비용을 승인해주었지만, 파리 도는 아직도 나머지 비용을 마련하지 못해서 쩔쩔맸다. 건축공사에 동원한 다수의 노동자는 건물을 완성하기 위해 1791년 8월에도 계속 일하고 있었다. 그리하여 마침내 8월 15일 세르농 의원이 매달 얼마씩 나눠서 몇 달 동안만 돈을 지급하면 파리 도 지도부가 그 돈을 책임지고 관리할 수 있겠다고 제안했던 것이다.

세르농은 그동안 건축비용이 너무 오르지 않았나 걱정하는 사람들이 있지만, 도 당국이 건축을 마무리 짓도록 임무를 준 위원들은 앞으로 80만 리브르 이하의 경비가 필요하다고 보고했기 때문에, 재정위원회는 국회가 파리 도 지도부에 매달 5만 리브르씩 단 3개월 동안만 쓸 수 있게 허락해주면 문제를 해결할 수 있으리라고 생각한다고 말했다. 의원들은 재정위원회가 제안한 액수를 반으로 줄이자는 제안을 놓고 잠시 논의했지만 결국 원안대로 통과시켰다. 그것은 이제 3개월 동안 모두 15만 리브르를 더 들여서 생트주느비에브 교회의 새 건물을 완공한다는 뜻이었다. 그러나 9월 27일에는 10월에도 5만 리브르를 지불하도록 안을 다시 한번 수정했다. 건물을 완공하는 시기는 언제일지 기약이 없었다. 헌법을 제정하고 입법의회가 들어선 뒤에도 건축에 종사하는 노동자들이 일을 계속하게 지원해달라고 탄원했던 것이다.

우리는 돈이 개입된 문제에 비리가 생긴다는 사실을 잘 안다. 8월 15일, 베지에의 종교인 대표로 국회의원이 된 장 루이 구트 신부는 원칙적으로 재정위원회가 건축비를 계속 지급하도록 허락하자는 안에 반대할 의사가 없음을 분명히 밝히고 나서, 건축물을 관리하고 운영할 때 거듭 발생할 수 있는 병폐를 함께 논의할 필요가 있다고 제안하고 그 이유를 설명했다. 오래전부터 생트주느비에브의 새 건물을 건설하는 동안 자행된 수많은 부정을 뿌리 뽑으려고 노력했지만 별 성과가 없었다. 건축가들은 자기 이익에만 눈이 어두워 하루에 겨우 30수씩 받으면서 일하는 노동자들에게 일거리를 주지 않고 공사를 질질 끌었다. 그리고 설비와 마감재, 마무리 공사에 필요한 비용도 실제보다 부풀려 청구하고 있는 실정이니, 국가의 재산을 이런 식으로 낭비하지 않도록 대책을 마련해야 한다. 파리 문안에서 제3신분 대표로 뽑힌 피에르 위베르 앙송 의원은 파리 도 지도부가 건축사업을 가장 경제적으로 수행할 방법을 다각도로 연구했으며, 지난 7월 이후 한 푼도 횡령할 수 없도록 조치한 것으로 안다고 말했다. 그는 구트 의원에게 혹시 따로 알고 있는 비리가 있다면 즉시 파리 도에 고발해주면 조치해줄 것이라고 말했다. 비리문제는 끊이지 않았다. 1792년 3월 4일에 '프랑스 팡테옹' 건설업자의 비리문제에 대한 청원서가 국회(입법의회)로 날아들었던 것이다.

생트주느비에브 교회의 새 건물을 완공하려고 의원들이 논의하는 동안,

어느 틈엔지 그 건물을 '프랑스 팡테옹'이라는 새 이름으로 부르기 시작했다. 고대 그리스와 로마는 다신교 국가였기 때문에 모든 신을 중시했고, 그들을 모시는 신전을 '판테온(범신전)'이라 불렀는데, 프랑스 혁명의 지도자들은 지난해 11월 하순에 빌레트 후작이 제안했던 대로 그 이름을 새 교회에 붙였던 것이다. 그 건축의 완공이 가까운 시기에 죽은 미라보를 그곳에 안장하는 문제에서 시작해 여타 위대한 인물들에게 조국이 감사하는 뜻을 전하는 방법을 논의하는 가운데 유일신교 건축물은 다신교 건축물로 세례를 받게 되었던 것이다. 이러한 일은 가톨릭교의 지위가 국교에서 하나의 종교로 낮아지는 문화적 변화 속에서 일어났다. '조국'은 그때까지 존재하지 않았던 방식으로 '프랑스 팡테옹'을 채워나가기 시작했다. 프랑스와 인류에 귀감이 될 만한 '위대한 인물들'이 거기에 들어갈 수 있는 전통을 1791년 4월 이후에 만들기 시작했던 것이다.

왕의 도주와
파국

제 2 부

1
혁명과 가톨릭교회의 분열

이 제목은 혁명으로 가톨릭교회가 분열되었다는 뜻과 혁명에 가톨릭교회가 등을 돌렸다는 이중의 뜻을 담았다. 첫째 뜻으로는 국회가 '성직자 시민헌법'을 제정하고 거기에 맹세를 시킬 때, 주교급의 고위성직자는 아주 소수만, 사제와 보좌신부의 하위성직자는 겨우 절반 이상(구체제의 6만 명 가운데 3만 명 이상)만 맹세했기 때문에 종교인뿐만 아니라 그들을 추종하는 신도들도 갈라지게 된다는 것이다. 둘째 뜻으로는 프랑스에서 일어나는 종교계에 대한 혁명을 보는 교황 비오 6세의 반응을 생각할 수 있다. 아비뇽 주민들이 교황령에서 이탈해 프랑스에 자발적으로 합병되기를 원하는 과정을 지켜봐야 하는 교황 비오 6세의 심정은 착잡했으며,* 게다가 수도원을 폐지하는 것으로도 모자라 자신을 정점으로 하는 기독교 세계에 속한 프랑스 종교인들을 시민들의 투표로 뽑고 국가가 관리하는 법을 시행하는 것을 보면서 심하게 분노했다. 그가 이미 프랑스 인권선언을 비난했듯이, 성직자 시민헌법에 대해서도 루이 16세에게 친서를 보내는 데 그치지 않고 교서를 발표해서 공식적으로 프랑스 혁명을 비난했다. 그것은 자기가 지배하는 가톨릭세계에서 이탈자를 방지하려는 의지의 표현이었다.

혁명이 일어난 뒤, 루이 16세는 교황청 대사로 나간 베르니 추기경cardinal de Bernis을 통해 교황을 안심시켰다. 페르낭 무레F. Mourret가 인용한 그의 편

---

* 제4권 제1부 4장 "아비뇽 합병 문제" 참조.

지를 보면, 그가 교황 비오 6세를 만족시키려고 노력하는 모습이 보인다.

"나는 기독교도이자 교회의 맏아들로서 조상의 종교, 로마 교회와 단결, 사제들에 대한 존경이 조금이라도 상처를 입지 않도록 세심하게 감시하겠습니다."

그러나 루이 16세의 코가 석 자나 되는데 어찌 그 약속을 지킬 수 있으랴! 더욱이 시간이 지날수록 1790년 11월 27일에 국회가 통과시키고 한 달 뒤에 루이 16세가 승인한 종교인의 맹세에 관한 법은 사실상 양심의 문제로 괴로워하는 종교인들을 박해하는 법이 되었다. 그것은 맹세를 하는 기한이 끝나는 1월 4일부터 그렇게 나타났다. 그레구아르 신부, 리케티 미라보, 바르나브가 차례로 맹세에 대해 문제를 제기하고 모리 신부 같은 사람들이 계속 반대했지만, 마침내 국회의장 에므리는 "지난 11월 27일의 시행령에 따라 국회의원인 종교인들의 이름을 하나하나 부를 테니 맹세를 할지 말지 대답하라"고 말했다. 이제부터 140명 정도의 종교인 의원들은 굴욕적으로 양심의 검증을 받을 것이었다. 그리고 실제로 가나다순으로 호명하기 시작했다. 아장Agen의 주교를 부르니 뒤송 드 보나크가 일어나 곤혹스럽게 말문을 열었다. 그는 할 말이 있다고 했지만, 사방에서 말은 필요 없고 그저 맹세할지 말지만 빨리 결정하라고 다그치는 소리를 들어야 했다. 이처럼 한 사람씩 이름을 불러 '헌법'을 준수할 의지가 있는지 묻는 것은 양심에 비수를 들이대는 것과 같았다. 대대로 유대교도였다가 17세기 말에 가톨릭교로 개종한 가문에서 태어난 의장은 중간에 개입해서 성직자 시민헌법이 영혼의 문제와 상관없기 때문에 오직 맹세만 하면 된다고 촉구했다. 그럼에도 몇몇 종교인은 자기 입으로 영적인 문제에 대해 조건을 달면서 겨우 맹세를 했다. 그들은 그렇게라도 하면서 양심의 부담을 벗어나고 싶었을 것이다. 무조건 맹세한 의원은 네 명이었다. 5시경 의장은 마지막으로 맹세할 사람이 있는지 물었지만 아무도 일어나지 않았다.

결과적으로 주교와 대주교급 의원 44명 가운데 두 명(탈레랑과 고벨)만이 맹세했고, 사제들은 절반 정도만 맹세했다.

교황 비오 6세는 프랑스의 주교급 의원들이 대부분 '변절'하지 않은 소식을 듣고 그나마 안심할 수 있었다. 그는 얼마 전부터 성직자 시민헌법을 비판하는 교서를 준비하고 있었는데, 이제 그것을 반포할 시기가 무르익었다고 판단했다. 그는 개별적으로 툴롱의 주교에게 편지를 보내 혁명에 저항하는 용기를 북돋아주거나, 로메니 드 브리엔 추기경같이 맹세한 사람에게는 당장 철회하지 않으면 자격을 빼앗아버리겠다고 으름장을 놓았다. 그리고 그는 3월 10일과 4월 13일에 각각 교서를 반포해서 성직자 시민헌법을 공식적으로 비난했다. 첫 번째 교서는 프랑스 국회의 주교급 의원들에게 보내는 것으로서 성직자 시민헌법의 원칙과 조항들을 철저히 파헤치는 내용이었다. 그는 헌법에서 발견한 교권이 군주들의 권위에 의존한다는 원칙과 교회 지도자들을 인민이 선출하는 원칙을 모두 이단이라고 비난했다. 그는 그레구아르 신부처럼 교리와 지도를 구별하는 것에 반대하면서 두 가지는 하나일 뿐이라고 했다. 결국 교황은 방대한 왕국의 모든 주교구를 뒤집어엎는 법 그리고 루터와 칼뱅처럼 사제를 선출한다는 잘못을 저지르는 법을 인정할 수 없다고 선언했다. 그리고 두 번째 교서는 프랑스의 모든 신도에게 보내는 교서였다. 교황은 이 교서에서도 성직자 시민헌법이 이단이라고 말하면서, 앞으로 자신이 인정할 수 없는, 따라서 불법으로 뽑고 부정하게 축성한 가짜 사제들이 행사하는 어떠한 권한도 무효임을 선언했다. 그리고 교황은 그때까지 잘못된 점을 바로 고치려는 의지로 너그럽게 일정한 유예기간을 주어 한때

나마 길을 잃었던 모든 사제와 신도들에게 자기 품으로 되돌아갈 기회를 주었다.

3월 13일 일요일, 파리의 자코뱅 클럽에는 며칠 전 스트라스부르의 주교로 뽑힌 프랑수아 앙투안 브랑델이 방문해서 연설했다. 그는 신학박사이며 1768년부터 스트라스부르 대학교에서 교회법을 가르친 사람으로서 1차 투표에서 절대다수의 지지를 받아 주교로 뽑혔다. 그를 뽑는 선거에서 어떤 선거인은 선거인단에 개신교도가 있으니 그 문제를 해결하고 선거를 진행하자고 주장했지만, 다른 사람들은 개신교도를 뽑은 사람들이 바로 가톨릭신도들이며, 선거인들은 민의를 거스를 권한이 없으므로 그냥 맡은 일이나 잘하자고 했다고 한다. 새 주교 브랑델은 혁명으로 프랑스가 새로 태어나고 있는 이때 국민의 행복을 시기하는 적들이 온갖 방해공작을 하면서 조국과 자유 사이에 벽을 쌓으려고 노력한다고 개탄했다. 그는 스트라스부르에 돌아가는 대로 온화한 태도로 사람들을 설득하고 민중을 교화시켜 혁명을 더 빨리 완수하는 동시에 새로운 헌법의 장점을 한시바삐 정착시키는 임무를 완수하겠다고 선언했다. 그는 파리 자코뱅 클럽의 회원이 되었다. 그날, 탈레랑 다음으로 헌법에 맹세한 리다의 주교인 장 바티스트 조제프 고벨이 파리의 주교로 뽑혔다. 파리 선거인단은 먼저 탈레랑과 시에예스에게 주교가 될 의사가 있는지 타진해봤지만 두 사람 모두 사양했기 때문에 고벨이 뽑힌 것이다. 그도 자코뱅 클럽에 나와 연설했다. 그는 앞으로 클럽에 가끔 들러 헌법의 진정한 원리를 얻어가고, 법을 사랑하는 정신을 배워 공공의 질서를 유지하고 인민을 행복하게 만들겠다고 다짐했다. 새로 뽑힌 주교들이 자코뱅 클럽에서 환영받고 그에 화답하는 연설을 한 뜻은 무엇일까? 그것은 무엇보다도 파리 자코뱅 클럽과 지방의 자매 클럽들이 자신들을 대변해줄 사람을 뽑을 만큼

세력을 키웠다는 뜻이다.

이렇게 교황의 교서가 나왔지만 프랑스 국회나 정치 클럽들은 헌법을 지키고 그 시행령에 맞춰 종교인 공무원을 선출해나갔다. 그렇다면 교서는 아무런 영향을 끼치지 못했을까? 그렇지 않다. 그동안 눈치를 보다가 할 수 없이 맹세하거나, 자기 행위가 영혼의 문제와 상관이 없다는 전제를 달고 시민으로서 맹세할 수밖에 없음을 강조했던 종교인들이 철회하는 사례가 늘어났다. 그들은 교황의 교서를 빌미로 자신의 맹세를 철회하고 무겁게 양심을 짓누르던 짐을 벗어버렸던 것이다. 그러므로 국회의원들 가운데서도 100여 명이 무조건 또는 조건부로 맹세했지만, 나중에 맹세를 철회하여 250명 가운데 단 99명만이 남았다. 옛날의 고위직 종교인 가운데 외국으로 망명하는 사람이 늘었다. 1789년에 폭풍처럼 휘몰아친 농촌의 소요사태가 종교인의 재산 매각처분과 봉건적 부과금의 폐지정책 덕에 잠잠해지는가 싶었는데, 이제 종교인의 분열과 함께 비선서 사제에 대한 박해가 농촌을 내란으로 몰아가는 분위기를 조성했다.

2
4월은 수구파에게
잔인한 달이 되다

3월이 지나고 4월이 되자 왕당파의 입지가 더욱 좁아지고 혁명은 급진적인 성격을 더해갔다. 4월 9~16일자 『파리의 혁명』*에서는 '왕의 신성성'에 대해 문제를 제기했다. 신성성은 왕위를 세습하기 때문에 생긴다. 그런데 프랑스를 비롯한 여러 나라에서는 망나니들도 대를 이어 가업에 종사한다. 망나니의 아들은 다른 직업을 구하려 해도 선택권이 없기 때문에 불가능하다. 그것은 일종의 벌이다. 왕의 가족들도 똑같은 벌을 받는다. 왕세자로 태어난 아이는 반드시 왕이 되어야 한다. 선택의 여지가 없이 왕이 된 사람이 잘못을 저지르면 어떻게 할까? 자신이 선택하지 않은 자리에서 잘못을 저지른 사람에게 그 책임을 물을 수 있는가? 사형집행인은 법적 살인을 저지르고도 무죄다. 그는 임무를 수행했기 때문이다. 그러나 만일 주인이 직접 할 수 없는 일을 하인에게 맡겼을 때, 하인이 제대로 처리하지 못했다면 누구에게 책임을 물어야 할까? 이 경우는 주인과 하인이 모두 똑같이 책임을 져야 할 것이다. 왕이 모든 것을 다 보고 듣고 행할 수 없기 때문에 여러 대신과 장군을 임명하는데, 그 때문에 일이 잘못될 경우 왕과 그가 임명한 사람들이 모두 책임을 져야 한다는 뜻이다.

한걸음 더 나아가 『파리의 혁명』은 이렇게 주장했다. 정신적으로 또 육체적으로 악행을 저지르거나 명령할 수 없는 상태에 있는 사람에게는 신성성을 인정해주어도 아무런 위험이 없다. 그런데 왕은 거부권을 행사하고, 전쟁이나 평화를 선포할 수 있으며, 대신이나 장군을 임명할 수 있다. 그 때문에 모든 종류의 형벌을 받아 마땅한 반역죄를 저지를 상황이 올 수 있다. 왕이 거부권을 행사해서 정말 필요한 법을 막는다면, 그 폐해가 고스란히 국민에게 돌아가며, 전쟁을 선포할 권한을 행사하면 10만 명의 목숨이나 영토의 한 부분을 잃을 수 있다. 그리고 왕이 대신과 장군도 지명하지 못하게 해야 한다. 이들이 온갖 잘못을 저지를 수 있기 때문이다. 게다가 세습적이고 신성한

---

* 루이 마리 프뤼돔이 발행하던 『파리의 혁명』의 기사를 도맡아 쓰다시피 했던 엘리제 루스탈로가 1790년 9월 19일에 죽은 뒤에도 그 신문에서는 논조가 별로 바뀌지 않았다.

왕정은 귀족정을 바탕으로 선 것이다. 그들이 인민에게 저지른 악행은 세계사의 모든 부분을 피로 물들였지만, 지금까지 비겁한 역사가들은 이러한 진리를 제대로 밝히지 않았다. 이 기사의 핵심을 한마디로 요약하자면, 신성한 존재란 신 이외에 없다는 것이다.

4월이 되면서 루이 16세는 자신을 위해 봉사하기로 했던 미라보를 잃었고, 얼마 지나지 않아 그 시대에 가장 성공한 신문은 왕의 신성성을 빼앗을 때가 되었다고 주장했으니, 과연 왕에게 4월은 지난달보다 더 잔인한 달이 되고 있었다. 더욱이 성직자 시민헌법에 맹세하지 않은 사람들과 '군주제 헌법의 친구들 협회'가 박해를 당하고, 왕은 튈르리 궁에서 생클루 궁으로 가서 며칠 쉬려고 했지만 사람들이 마차 앞을 가로막는 바람에 그 계획을 접어야 했다. 이 장에서는 이러한 사건을 통해 혁명이 더욱 급진화하는 과정을 살펴보려 한다.

비선서 종교인들에 대한 박해

4월 초에는 비선서 종교인들이 은근히 사람들을 부추기는 사례가 늘었다. 파리 시정부는 그들이 '광신'의 불씨를 되살리려 한다고 보았다. 그들이 별로 성공하지 못하자 수녀원과 여신도회 같은 곳으로 방향을 바꾸거나 자신들의 수도원 안으로 숨어들었다. 그들은 수녀와 여신도들을 부추겨 그들이 가르치는 어린이들을 혼란스럽게 만들게 했다. 한마디로 그들의 부모들은 교황의 권위를 인정하지 않으며, 성직자 시민헌법에 맹세한 사제들이 해준 성사는 모두 무효라고 가르치게 했던 것이다. 집에서 아이들의 말을 들은 부모들은 화가 났다. 특히 아낙들이 화가 나서 7일 목요일에 생탕투안 거리와 문밖에 있는 여러 여성 종교인 공동체로 찾아가 소란을 피웠다. 여인들은 교회 밖에서 만난 남녀 신도들에게 반혁명의 악마가 씌웠다고 하면서 채찍으로 마구 때렸다. 여인들은 수녀와 여신도들의 치마를 걷어올리고 엉덩이를 때렸다. 그 광경을 본 뭇 남성이 낄낄대며 웃고 놀려댔다. 국민방위군이 그곳에 몰려가 매를 맞는 사람들의 치마를 내려주었다. 파리 시정부는 군중이 공개적으로 체벌하는 사례가 빈번히 발생하여 더욱 격렬한 시위로 바뀌지 않을까 두렵게 생각한 나머지 민중의 체벌을 금지하는 포고문을 반포했다. 시정부는 수녀들의 교회에 일반인이 들어가지 못하게 하고, 그곳을 원래의 목적에 맞게 그들만의 사사로운 기도실로 보호해주었다.

앙투안 조제프 고르사스는 『83개 도의 통신Courrier des 83 départements』* 4월 8일자에서 "참으로 창피한 일이다Proh pudor! 파리의 모든 거리에는 '매 맞은 엉덩이 목록'을 판다는 점잖지 못한 소리가 울려 퍼졌다"고 하면서 그때까지만 해도 혁명에서 한몫한 것은 사람들의 목을 자르거나 매단 얘기뿐이었는데, 이제는 엉덩이 얘기까지 나온다고 썼다. 군중은 여섯 군데의 공동체에 난입해서 311명의 엉덩이를 때렸는데, 한 명의 엉덩이는 한 쪽뿐이라서 정확히 621개 엉덩이에 채찍질을 했다고 친절하게 설명했다. 1665년 교육에 헌신하겠다고 맹세한 미라미옹 부인Madame de Miramion의 이름을 따서 생긴 수도회 미라미온Miramiones에서는 30명이 일렬로 늘어서서 엉덩이를

---

* 고르사스가 발행한 신문의 이름은 계속 바뀌었다. 1789년 5~10월에는 『베르사유에서 파리로, 파리에서 베르사유로 보내는 통신Le Courrier de Versailles à Paris et de Paris à Versailles』이었던 신문은 1790년 8월 초까지 『파리에서 지방으로, 지방에서 파리로 보내는 통신Le Courrier de Paris dans les provinces et des provinces à Paris』, 8월부터 『83개 도에 보내는 파리 통신Le Courrier de Paris dans les 83 départements』, 1791년 3월 1일부터는 『83개 도의 통신』이 되었다. 독자는 혼동하지 않기 바란다.

맞았는데, "그것은 실로 장관이었다." 바크 거리의 프란치스코파 수녀원에서는 60명이 누렇고 앙상한 엉덩이를 드러냈는데, "곰팡 슨 호박을 보는 것 같았다." 16세기에 예수의 소중한 피를 숭배하는 '소중한 피의 수녀회Filles du précieux sang'는 별로 해를 입지 않았지만, 사람들은 눈처럼 하얗고 통통한 엉덩이를 보았다. 그들에게는 매를 때리는 시늉만 했는지 피를 한 방울도 흘리지 않았다고 한다. 그리고 어떤 시민은 파리에서 가장 아름다운 엉덩이를 때리는 광경을 보았다고 말했다. 생쉴피스, 생로랑, 생트마르그리트, 마들렌, 생제르맹 로세루아의 여러 소교구의 애덕수녀회 소속 수녀들도 예외는 아니었다. 그들의 엉덩이는 두더지처럼 시커멓고 못생겼으며 진흙투성이같이 지저분했다. 특히 그들은 부활절이 다가오는데 자신들의 권한을 남용해서 어린이들에게 그릇된 교육을 시켰다. 17세기 초 베네딕투스회 신도의 가문이 세운 갈보리(골고타) 수녀회는 이 사건을 겪은 뒤 '조자파트 계곡의 수녀회 Filles de la vallée de Josaphat'라는 불명예스러운 이름을 얻었다. 기독교인들은 이 계곡에서 최후의 심판을 받는다고 생각했기 때문이다. 이렇게 신문은 아직까지도 대부분의 사람이 불평등을 자연스럽게 생각했을 그 시대의 편견을, 즉 여성 비하의 시각을 서슴지 않고 드러냈다.

이 사건으로 파리 시정부, 도 지도부, 국민방위군은 물론 국회와 정부(왕과 내무대신)도 관심을 가졌다. 파리 도 지도부는 다수의 남녀 수도원, 교회, 참사회를 폐지했다. 남성 관련 단체 42곳, 여성 관련 단체 98곳이 폐지되었다. 그러나 종교단체가 운영하는 병원(29곳)과 감옥(5곳), 일부 참사회(10곳), 그리고 신학교(9곳)는 건드리지 않았다.

군주제 헌법의 친구들 협회에 대한 박해

파리 귀족 출신 의원인 스타니슬라스 드 클레르몽 토네르(옛 백작)는 새로운 협회를 구상했다. 그렇게 해서 1790년 11월 중순에 '군주제 헌법의 친구들 협회'가 탄생했고, 공식 기관지인 『군주제 헌법의 친구들 협회보Journal de la Société des Amis de la constitution monarchique』가 12월 18일부터 나왔다. 이 협회는 11월 17일에 왕이 누리는 헌법상의 정통성과 군주제 헌법에 반대하는 모든 시도를 배격한다는 의도와 원칙을 모든 시민이 참여하는 공개회의를 통해 판단할 수 있게 한다고 의결했다. 그리고 협회는 파리 시장에게 자신들의 조직에 대한 선언문을 보냈다. 그들은 의사표현의 자유를 규정한 인권선언과 새로운 협회나 클럽을 결성할 때 파리 시정부 관리들에게 알려야 한다는 시행령을 준수해서 팔레 루아얄 근처의 샤르트르 거리에 있는 '팡테옹'이라는 건물에 본부를 둔다고 신고했다. 그들은 국회가 제정하고 왕이 받아들이거나 승인한 법에 복종한다는 사실을 강조하면서, 앞으로 자신들이 평화를 해치지 않는 한 공권력의 보호를 받을 수 있으리라고 기대한다고 했다. 처음에는 회원이 600명이나 되었는데 몇 주가 지나면서 기껏해야 절반 정도만 남았다. 이 협회는 보지라르 거리 17번지에 있는 아르망과 데누아예, 이 두 사람이 소유한 집에서 모였으며, 클레르몽 토네르가 회의를 주재했다. 회원들 가운데 국회의원들도 있었지만 별로 자신을 드러내지 않아서 정확히 누가 회원이 되었는지 파악하기 어려웠다. 회의장소는 클레르몽 토네르의 저택 바로 옆집이었고, 회원들은 그 저택의 정원을 지나 회의장에 접근했다.

클레르몽 토네르와 친구들은 초기에 집회와 거기서 하는 연설에서만 행동지침을 전파했기 때문에 그들의 반대파를 조금도 자극하지 않았다. 그러나 점점 혁명에서 멀어지는 사람들에게 영향을 미치려고 노력하면서, 인민의 후원자 노릇을 하겠다고 생각했다. 그리하여 12월 18일의 회의에서 협회는 파리의 가난한 주민들에게 빵 1리브르(약 500그램)에 1.5수로 공급해주는 기금을 마련하기로 결정했다. 이렇게 가난한 사람들을 후원하는 일을 한다 해도 언론인들은 그들을 흘겨보고 있었다. 고르사스는 12월 20일자 『83개 도에 보내는 파리 통신』에서 얼마 전에 설립된 군주제 헌법의 친구들 협회의 의도가 헌우회를 비롯한 혁명적 클럽을 뒤집어엎는 데 있다고 썼다. 그리고 프뤼돔의 『파리의 혁명』(1790년 12월 18~25일)은 그 협회가 '89년 클럽'의 재탕이라고 말했다. 12월 29일에 나온 『애국자 협회보 *Journal des clubs ou sociétés patriotiques*』(7호)는 그 협회의 이름에서 헌법에 군주제라는 수식어를 붙인 것이 수상하다고 했다. 이렇게 가식적인 이름 뒤에서 왕의 외투를 걸치려는 귀족들의 알몸을 보았다고 비판했다. 헌우회에서도 바르나브나 르모니에 같은 회원들이 이 협회(일명 팡테옹 클럽 le Club de Panthéon)를 계속 고발했다. 장 루이 카라는 『애국문학연보 *Annales patriotiques et littéraires*』(12월 27일)에서 이 협회에는 "파리에 사는 온갖 탕아, 사기꾼, 노름꾼, 모사꾼, 구체제 지지자들"이 모였다고 악평을 했다.

'군주제 헌법의 친구들'은 초기에는 언론에서만 공격을 받았기 때문에 별로 걱정할 일이 없었지만, 점점 자코뱅 클럽과 코르들리에 클럽에서 고발을 당하고, 그 소식이 파리의 모든 구로 전파되자 시련을 겪기 시작했다. 12월 28일, 옵세르바퇴르(천문대) 구 section de l'Observatoire는 긴급회의를 열고 그 협회가 위헌적인 존재이므로 더는 두고 볼 수 없다고 하면서, 무엇보다도 그 협회의 직인을 찍은 증표를 가지고 빵집에 가면 500그램에 1수를 내고 빵을 살 수 있도록 한 것이 위험한 일이라고 성토했다. 구민회의는 그 협회가 가난한 사람들에게 끼칠 영향을 막겠다는 의지를 보여주었다. 한마디로 혁명에 동참할 사람들을 그 협회가 먹을 것으로 꾀어 반혁명의 원리로 세뇌하는 것을 위험하다고 판단했던 것이다. 그 밖에도 여러 구가 그 협회에 대해 문제를 제기했다. 특히 튈르리 구에서는 그 협회가 이미 여러 번이나 이름을 바꿔가면서 사람들을 속였다고 고발했다. 그 협회는 '생토노레의 카푸친회 클럽', '살롱 프랑세 협회'로 이름을 바꾸면서 이리저리 회의장소를 옮겼지만 사방에서 쫓겨난 전력을 가졌다는 것이다. 튈르리 구민들은 그 협회가 엑스, 페르피냥, 리옹 같은 곳에서 사람들을 두렵게 만든 '왕의 친구들', '성직자의 친구들' 같은 성격이기 때문에 경계했다. 이러한 공격을 받으면서 그 협회의 설립자 클레르몽 토네르는 "자코뱅 클럽의 전제주의"에 끝까지 맞서겠다고 공공연히 다짐했다. 그 협회는 처음에 결의했던 대로 가난한 사람들에게 빵을 싸게 공급해주고, 국회와 왕을 헐뜯는 중상비방문 작가들을 고발하는 일을 계속하겠다고 다짐했다.

1791년 4월 14일, 그동안 온갖 비판과 공격에 시달리던 그 협회는 파리 시정부에 탄원서를 제출하여 법대로 처리해달라고 요구했다. 그들은 자신들을 부당하게 공격하는 자들이 가난한 사람들에게 빵을 싸게 공급하는 것이 위험하다는 핑계를 내세우지만 실은 자신들이 중상비방문 작가들을 고발하지 못하게 막으려는 속셈을 드러냈다고 분석했다. 그리고 그것은 무엇보다도 자코뱅 클럽이 자신들의 폭정을 감추려는 의도로 구민들을 부추겼기 때문이라고 분석했다. 자코뱅 클럽은 민중을 부추겨 '군주제 헌법의 친구들 협회'는 물론 그 협회가 빌린 건물인 '팡테옹'의 소유주도 협박했다. 그 협회는 그동안 회의를 하면서 아무런 물의를 빚지 않았는데도 적들(특히 자코뱅 클럽)의 협박을 받자 시정부에 몇 차례 탄원해서 무사히 회의를 열 수 있는 법적 조치를 얻어냈다. 그럼에도 자코뱅 클럽에 매수당한 언론인들은 그 협회를 계속 못살게 굴었다. 그래서 그 협회는 '팡테옹'에서 '복살 데테Vaux-Hall d'été'로 회의실을 옮겨야 했다.* 그 협회는 자코뱅 클럽과 국회에서 여러 차례 고발당했고, 임원들도 생명의 위협까지 받았지만, 아무 일 없었던 듯이 진리만을 밝히고, 가난한 사람들에게 빵을 싸게 지급하는 활동을 계속했으니 파리 시정부에서는 자신들을 음해하는 세력에 대해 제재해주기 바란다고 했다. 그 협회는 시정부가 자신들을 홀대한다는 사실을 상기시켰다. 3월 15일에 시정부에 보낸 편지의 답장을 기다리다 못해 24일에 다시 보냈는데, 28일에야 첫 번째 편지에 대한 응답을 받았으며, 시정부는 그 협회의 주소를 몰라서 답이 늦었다는 설명을 덧붙였다고 밝혔다.

그들은 29일에 또다시 자신들의 처지를 자세히 설명하고, 특히 전날인 28일 하루 동안 자신들을 부당하게 공격한 자들에게 법적 제재를 해달라고 탄원하면서 몇 가지 사례를 적시했다. 탄원서는 회원 개인이나 협회 건물에 대한 폭력을 다음과 같이 나열했다. 협회의 노인 회원 한 명은 거의 30명의 공격을 받아 쓰러지고 밟혀 피를 흘리고 회중시계를 빼앗겼으며, 또 어떤 회원은 회의장 입구에서 척탄병에게 욕을 먹고 생명의 위협을 당한 뒤 지팡이 칼을 빼앗겼고, 또 어떤 회원은 여러 명에게 둘러싸여 구박받은 뒤 수비대 초소로 끌려가 다섯 시간이나 갇혀 있다가 겨우 풀려났다. 또 사람들은 협회 사람들이 절대왕정을 지지하는 흰색 표식을 달고 법을 무시한다고 선동하며,

---

* 17세기에 런던에 생겼다가 1732년에 다시 문을 연 오락장이었다. 노르망디 출신의 프랑스인 풀크 드 브레오테Foulques de Bréauté(영국식으로 Falkes de Bréauté)가 열었기 때문에 '폭스 홀 Falkes' Hall'이라 부르다가 발음이 비슷한 '폭스 홀Fox Hall'로 와전되었다. 프랑스에서도 이러한 공원식 오락장을 모방해서 '복스 홀Vaux Hall'을 개장하고 '복살'이라 불렸다. 여름에 개장하는 복살 데테와 겨울에 개장하는 복살 디베르가 있었다.

한 집단이 협회 건물에 난입해서 격자창과 샹들리에를 부수고 초와 회중시계와 함께 여러 가지 물건을 훔쳐갔지만, 국민방위군이 나타나 회원들을 보호해주기는커녕 위협했다. 협회는 그동안 시정부에 이러한 문제를 해결해달라고 몇 번 요청했지만 아직도 정의가 실현되지 않고 있으니, 지금이라도 시정부는 부디 법으로 그들을 처벌해주기 바란다고 호소하면서 다음과 같이 말을 맺었다.

우리는 법을 조금도 어기지 않았지만, 우리의 적들은 무거운 죄를 저질렀습니다. 우리는 자치정부의 의도를 항상 존중하지만, 가장 비굴한 백성들은 폭군의 의지에 무조건 복종합니다. 우리는 지난해부터 줄곧 우리의 권리를 희생했습니다. 우리는 지금 여러 상황이 어렵다는 사실을 잘 알고 있습니다만 어느 날 시정부 당국이 그것을 극복해내리라 믿습니다.

협회의 청원서가 군중의 무자비함보다 시정부의 태만을 질책하고 있음을 본 파리 시정부는 4월 16일에 두 가지를 의결했다. 첫째, 군주제 헌법의 친구들 협회는 자신들을 박해한 사람들을 처벌해달라고 법원에 직접 호소할 것, 둘째, 시정부의 조사위원회는 4월 20일까지 지난 1월 31일 이후의 활동을 상세히 보고할 것. 이렇게 해서 조사위원회는 파리의 모든 구에서 협회를 고소한 사실에 대해 자신들이 계속 입을 다물고 있다고 비난을 받았지만, 협회를 비난할 어떠한 근거를 찾을 수 없었다고 솔직히 말해서 고소인들을 실망시키는 대신, 협회에 대한 무한한 의심을 그대로 놔두는 편이 낫겠다고 판단해서 가만히 있었다는 취지로 보고했다. 이처럼 파리의 구민들은 군주제 헌법의 친구들을 반혁명세력으로 생각하면서 회의장 앞에서 만나면 욕하고 위협하고 소지품을 빼앗았으며, 때로는 협회 건물로 들어가 마구 부수거나 물건을 가지고 나왔다. 협회는 시정부에 이 같은 박해를 막아달라고 여러 번 청원했지만, 시정부는 결국 직접 법원에 소장을 제출하라고 의결하면서 직접 개입하지 않았다. 협회는 그럭저럭 6월까지 박해를 견디면서 자신들의 의지대로 버텼다. 그러나 6월 하순에 왕이 가족과 함께 튈르리 궁에서 탈출한 날부터 협회는 활동을 할 명분이 사라졌다. 왕이 국민과 국가를 배반한 이상, 왕에게 충성하겠다는 협회의 행동강령은 반역이었기 때문이다.

3
부활절을 앞두고
일어난 일

1791년의 사순절은 '재의 수요일Mercredi des Cendres'인 3월 16일부터 부활절인 4월 24일까지였다. 이 기간에 종교인들과 왕당파가 박해를 받았음은 이미 살펴보았다. 이제 부활절까지 일주일을 앞두고 다시 한번 중요한 의미를 가진 사건이 일어났다. 그것은 교회의 장남이며 "가장 독실한 기독교도"인 루이 16세에게 일어났다. 4월 18일에 국민방위군과 군중에게 수모를 당한 왕은 이튿날 국회로 직접 찾아갔다. 그를 은근히 지켜주던 미라보라는 방패는 저세상으로 떠났지만, 국회는 루이 16세에게 대표단을 보내 영접해서 안내했고, 그가 대신들을 거느리고 국회에 들어서자 의원들과 방청객들이 모두 자리에서 일어나 모자를 벗고 예를 갖추면서 박수를 쳤다. 왕은 국회의장석 앞으로 가서 섰다. 왕은 오른편에 국회의장, 왼편에 대신들을 세워놓고 미리 준비한 연설문을 읽었다.

"여러분, 과인은 언제나 여러분을 믿기 때문에 이 자리에 왔소. 여러분도 어제 과인이 생클루 궁으로 출발할 때 사람들의 저지를 받았다는 사실을 들어서 알고 있을 것이오."

사람들은 어째서 왕이 생클루 궁으로 가는 일도 허용하지 못하게 되었는가? 그것은 지난해 말부터 왕이 파리에서 도망쳐 반혁명세력과 손을 잡을지 모른다는 소문, 또 왕이 비선서 사제들을 튈르리 궁에서 안전하게 지낼 수 있게 했다는 소문이 돌았기 때문이다. 또한 사람들은 루이 16세가 국회에서 멀리 떠나거나 심지어 프랑스를 떠날 계획을 세웠다고 믿었기 때문에 틈만 나면 흥분하고 떼를 지어 몰려다녔다. 왕당파는 인민과 군주(루이 16세)의 적들이 이 기회를 틈타서 생클루 궁으로 가려는 계획을 밀어붙이라고 부추겼다고 생각했다. 이 계획은 별다른 속셈도 없고 헌법을 위반하는 것도 아니었지만 상황에 따라 완전히 달라졌다. 사람들은 생클루 궁 주위에 반혁명세력이 3만 명이나 모여 있다가 왕을 파리에서 먼 곳으로 빼돌리려 한다고 헛소문을 퍼뜨렸다. 이미 15일부터 파리 도 지도부와 시정부는 루이 16세가 튈르리 궁으로 간다는 사실을 알렸다. 토요일(16일)에 그들은 국민방위군에게 왕을 안전하게 호위하라는 명령을 내렸다. 일요일에 국민방위군은 생클루 궁으로 보낼 병력을 뽑았다. 그리고 월요일 아침에 이 분견대가 튈르리 궁으로 출발했고, 아무도 왕이 생클루 궁으로 가는 데 대해 이의를 제기하리라고 생각하지 않았다. 국회도 이 계획에 대해 잘 알고 있었기 때문이다. 그리고 궁부에 속한 사람들은 이미 생클루 궁에 가서 왕 일가를 맞이할 준비를 하고 있었다. 왕은 생클루 궁에서 저녁을 먹을 예정이었다. 그리고 부활절에는 자연스럽게 비선서 사제와 함께 미사를 드릴 수 있을 터였다.

1시에 왕, 왕비, 공주, 왕세자 그리고 왕의 여동생이 마차에 올라탔다. 카루젤 광장*은 사람들로 발 디딜 틈도 없었다. 왕이 탄 마차가 튈르리 궁 앞마당에서 움직이자마자 사람들이 길나장이들을 붙잡았다. 척탄병들이 칼을 빼들고 나서서 왕의 마차를 모는 마부를 위협했다. 군중이 소리를 지르면서 마차를 에워쌌다. 궁 수비대는 철책 문을 닫고 아무도 밖으로 내보내지 않겠다고 선언했다. 왕 일가를 호송할 책임을 맡은 분견대장은 국회 회의장에 출석해서 법안을 심사하고 있던 도 지도부, 시장, 시정부 관리들에게 이 사실을 보고했다. 시장은 튈르리 궁 앞에 나가 군중과 국민방위군을 안정시키려고 노력했지만 허사였다. 라파예트도 군중에게 연설해서 자기 주위에 있던 사람들의 마음을 돌려놓았지만, 튈르리 궁 앞마당을 가득 채운 사람들이 소란스럽게 떠들었기 때문에 한 사람의 목소리로 그들을 설득하기란 불가능했다. 국민방위군의 간부들도 여러모로 노력했지만 부하들마저 그들이 외치는 소리를 귓전으로 흘려보냈다. 라파예트는 도 지도부와 시정부 관리들에게 그 상황을 보고했다. 왕은 마차에 올랐지만 군중과 국민방위군에게 앞길을 막힌 채 거의 두 시간이나 꼼짝도 하지 못했다. 도 지도부와 시정부 관리들은 라파예트에게 어떻게든 왕이 출발할 수 있게 길을 터주라고 명령했지만, 속수무책이었다. 귀족주의자들은 마차에서 내린 왕에게 한사코 다시 타라고 부추겼다. 라파예트는 왕에게 계엄령이라도 내려서 무력으로 돌파하라고 권유했다. 왕은 자기 때문에 한 사람이라도 피를 흘려서는 안 된다고 대답했다.

---

* 1559년 앙리 2세가 기마시합에서 눈을 찔려 사망한 뒤 기사들의 위험한 시합은 안전한 경기로 바뀌었다. 말을 타고 달리면서 나무인형의 미간을 찌르거나 매달아놓은 반지를 꿰거나 메두사의 머리를 때리는 경기가 나타났다. 이러한 경기를 카루젤carrousel이라 불렀다. 루이 14세는 1662년 왕세자 탄생을 축하하는 카루젤 시합을 루브르 궁과 튈르리 궁 사이의 광장에서 열었다. 그때부터 그 광장의 이름이 생겼다.

왕과 가족들은 오랫동안 별별 모욕적인 말을 다 들었고 결국 궁을 떠나지 못했다.

라파예트는 도 지도부와 시정부에 이 사건을 보고하면서, 그때까지 자신이 법의 충실한 도구 노릇을 했지만 이번에 처음으로 무용지물이 되어 법을 제대로 지키지 못했으므로 심히 좌절했으며, 따라서 사임해야겠다고 말했다. 그러나 관리들은 그를 말리면서 사임을 허락하지 않는 한편, 왕의 출발을 허락할지 말지 파리의 모든 구에 물어보자고 결정했다. 모든 구는 그것은 자신들이 결정할 사안이 아니라고 대답했다. 일부는 그런 문제를 가지고 자신들에게 의견을 묻는 것에 놀랐다고 했다. 1789년 7월부터 파리 주민들이 높이 평가하던 라파예트의 위치가 1791년 4월 중순까지 오는 동안 몹시 흔들렸음을 보여주는 이야기로 해석할 수 있다. 혁명 초기에는 라파예트가 사임하겠다고 할 때 파리 구민들이 말리고 다시 주저앉혔지만, 이제 그들은 라파예트가 사임하든 말든 그것은 개인의 문제지 구민들이 논의할 문제가 아니라고 생각했던 것이다. 그날 파리 도 당국은 왕에게 간언했다.

"전하께서 비선서 사제들에게 호의를 베푸시고, 오직 헌법의 적들의 봉사만 받으시는 것을 보면서 우리는 몹시 불편했습니다. 우리는 전하가 너무 눈에 띄게 베푸시는 편애가 전하의 마음을 진실로 표현하는 것이나 아닐까 두렵습니다."

이 말 속에 루이 16세가 그날 사건의 원인을 제공했다는 원망이 들어 있었다. 왕은 가족을 데리고 생클루 궁으로 떠나려다 오랫동안 국민방위군과 군중에게 모욕을 당하고 튈르리 궁으로 되돌아간 뒤 자신의 처지를 몹시 비참하게 생각했다. 그래서 이튿날 그는 국회로 직접 나갔다. 국회의장은 그가 온다는 기별을 받고 24명으로 대표단을 꾸려 왕을 마중했다. 일부 의원들은 국회의장도 문 앞까지 나가서 영접하라고 주장했고, 다른 의원들은 그럴 필요 없다고 맞섰다. 의장은 왕이 들어올 때 의원들에게 특별히 정숙하게 맞아달라고 부탁했다. 왕은 자신의 출발을 강제로 막은 군중이 법을 지키려고 한다면서도 실제로는 누군가에게 속아서 자신들이 법을 어기는 줄도 모른 채 그처럼 행동했다고 말했다. 그는 국민에게 자신이 자유로운 존재임을 증명할 필요가 있기 때문에 국회에 나왔다고 하면서, 국회가 제정한 법을 자신이 받아들이고 승인한 권위만큼 기본적인 증거가 어디 있겠느냐고 강조했다. 그러므로 자신이 생클루 궁으로 떠나는 계획을 관철시키고 싶으며, 국회도 그 필요성에 충분히 공감할 것이라고 말했다.

루이 16세는 누군가 충성스러운 국민에게 왕이 헌법을 지킬 의사가 없다는 상상을 주입시켜 왕을 배척하도록 부추겼다고 말했다. 그는 자신이 성직자 시민헌법을 포함한 헌법을 유지하고 준수하겠다고 맹세했으며, 모든 권한을 가지고 그것을 집행할 수 있게 했노라고 강조했다. 그는 기회가 있을 때마다 국회에서 보여주었던 마음을 다시 한번 보여주겠노라고 말했다.

"국회는 과인의 의도와 눈길이 언제나 인민의 행복에만 고정되어 있음을 알 것이오. 그리고 이 행복은 오직 헌법이 인정하는 정통성을 가진 모든 법과 권위를 준수하고 따를 때만 성취할 수 있소."

도피네 지방에서 제3신분으로 진출해서 얼마 전부터 국회의장이 된 샤브루J.-B.-Ch. Chabroud는 왕에 대한 국회의 존경과 사랑이 얼마나 깊은지 강조하고, 자유가 발달하면 자연스럽게 불안과 소요가 뒤따르게 마련이라고 하면서, 선량한 시민들이 민중의 소요를 안정시키려고 노력하는 가운데 누군가 불안의 씨앗을 뿌리고 다녔고, 그 때문에 위협적인 상황이 발생하여 모든 사람이 모이게 되었으며, 그렇게 해서 경계심이 다시 생겨난다고 말했다.

전하! 인민, 자유, 헌법은 하나입니다. 헌법과 자유의 비겁한 적들도 전하의 국민입니다. 모든 사람의 마음은 전하께 쏠려 있습니다. 전하가 인민의 행복을 바라듯이, 인민도 전하의 행복을 바랍니다. 전하께옵서 전하와 혁명을 묶은 매듭을 다시 한번 단단히 조이시려고 이곳에 오신 것만으로도 평화와 법의 친구들에게 힘을 주셨습니다. 그들은 인민에게 전하의 마음이 조금도 변하지 않았다고 말해줄 것입니다. 그러면 모든 걱정과 의구심이 사라지고, 우리의 적들은 다시 한번 혼란스럽겠지요. 그리고 전하는 조국에 다시금 승리를 안겨주실 것입니다.

국회의장의 답사를 듣고 왕이 나가자, 국회는 왕에게 대표단을 보내 국회에 와서 연설한 것에 감사하는 동시에, 왕과 국회의장의 연설문을 인쇄해서 83개 도에 널리 알리기로 의결했다. 그리고 부활절 전날인 23일 토요일 저녁 회의에서 국회의장은 외무대신 몽모랭이 왕의 뜻을 받들어 쓴 편지를 받았다. 그것은 외국에 나간 프랑스 대사들에게 보내는 편지였다. 몽모랭은 대사들이 임지에서 프랑스 혁명과 헌법에 대해 루이 16세가 얼마나 우호적인지 알려주기 바란다고 썼다. 몽모랭은 프랑스 혁명의 과정을 정리했다. 우선 전국신분회가 모이는 과정을 서술하고 곧 국민의회라고 이름을 바꾼 뒤 프랑스와 군주를 행복하게 만들 헌법을 제정해 과거 껍데기뿐인 왕권의 뒤에 실질적으로 귀족들의 힘을 반영한 구체제를 대체했다고 썼다. 국회는 세습적 군주제와 대의정부를 합친 형태의 헌법을 채택했고, 입법부는 상설기구이고 종교인, 행정관, 판사들을 인민이 선출하는 체제를 만들면서 입법권을 국회가 가지며, 법의 승인권을 왕이 가지도록 했다. 국내외의 공권력도 똑같은 원리 위에 조직했고 삼권분립을 바탕으로 구성한 것이 새 헌법이라고 하면서,

왕은 이 헌법을 전적으로 지지한다는 사실을 각국 대사가 외교활동에서 알려야 한다고 강조했다. 그러므로 혁명이란 수세기 동안 쌓인 수많은 폐단을 척결하는 일이며, 그 같은 폐단은 인민의 잘못이나 대신들의 권한남용 때문에 쌓인 것이지 왕들의 권한 때문에 생긴 것은 아니라고 주장했다. 그 폐단은 국민과 군주 모두에게 치명적이었기 때문에 태평성대에도 끊임없이 척결하려고 애썼지만 그렇게 하지 못했는데, 이제 혁명이 일어나 더는 존재할 수 없게 되었다.

주권자인 국민은 평등한 권리를 누리는 시민들이기 때문입니다. 이제 더는 폭군은 없고 법만 있을 뿐이며, 특권을 가진 기관들도 없고 공무원들만 있을 뿐입니다. 그리고 왕은 제1공무원입니다. 이것이 바로 프랑스 혁명입니다.

몽모랭이 대변하듯이, 왕이 생각하는 프랑스 혁명은 혁명세력이 생각하는 것과 원칙적으로 같았다. 그러나 과연 왕은 진심으로 그 사실을 인정했던 것일까? 우리는 그가 튈르리 궁에서 벗어나 되도록 멀리 떠나려고 준비했다는 사실을 알고 있다. 당시 사람들 가운데 그것을 모르는 사람이 많았고, 지레짐작으로 왕의 도주를 경계했겠지만, 왕과 왕비는 측근들에게 도주준비를 진행시키고 있었던 것이다. 그렇다면 왕도 실제로는 혁명의 적임이 분명하다. 그럼에도 그는 몽모랭의 손을 빌려 혁명의 적들을 규정하고 규탄했다. 그들은 혁명 전에 개인적으로 누리던 모든 이점과 옛 정부의 폐단을 아쉬워하는 자들이었다. 그들은 왕국을 분열시켰고 날마다 약화시켰다. 그러나 왕의 진정한 힘의 원천인 국민과 뗄 수 없는 관계에 있으며, 오직 인민의 행복만 바라기 때문에, 자신의 권위는 물론 국민과 군주정을 한꺼번에 되살릴 헌법을 선뜻 받아들였다고 강조했다. 그럼에도 혁명의 가장 두려운 적들은 군주의 의도를 의심하는 분위기를 널리 퍼뜨렸다. 그들은 왕의 친구들이라고 자처하지만, 오히려 왕의 유일한 적들이다. 그들 때문에 왕은 위대한 국민의 사랑과 신뢰를 잃을 지경이다. 왕은 모든 법을 받아들이고 승인했을 뿐 아니라 그것을 실천할 방안을 하나도 소홀히 하지 않았다. 1790년 2월부터 그는 국회에서 법을 준수하겠다고 맹세했다. 왕국의 연맹제에서도 똑같은 맹세를 했다. 왕은 프랑스의 자유를 회복시켜주었다는 영광스러운 칭호를 받았고, 앞으로 아들에게 왕위와 함께 입헌군주국을 물려줄 것이다.

> 헌법의 적들은 왕이 행복하지 않다고 끊임없이 되뇝니다. 마치 인민의 행복과 왕의 행복이 전혀 다른 종류인 것처럼! 그들은 왕의 권위가 땅에 떨어졌다고 합니다. 그리고 왕이 자유롭지 못하다고 말합니다. 이렇게 잔혹한 비방이 어디 있단 말입니까!

국회의장 비서가 이 부분을 읽자 우파 의원들은 한탄했고, 여러 의원은 "옳소, 그것은 중상비방이오!"라고 맞장구쳤다. 그러자 페론의 귀족 출신 앙투안 샤를 가브리엘 드 폴빌(옛 후작) 의원이 "지난 화요일에 왕이 여러분 앞에서 자유롭지 못하다고 말했소"라고 입바른 소리를 했다. 왕이 자유롭게 튈르리 궁에서 나가지 못했다고 직접 말했는데도, 그가 자유롭지 못하다고 말하는 것이 비방이라고 할 수 있겠는가? 비서는 계속해서 편지를 읽었다. 외국에서 왕이 자유롭지 못하다고 말하는 사람들은 대개 망명객들이기 때문에, 왕은 외국 주재 대사들로 하여금 프랑스인 망명객들의 음모를 분쇄하도록 주문했다. 망명객들은 유럽 여러 나라에 그릇된 소문을 퍼뜨려 그 나라로 여행하는 프랑스인까지 의심받게 만들었다. 그러므로 몽모랭은 대사들에게 여행자들을 보호해주고, 왕이 자기 권한을 총동원해서 헌법을 지키려는 확고한 의지를 가지고 있음을 각국 정부에 알려달라고 요구했다. 몽모랭은 왕의 확고한 의지에 대해 거듭 강조했다. 국회의장 비서는 중간에 의원들이 몇 번씩이나 "왕 만세!"를 외칠 때마다 읽기를 멈춰야 했다.

알렉상드르 드 라메트 의원은 왕에게 대표단을 보내 국회가 왕의 편지를 읽고 느낀 감정을 전달하자고 제안했다. 의원들과 방청객들이 오랫동안 박수로 그의 의견을 지지했다. 클레르몽페랑의 제3신분 출신 장 프랑수아 고티에 드 비오자J.-F. Gaultier de Biauzat 의원은 한술 더 떠서 국회의원 전체가 왕에게 가자고 제안했다. 사방에서 찬반의 소리가 터져 나왔다. 그는 왕의 편지를 인쇄해서 83개 도에 알리자고 제안했다. 알랑송의 제3신분 출신 구피 프레펠른G.-F.-Ch. Goupil-Préfeln 의원은 "영원히 잊지 못할 이날", 국회의장이 왕에게 가서 언제 국회의원들이 알현하면 좋을지 알아오도록 하자고 제안했다. 타르브의 제3신분 출신 바레르B. Barère 의원은 라메트 의원을 지지하면서 대표단만 보내자고 제안했다. 로베스피에르는 국회의 격에 맞게 다른 방식으로 왕에게 경의를 표시hommage하자고 제안했다. 그는 라메트가 발의한 내용을 크게 벗어나지 않지만, 단지 국회와 왕의 격에 맞도록 그 안을 수정하려 한다고 말했다. 그는 라메트가 왕의 편지에서 애국심을 보여준 데 대해 감사하자remercier고 제안했지만, 자신은 그것만으로 충분하지 않다고 생각한다는 것이다. 로베스피에르는 다음과 같이 강조했다. 국회는 왕의 애국심이 일시적이라고 믿어서는 안 되며, 왕이 편지에서 말했듯이 그가 혁명 초부터 혁명과 자유의 원칙을 확고히 지켰고 인민의 행복만을 원한다는 사실을 믿어야 한다. 그래서 그에게 특별히 감사할 필요는 없다. 그 대신 그가 국회와 프랑스 국민과 똑같은 애국심을 가지고 있다는 사실을 칭찬해야félciter 한다. 의원들이 쑥덕거렸지만, 그는 이렇게 말을 마쳤다.

"따라서 나는 왕이 프랑스 국민과 완전히 똑같은 애국심을 유지하고 있음을 칭찬하는 대표단을 보내자고 제안합니다. 이야말로 국회의 체면과 장차 국회의 처신을 결정할 현 상황에 가장 일치하는 생각입니다."

로베스피에르의 말을 듣고 라메트가 곧바로 자신은 감사하자고 한 적이 없으며, 단지 국회의 감정을 전하자고 했다는 사실을 되짚었다. 아무튼 라메트의 말을 '감사'의 뜻으로 받아들인 의원들과 방청객들이 많았으며, 로베스피에르도 그렇게 알아들었지만, 그는 대표단을 보내더라도 국회의 격에 맞게 보내자고 제안했던 것이다. 여러 의원이 라메트의 안을 표결에 부치자고 발의했다. 그리하여 국회는 그날 밤 9시에 60명의 대표단을 왕에게 보내 국회의 감정을 전하기로 의결했고, 방청석에서는 의결을 환영하는 박수가 터졌다. 그리고 몽모랭이 쓴 편지를 회의록에 기록하고, 곧바로 인쇄해서 83개 도에 보내기로 했다. 우파 의원들은 대부분 표결에 참여하지 않았다. 이처럼 4월 하순에 왕이 진심을 드러내기보다는 혁명에 동조하는 듯한 말로 쓴 편지는 좌파 의원들의 환영을 받았다. 좌파 의원들은 그것이 왕의 진심인 줄 알았을까? 비록 진심이 아닌 줄 알았더라도, 그들은 왕이 혁명에 동조한다는 편지를 전국에 알려 왕의 행동을 더욱 제약하고, 왕당파에게도 훌륭한 교훈을 줄 수 있으리라고 생각했던 것 같다. 속내가 다르더라도 마지못해 맹세하는 행위는 장래의 행동을 규제하기 마련이다. 왕이 부활절 전날 저녁 국회에 보낸 편지도 속내와 다른 내용이었지만 그의 행위를 규제했다. 그것은 당시 현실에서 왕이 속내를 실천할 시간을 버는 방법이자 타협안이었다.

4
도주준비

　　앞서 보았듯이 왕의 고모들이 출발한 뒤에 왕 가족이 출발하기로 결정했던 터라, 왕비는 필요한 물건을 3월부터 몰래 구입하기 시작했다. 왕의 고모들은 왕의 여동생 엘리자베트 공주를 데리고 가려고 했으나 그 계획은 무산되었고, 프랑스를 빠져나갈 때까지 안개 속을 헤매는 것처럼 불안한 여정을 계속했지만 마침내 로마에 안전히 도착했다. 이제 왕의 일가가 튈르리 궁을 벗어나 멀리 도주하는 일만 남았다. 왕비는 캉팡 부인의 도움을 받아 튈르리 궁에서 도주할 준비를 갖추기 시작했다. 캉팡 부인이 보기에 왕비는 거의 쓸데없고 위험하기까지 한 일에 너무 신경 쓰는 것 같았다. 그래서 그는 왕비에게 속옷 같은 것은 앞으로 쉽게 구할 수 있을 테니 다른 일에 신경 쓰는 것이 어떠냐고 조언했다. 그러나 왕비는 자기뿐 아니라 자녀들의 옷까지 브뤼셀에서 구매해달라고 했다. 그래서 캉팡 부인은 몰래 브뤼셀에 다녀와야 했다. 캉팡 부인은 자기 동생과 함께 왕비가 원하는 물품을 구해서 여행가방에 넣어 시녀에게 맡겨놓았다. 이 시녀는 명령을 받는 즉시 브뤼셀이건 다른 곳이건 언제라도 떠날 준비를 갖추었다가, 왕비보다 먼저 목적지에 가서 기다려야 할 임무를 받았다. 이 시녀는 아라스 연대 장교의 과부였고, 벨기에 지방에 땅을 소유했기 때문에 안전하게 국경을 넘을 수 있었다.

　　왕비는 자신의 수석시녀를 한 명 데리고 떠날 계획을 세웠고, 캉팡 부인에게 만일 함께 갈 수 있으면 데리고 가겠다고 제안했다. 그리고 왕비는 캉팡 부인에게 필수품을 미리 국외로 내보내는 방안을 상의했다. 그는 자신의 언니이며, 벨기에 지방의 오스트리아 총독부인인 마리아 크리스티나 대공녀에게 선물을 한다는 구실로 필수품을 내보내자고 말했지만, 캉팡 부인은 그 방안이 위험하다고 적극 반대했다. 왕비 주위에는 그의 행동을 세심히 관찰하여 외부로 퍼뜨리는 사람이 많은데, 그들이 왕비의 방에서 필수품이 외부로 나가는 것을 보고 왕비가 도주할 준비를 한다고 생각하지 않겠느냐고 캉팡 부인은 왕비를 설득했다. 그리하여 왕비와 캉팡 부인은 새로운 대본을 마련했다. 어느 날 오스트리아 외교관이 왕비를 방문하여 이런저런 얘기를 하다가 방 안의 물건을 가리키면서 마리아 크리스티나 대공녀가 좋아할 만한 물건이라고 여러 사람 앞에서 말하면 자연스럽게 선물로 내보낼 수 있겠다는 줄거리였다. 그러한 가구와 물건을 새로 장만해서 선물로 보내는 금액은 500루이(1만 2,000리브르) 정도였다. 그만큼 돈이 들더라도 왕비는 도주할 경우에도 자기가 쓰던 물건만큼은 반드시 곁에 두고 싶어했던 것이다. 도주하는 사람으로서 너무 안이하고 순진한 판단이라 하겠다. 물론 왕과 왕비가 시골 구석을 지나 먼 국경 근처로 도주한 뒤 위엄을 갖추고 혁명의 흐름을 바꾸려면 그 지위에 걸맞은 상징물도 함께 움직여야 한다. 그럼에도 베르사유 궁에서 튈르리 궁으로 옮길 때도 그들과 함께 움직인 물자에 한계가 있었는데, 국경지대로 도주하는 그들에게 새 옷과 필수품을 미리 외부로 빼돌리는 일은 사치스럽고 위험했다.

튈르리 궁에는 왕당파뿐만 아니라 그들을 감시하는 국민방위군이나 '애국자'도 수시로 드나들었기 때문에 왕과 왕비의 행동은 늘 감시를 받았다. 게다가 왕과 왕비의 시중을 드는 시종과 시녀 가운데에도 끄나풀 노릇을 하는 사람이 있었다. 캉팡 부인은 왕비의 가구와 필수품을 사전에 빼돌리는 일을 하면서도 늘 시녀 한 명에게 의도를 들키지 않으려고 애썼다. 그 시녀는 파리 국민방위군 사령관 라파예트 장군의 부관 구비옹Laurent Gouvion Saint-Cyr의 연인이었으며, 또 자기 집에 평민 출신 국회의원들을 초대하기도 했으니, 왕비에게 일어난 일을 외부로 퍼뜨릴 가능성이 가장 높은 사람이었다. 캉팡 부인은 왕비를 독살하려던 음모가 있을 때 설탕을 따로 준비해서 왕비를 보호했듯이, 이번에도 왕비와 자기만 아는 선에서 일을 처리하려고 무진 애썼다. 그런데 가구를 제작하는 목수가 일을 빨리 진행하지 못해서 두 사람은 몹시 초조했다. 하기야 모든 것을 손으로 하던 시절에 정교한 가구를 만드는 일을 어떻게 한 달 안에 끝낼 수 있을 것인가! 그 일은 5월 중순에도 끝나지 않았다. 목수는 앞으로 6주는 더 일해야 완성할 수 있다고 대답했다. 초조해진 왕비는 대안을 내놓았다. 왕비전의 시녀들도 있는 앞에서 자기 언니에게 선물을 보내기로 했기 때문에 언니가 애타게 선물을 기다린다고 하면서 자기가 쓰던 가구를 비우고 보내면 아무도 의심하지 않을 것이라는 안이었다. 그래서 그대로 실행하되, 그 가구를 받을 사람이 기분 나쁘지 않도록 왕비가 쓰던 화장품의 냄새를 모두 지우라고 명령했다. 이것이 아랫사람들의 의심을 사지 않으려는 연극임을 왕비와 캉팡 부인만 알고 있었다.

왕비가 비교적 사소한 일에 목을 매는 동안, 왕의 가족이 타고 먼 길을 떠날 마차도 차츰 모양을 갖추고 있었다. 그 일은 1790년 12월부터 은밀히 진행되었다. 페르센 백작은 코르프 남작부인la baronne de Korff을 내세워 왕이 탈 마차를 주문했다. 코르프 남작부인은 러시아인 대령 코르프 남작의 과부로 파리에 살고 있었는데, 마차제작자 장 루이를 불러 어떤 러시아인이 귀국할 때 타고 갈 튼튼한 마차가 필요하다고 하면서 한 대 주문했다. 장 루이는 마차의 크기를 물었고, 남작부인은 여섯 명이 탈 정도의 4륜마차berline면 되겠다고 말했다. 처음 도주계획을 짤 때에는 왕, 왕비, 왕의 여동생 엘리자베트가 따로 출발하기로 했다. 그러나 지난해 10월 6일 세 사람은 살아도 함께 살고 죽어도 함께 죽기로 약속했다. 그래서 왕의 자녀와 가정교사까지 합쳐 여섯 명이 같은 마차에 타야 했다. 프랑스 작가인 앙드레 카스틀로는 『바렌의 약속』에서 마차의 주문과 관련해서 아주 재미있는 내용을 자세히 소개했다. 코르프 남작부인은 차대와 바퀴를 노란색, 본체를 초록색으로 칠해달라고 주문하면서 두 칸짜리 화덕, 술 여덟 병을 넣을 저장고, 삶은 가죽으로 만든 요강 두 개, 산길에서 마차가 기울지 않게 만들어줄 갈퀴 외에도 고장에 대비해서 여러 종류의 나사와 못과 쇠붙이도 준비해달라고 부탁했다.* 노란색은 푸른 벌판에서도 눈에 잘 띄는 색인데, 도주자들을 위해 눈에 잘 띄는 색으로 바퀴를 칠해달라고 주문한 이유는 무엇일까? 허허실실? 아무튼 마차에 탄 사람들은 밖에서 볼 수 없다손 치더라도, 마부석에 앉거나 수행원이나 전령으로 동행하는 사람들의 복장도 시골길에서 눈길을 끌 터이니 왕 일가의 도주는 하루가 걸리는 거리라 할지라도 위험했다.

그렇지만 계획은 어떻게든 성사시키려고 짜는 것이다. 그 계획에는 군사작전이 꼭 필요했다. 부이예 장군은 수많은 연대를 지휘하고 있었다. 그는 혁명의 바람이 군대에 불어 병사들이 장교들의 말에 복종하지 않는 분위기 속에서도 군기를 확실히 유지하고 있었으며, 거의 맹목적으로 따르는 스위스인 연대와 독일인 연대도 다수 지휘했다. 그는 몇 달 동안 몽메디 쪽의 국경을 지켜야 한다는 구실로 나소 연대, 카스텔라 연대, 루아얄 알르망 연대, 샹파뉴 추격병 부대를 움직여 필요한 곳에 배치했다. 또한 툴에는 로칭의 경기

---

*　A. Castelot, *Le Rendez-vous de Varennes ou les occasions manquées*, Paris, Perrin, 1971, p. 55 이하.

병 연대, 생미옐St.-Mihiel에 샤를 드 다마Ch. de Damas가 지휘하는 무슈 드라공 연대, 코메르시에 부이예 장군의 아들인 루이가 지휘하는 용기병 제1연대를 배치해놓았다. 4월이 되자 부이예 장군은 슈아죌 공작(루이 16세의 결혼을 계획했던 공작의 조카)을 곁으로 불러 계획을 일러주었다. 부이예 장군은 왕이 슈아죌 공작을 믿으므로 그에게 도주작전에서 중요한 임무를 맡기려고 생각했다고 말해주면서, 도주로에 대해 여러 가지 필요한 정보를 알아내고, 특히 클레르몽에서 바렌까지 가는 길에 대해 자세한 정보를 알아내라는 임무를 맡긴 뒤, 슈아죌 공작이 지휘하는 연대를 무종Mouzon으로 이동시키고, 덩Dun에서 바렌까지 병력을 나눠서 배치하라고 명령했다. 부이예 장군은 평소 생미옐에 주둔한 기병 80명을 거느린 다마 백작이 라파예트와 인척지간이기 때문에 비밀 이야기를 털어놓으려 하지 않았지만, 아들의 중재로 의심을 풀고 나서 그에게 왕의 도주에 대한 계획을 털어놓기로 했다.

슈아죌 공작은 부이예 장군의 명령을 실행했다. 그는 여러 지점에 병력을 배치해서 왕의 마차가 도착하는 대로 다음 지점까지 안전하게 호송하도록 준비했다. 그는 생미옐에 편지를 써서 다마 백작을 자신이 사는 코메르시의 집으로 불렀다. 그는 부이예 장군이 준 아시냐 지폐의 일부를 다마 백작에게 주어 금화로 바꿔달라고 주문하는 한편, 자신도 금화를 사 모으기 시작했다. 그렇게 모은 금화 가운데 1,000루이(2만 4,000리브르)를 위그 아밀통이 지휘하는 독일인 보병의 나소 연대 금고에 맡기고, 나머지를 자신이 보관하면서 왕을 안전하게 호송하는 데 필요한 말과 장비 따위를 갖추는 데 썼다.* 슈아죌 공작이 비밀리에 호송준비를 착착 갖추는 동안 뜻하지 않은 변수가 생겼다. 전쟁대신이며 국회 편인 뒤포르타이는 슈아죌 공작에게 5월 말까지 낭시의 서쪽 65킬로미터 떨어진 코메르시에서 낭시의 동남쪽 160여 킬로미터 떨어진 국경지대 요새인 뇌프브리자크Neuf-Brisach로 부대를 이동하라고 명령했다. 뒤포르타이는 부이예 장군의 군사권을 약화시키려고 노력했기 때문에, 그의 부대를 이동시키는 명령을 자주 내렸던 것이다. 슈아죌 공작은 몹시 당황해서 당장 메스로 달려가 부이예 장군에게 말했다. 부이예 장군도 몹시 놀라면서 즉시 파리에 편지를 써서 슈아죌의 연대는 뫼즈 강의 요충지를 지켜야 하기 때문에 명령을 취소해달라고 부탁했다.

얼마 뒤 뒤포르타이의 답장이 도착했다. 전쟁대신은 완강했다. 사실 전시도 아니고, 오스트리아와의 관계가 전쟁 직전까지 간 것도 아니었기 때문에 외무대신 몽모랭과 전쟁대신 뒤포르타이에게 부이예 장군이 전쟁의 위협을 들먹이면서 자신의 군사권을 지키는 방향으로 설득하기란 어려웠다. 전쟁대신은 단지 환자와 종마는 코메르시에 남겨도 좋다고 허락했다. 슈아죌은 명령을 따라야 했음에도 여러 가지 핑계로 용기병 100명을 코메르시에 남겨두고 나머지 병력만 출발시켰고, 부이예 장군은 긴급명령을 내려 그를 거기에 남으라고 했다. 이처럼 계획의 일부가 틀어졌기 때문에 병력을 다시 나눠서 배치할 필요가 생겼다. 부이예 장군은 로쳉의 경기병 200명을 불러 슈아죌의 연대가 떠난 자리에 배치했다. 그리고 슈아죌에게 용기병 100명을 데리고 왕을 바렌까지 호송할 책임을 맡겼으므로 무종으로 가서 준비를 마치라고 명령하는 한편, 샤를 드 다마 백작이 지휘하는 무슈 드라공 연대를 클레르몽 앙 아르곤으로 가라고 명령했다.

＊ 참고로 부이예 장군은 왕으로부터 아시냐 지폐로 99만 3,000리브르를 받아서 왕의 호송작전에 썼는데, 그는 아시냐 지폐의 가치가 이때 벌써 거의 17퍼센트에서 20퍼센트나 하락했다고 판단했다. 그렇다면 그 돈의 실질가치는 79만 4,400~82만 4,190리브르였다.

6월 8일 부이예 장군은 코메르시에 있는 슈아죌을 메스로 불렀다. 그는 슈아죌에게 1만 명이 숙영할 수 있는 준비를 갖추었고 식량과 필수품의 매매 계약도 성사시켰으며 병력을 움직일 준비도 끝냈으니 이제 왕이 결심할 일만 남았다고 말했다. 더욱이 최근 몇 통의 숫자 편지를 보면 왕은 6월 12일에 출발하겠다고 했다가, 그날이 성신강림 축일Pentecôte이라서 거리가 북적일 테니까 17일로 미루었기 때문에 부이예 장군은 9일 하루 종일 슈아죌에게 주의 사항과 은밀한 명령을 전달했다. 부이예 장군은 슈아죌 공작이 바렌의 지휘소를 맡기 불가능한 상황이므로 그 휘하의 용기병 100명을 무슈 연대 250명을 지휘하는 다마 백작에게 맡기며, 그중 40명을 생트메누Sainte-Ménehould로 파견한다고 말했다. 또한 부이예 장군은 작은 아들이며 에스테라지 경기병 부대 장교인 슈발리에 드 부이예(샤를)로 하여금 로칭 연대의 경기병 100명을 거느리고 바렌에 보내 왕의 호송에 참여시키겠다고 말했다. 그래서 슈아죌 공작은 자기 휘하의 모든 병사가 부이예 장군에게 충성할 것이며, 자기가 소유한 말들을 장군이 적당한 곳에 쓸 수 있다는 취지의 쪽지를 써주었다.

부이예 장군은 9일 저녁에 왕의 편지를 또 한 통 받았다. 그의 아들 루이는 이 편지를 해독하는 데 평소와 달리 거의 여덟 시간이나 걸렸다. 루이와 페르센은 해당 쪽의 첫 줄에서 원하는 의미를 가진 낱말을 찾기로 약속했는데, 페르센이 해독의 열쇠로 활용한 몽테스키외의 『로마인의 위대함과 쇠퇴의 원인에 대한 고찰Considérations sur les causes de la grandeur des Romains et de leur décadence』의 쪽수를 빼먹고 적지 않았기 때문이다. 밤을 새워 새벽 3시까지 끙끙거리면서 해독한 내용은 왕이 19일에 출발할 수 있기를 바란다는 것이었다. 그러므로 아직까지도 출발일을 완전히 확정하지 못한 상태였다. 그래서 부이예 장군은 슈아죌 공작을 파리로 급파해서 모든 준비사항을 알리고 왕의 출발일을 확정하고자 했다. 슈아죌은 자기가 무한히 신뢰하는 부관 오브리오에게 편지를 보내, 6월 21일 화요일 정오에 국민방위군 복장을 하고 퐁드솜벨의 여관으로 말 두 필을 끌고 오도록 명령했다. 말안장에는 권총을 한 자루씩 넣어두라고 하면서, 자신은 그날 그 시각에 결투를 하기로 했으니 오브리오가 증인이 되어달라고 거짓말을 했다. 그리고 나서 그는 10일 새벽 4시에 메스를 떠나 이튿날 아침 5시 파리의 집에 도착했다. 그는 전쟁대신의 허락을 받지 않고 근무지를 이탈했기 때문에 공공연히 나돌아 다닐 수 없었다. 그는 어쩔 수 없이 마주쳐야 하는 친척과 친구들에게 아이들이 아파서 파리에 왔다고 둘러댔다.

지방의 군 지휘관들이 휘하의 병력을 이동할 때는 반드시 전쟁대신에게 보고하고 허락을 받아야 했다. 따라서 부이예 장군이 왕이 출발하는 날에 맞춰 병력을 움직여야 전쟁대신의 허락을 받는 절차를 지키지 않으면서도 왕의 도주를 성공시킬 확률이 높았다. 그래서 슈아죌 공작은 왕에게 19일 일요일까지 모든 준비를 갖추겠다고 알려야 했고, 만일 피치 못할 사정이 생긴다 해도 20일까지는 어떻게든 출발해야 하며, 그날이 지나면 모든 일이 엉망진창으로 꼬일 것이라고 알리는 임무를 수행했다. 만일 20일에도 왕이 출발하지 못하는 경우, 슈아죌은 당장 샬롱부터 몽메디까지 초소마다 배치한 분견대들을 데리고 결국 스트네에서 얼마 떨어지지 않은 신성로마제국 영토에 있는 오르발 수도원에서 부이예 장군과 합류하라는 명령을 받았다. 거기서 그들은 러시아로 망명할 예정이었다. 부이예 장군은 불행한 사태에 대비해서 러시아 황제와 이미 협상을 해두었던 것이다. 부이예 장군은 슈아죌 공작이 파리에 도착하자마자 19일이 아니라 20일로 날짜가 확정되면 즉시 자신에게 알려달라고 하면서 페르센 백작을 만날 때 전할 편지를 주었다. 부이예는 왕이 도주하는 동안 끝까지 신분을 감추어 도중에 시끄러운 일을 자초하지 말도록 당부하라고 슈아죌 공작에게 거듭 강조해두었다.

슈아죌 공작은 11일 파리에서 맨 처음 페르센을 만나 부이예 장군의 편지를 전하고 준비상황에 대해 알려주었다. 페르센은 왕이 19일에 출발할 예정이었으며, 슈아죌 공작이 파리로 출발했을 때쯤 새로 편지를 써서 19일이 거의 확실하다고 알렸다고 말했다. 슈아죌은 메스에서 출발하는 분견대들이 늦어도 17일 금요일에 출발하도록 부이예 장군과 합의해놓고 출발한 상태였다. 이틀 전에 출발해야 코메르시와 생미엘의 분견대들이 임지에 잘 도착했는지 보고까지 받을 수 있었기 때문이다. 슈아죌은 12일 일요일 밤에 변장을 하고 튈르리 궁에 들어가 왕을 만났다. 왕은 19일에 출발할 수 없다고 말했다. 왕세자 곁에는 속내를 잘 알 수 없는 시녀가 있었는데, 그는 19일 밤에도 왕세자 곁에서 일할 예정이었으므로, 그의 눈을 피해 왕세자를 데리고 궁밖으로 나갈 방법이 없었기 때문이다. 월요일 정오가 되면 믿을 만한 브뤼니에 부인이 그 시녀와 교대하기 때문에 월요일 밤이 일요일보다 더 출발하기 쉽다고 생각할 수 있었다. 슈아죌은 왕과 왕비에게 하루라도 늦출수록 일이 꼬일 가능성이 더 많다고 거듭 강조했다. 그는 앞으로 일주일이나 남았으므로 브뤼니에 부인의 개인 사정을 핑계로 시녀의 근무일을 조정하자고 제안했다. 심지어 슈아죌은 분견대가 출발할 시간을 하루 더 늦추거나 하루 일찍 배치될 때 공연히 민간인들의 의심을 살 가능성이 있으며 모든 계획을 망칠 수 있다고 말하면서 왕을 설득했다. 군대의 작전은 톱니바퀴처럼 물려서 돌아가야 하기 때문에, 일부 병력이 다른 곳으로 이동하면 그곳에는 다른 병력이 들어가야 할 텐데, 도주경로에 배치한 병력이 그럴듯한 이유도 없이 하루씩이나 더 머물러야 한다면 파급효과가 커질 수 있었다. 더욱이 오스트리아

군이 침공할지 모른다는 괴담이 가끔 떠도는 국경 근처에서 실시하는 군사 작전이었기 때문에 혁명을 지지하는 국민방위군과 민간인들이 더욱 이상하게 생각할 것은 뻔한 이치였다.

슈아죌 공작이 강력히 설득했는데도 왕은 출발일을 19일로 정할 수 없다고 말했다. 이제 슈아죌은 마지막 수단을 동원해야 했다. 그는 부이예 장군으로부터 출발일을 최대한 늦춰도 20일 월요일 이후는 절대로 안 된다는 지침을 받고 떠났기 때문에 왕에게 일종의 '최후통첩'을 했다. 왕이 월요일 자정에 출발하지 못하면, 슈아죌은 21일 화요일 새벽 4시에 파리를 출발해서 모든 지점에 배치한 병력을 이끌고 되돌아가기로 했다. 그러면 모든 계획이 물거품이 된다. 마침내 왕은 20일 월요일 자정에 출발하기로 결심했다. 슈아죌은 14일 화요일에 부이예 장군에게 확정된 출발일을 편지로 알렸다. 부이예 장군은 메스에서 16일 목요일 아침 10시에 슈아죌의 편지를 받았다. 부이예 장군은 병력을 17일에 출발시켜야 했기 때문에 그들을 보내면서 날짜를 조정해야 했다. 그러나 24시간을 늦춘 것은 모든 계획을 위험하게 만드는 시작이었다. 페르센 백작도 그 나름대로 부이예 장군에게 주의사항을 수시로 알려주었다. 그는 슈아죌 공작을 되도록 중간에 세우지 말아달라고 부탁하면서, 그 '얼간이'에겐 친구와 친척이 너무 많고 게다가 정부情婦까지 있으니 비밀이 샐 위험이 높다고 했다. 또 6월 13일에는 왕의 출발일이 20일 자정으로 확정되었으며, 그것은 왕세자의 '위험스러운 시녀'가 월요일 아침에야 임무를 끝내고 궁 밖으로 나갈 테니 그날 밤까지 기다릴 수밖에 없기 때문이라고 설명했다. 그는 장군에게 이제 날짜와 시간이 확정되었으니 차질 없이 준비해달라고 하면서, 계속 편지를 보내겠다고 약속했다.

페르센 백작이 마차제조인 장 루이에게 주문한 마차도 완성되었다. 장거리 여행에 적합하게 튼튼할 뿐만 아니라 승객이 내리지 않고서도 중요한 일을 처리할 수 있도록 배려했다. 예를 들어 암소 가죽을 삶아서 만든 요강 두 개가 필수품이었다. 그 밖에도 여행용 가방을 뒤에 두 개 싣고, 지붕에 상자들을 실을 수 있었다. 마차의 무게를 줄이려고 가방과 상자는 되도록 비워두었는데, 상자 하나에 겨우 왕의 금테 모자만 집어넣었다. 코르프 남작부인이 마차를 처음 주문했던 때와 달리 본체를 초록색이 아니라 갈색으로 칠했다. 6월 16일, 장 루이는 노동자들과 함께 마차를 포부르 생토노레 거리 모퉁이와 마리니 거리가 만나는 곳에 있는 페르센 백작 집 앞에 끌어다놓았다. 페르센 백작은 슈아죌 백작이 보는 앞에서 장 루이에게 마차 값의 절반인 125루이를 치렀다. 그리고 백작과 공작은 마차가 주문한 대로 왔는지 시험주행을 하면서 클리시 거리의 고지대에 사는 설리반 부인의 집까지 가서 20일까지 마차를 맡겨놓았다.

이제는 부이예 장군이 왕의 도주로에 배치한 병력에 대해 알아볼 차례다. 장군은 왕의 의지를 최대한 반영하여 그를 몽메디까지 안전하게 호송하려고 자신의 군사권이 미치는 범위인 샬롱쉬르마른에서 가장 가까운 지점부터 모두 7개 지점에 병력을 배치했다. 제1지점인 퐁드솜벨에는 로죙 경기병 40명을 배치하고 부관 부데Boudet와 참모 고글라가 지휘하게 했다. 파리에서 왕보다 먼저 출발하는 루아얄 용기병 연대장 슈아죌은 이들과 합류할 예정이었다. 제2지점인 생트메누에는 루아얄 용기병 40명을 배치하기로 했다. 이 연대의 대위 앙두앵d'Andouins은 작전 직전에 명령을 받고 이 지점으로 이동할 예정이었다. 제3지점인 클레르몽에는 루아얄 용기병과 무슈 용기병 140명을 배치하고, 무슈 용기병 연대장 샤를 드 다마에게 비밀임무를 주어 지휘하게 했다. 제4지점인 바렌에는 로죙 경기병 60명을 배치하고 소위로비그Rohvig에게 지휘하게 했다. 뫼즈 강의 다리가 있는 제5지점인 덩에는 로칭 경기병 100명을 중대장 에슬롱에게 맡겨 바로 전날 은밀한 명령으로 배치하기로 했다. 제6지점은 덩과 스트네 사이의 마을인 무제Mouzay인데, 루아얄 알르망 기병 50명을 배치하고 중대장 귄처Güntzer의 지휘를 받게 했다. 제7지점인 스트네에는 루아얄 알르망 기병 300명을 배치했다. 그들을 지휘할 부연대장 만델Mandell에게는 바로 전날 비밀명령을 내릴 예정이었다. 부이예 장군은 이 마지막 지점에 합류해서 왕을 기다리기로 했다. 이렇게 퐁드 솜벨부터 스트네까지 모두 730명을 동원하는 것이 왕 일가의 호송계획이었다. 그리고 몽메디에는 보병부대 12개 대대, 기병부대 23개 중대를 집결시키기로 했다.*

5
왕은 누구를 데려갈 것인가?

슈아죌 공작은 메스로 떠나기 전 부이예 장군으로부터 왕이 마차에 일곱 번째 인물을 더 태울지 말지 알아보라는 편

---

* 보병연대(이름/주둔지)는 부이용/몽메디의 2개 대대, 카스텔라(스위스)/메스 2개 대대, 루아얄 되퐁/메스 2개 대대, 나소/티옹빌 2개 대대(1개 대대는 이미 몽메디에 배치), 루아얄 헤세 다름슈타트/메지에르 2개 대대, 라이나크(스위스)/모뵈주 2개 대대다. 기병연대는 루아얄 알르망/스트네 3개 중대, 에스테라지 위사르(경기병)/드당, 메지에르 4개 중대, 로칭 위사르/스트네 일원 4개 중대, 샹보랑 위사르/롱비 2개 중대, 샤쇠르(추격병) 드 샹파뉴/몽메디 2개 중대, 루아얄 드라공/클레르몽 1개 중대, 무슈 드라공/클레르몽 1개 중대, 샤쇠르 드 플랑드르/에탱 1개 중대, 도팽 드라공/티옹빌 3개 중대, 베르슈니 위사르/샤를루이 2개 중대다.

228

지를 받았다. 부이예 장군은 슈아죌 공작이나 다구(앙투안 장 다구 후작) 가운데 한 명을 태우기 바랐다. 다구는 1750년 그르노블에서 태어나 군에서 경력을 쌓고 1768년에 총기병이 되고 1781년 3월 30일에 소위로 진급해서 근위대에 들어갔다. 1783년에는 메스트르 드 캉 기병대에서 근무하고, 1787년에 생라자르 훈장을 받은 경력을 가진 참모 출신이었다. 그는 왕의 도주사건이 실패한 뒤 외국으로 망명한다. 아무튼 슈아죌 공작은 이 문제를 왕과 상의했다. 왕은 토론 중에 브리삭 공작Louis-Hercule-Timoléon de Cossé, duc de Brissac을 거론했다. 아마 엘리자베트 공주가 천거했기 때문일 것이다. 브리삭은 거물급 귀족으로 파리 군장관을 지내고 1791년에는 루이 16세의 근위대장을 지내다가 1792년에 학살당할 인물이었다. 왕은 브리삭 공작이 동행자로서 쓸모없을 것이라고 생각했다. 그래서 그는 다구와 슈아죌 중 한 명을 선택하려고 곰곰이 생각하다가 결국은 자신이 세운 계획대로 근위대에서 세 명만 데려가기로 결정했다. 그것은 슈아죌이 파리에 도착하기도 전에 왕이 혼자서 세운 계획이었다.

왕은 참모인 다구 후작에게 근위대원 가운데 건장하고 말을 잘 타는 사람 세 명을 골라 추천하라고 부탁했다. 왕은 세 사람에게 마드리드, 비엔나, 토리노로 떠날 임무를 맡길 예정이었기 때문에 필요한 복장과 전속력으로 달릴 수 있는 장비를 갖춰주어야 했다. 다구 후작은 발로리 백작le comte François-Florent de Valori, 기사 말당chevalier de Maldent, 기사 무스티에chevalier de Moustier를 추천했다. 이 세 사람은 마지막 순간 임무를 받을 때까지 간단한 전령 노릇을 해야 한다고 믿었다. 슈아죌과 페르센은 왕의 선택을 아쉬워했다. 그들은 여행에 대해서 길뿐만 아니라 행동방식을 잘 알고 더욱이 역참에서 해야 할 일까지 능숙하게 처리할 하인 가운데 세 명을 선택하는 편이 낫겠다고 생각했던 것이다. 그러나 왕이 나중에 그들의 생각이 옳다고 했지만 이미 확정되었기 때문에 되돌릴 수 없다고 했다. 왕은 세 사람에게 새로운 이름을 가지게 했다. 말당은 장, 발로리는 프랑수아, 무스티에는 멜키오르가 되었고, 6월 17일에는 여권을 발급받았으며, 모두 노란색 전령복과 가죽바지를 입고 둥근 모자를 쓰기로 했다. 왕 일행이 가지고 떠날 여권은 6월 5일 러시아 전권대신 시몰린Simolin이 코르프 남작부인의 이름으로 외무대신 몽모랭에게 요청한 것이었다.

아래 서명한 사람은 러시아 황제의 전권대신으로서 몽모랭 백작에게 코르프 남작부인, 하녀, 하인, 자녀 두 명과 종복(제복을 입은 수행하인) 세 명의 여권 한 부와 함께, 코르프 남작부인의 딸 스테글만 남작부인, 하녀, 하인, 종복 두 명의 여권 한 부를 발행해주시기 바랍니다. 행선지는 메스를 거쳐 프랑크푸르트입니다.

파리에서 1791년 6월 5일, 시몰린

이 여권은 모두 열세 명이 두 패로 나뉘어, 다시 말해 마차 두 대로 메스를 향해 출발해서 프랑크푸르트까지 간다는 사실을 증명해줄 것이다. 왕이 도주하는 경로는 모–샬롱–생트메누–클레르몽을 지날 것인데, 거기서 베르됭 Verdun으로 곧장 가면 메스로 가는 것일 테지만, 거기서 북향하면 바렌을 거쳐 진짜 목적지까지 가는 길이 열린다. 왕이 출발하기 며칠 전에는 실제로 스테글만이라는 스웨덴 여성과 또 한 여성이 같은 수의 말이 끄는 비슷한 마차를 타고 같은 길로 떠나기로 했다. 그러나 그 여성들은 나이와 건강 때문에 결국 왕이 떠나기 전날 밤에야 다른 길로 떠날 수 있었다. 왕, 왕비, 왕세자,

공주, 엘리자베트 공주(왕의 여동생), 투르젤 부인, 이렇게 여섯 명이 4륜마차에 함께 타고, 왕세자의 시녀인 브뤼니에 부인과 공주의 시녀인 뇌빌 부인은 2륜마차cabriolet를 타고 갈 예정이었다. 2륜마차도 페르센이 구입해서 준마 두 필을 묶어 궁 밖 강둑길에 세워두기로 했다. 두 시녀는 미리 2륜마차에 타고 봉디Bondy까지 가서 나중에 올 여행용 4륜마차를 기다리기로 했다. 전령 세 명 가운데 한 명은 4륜마차에 타고, 나머지는 각자 말을 타기로 했다. 제1전령은 항상 4륜마차보다 한 시간 전에 길을 떠나 다음 역참에서 기다리다가, 둘째 전령의 모습을 보고 그다음 역참을 향해 출발했다. 슈아죌 공작은 왕이 출발하기 아홉 시간이나 열 시간 전에 역마차chaise de poste(2륜마차)로 출발해서 샬롱에서 약 16킬로미터 떨어진 퐁드솜벨까지 가는 길을 살피고, 거기서 21일 정오에 경기병 40명을 이끌고 오는 부이예 장군 휘하의 참모인 고글라와 만날 예정이었다.

왕은 슈아죌 공작에게 계급과 선임자를 통틀어서 모든 병력을 지휘할 수 있다는 명령서와 함께 긴급상황에서 마음대로 내용을 적어 넣을 수 있는 백지 서명증서를 여섯 장 주었다. 왕은 자녀들의 의사인 브뤼니에를 슈아죌 공작과 함께 보내고 싶어했다. 왕의 자녀들의 건강도 신경 쓰였지만, 사실상 의사의 부인이 왕세자의 시녀로 여행에 참가하기 때문에 부인이 떠날 때 남편이 의심하지 않을까 하는 마음도 있었고, 남편만 남겨두고 떠나야 하는 부인의 걱정도 고려했던 것이다. 그래서 슈아죌은 의심을 사지 않고 의사를 데려갈 구실을 생각해야 했다. 왕비는 루이에게 자녀의 건강 때문에 데려간다고 핑계를 만들라고 했지만, 그때 슈아죌의 자녀는 파리에 있었기 때문에 그것은 통하지 않을 것이었다. 이리저리 생각하다가 결국 의사는 데리고 가지 않기로 결정했다. 그 대신 왕비의 미용사인 장 프랑수아 오티에, 일명 레오나르를 데리고 떠나기로 결정했다. 왕은 슈아죌 공작이 없는 동안 자녀에게 위험한 일이 생길지 모른다고 생각해서 마를리Marly에 빌라 한 채를 마련해서 그들을 옮길 수 있게 배려해주었다.*

왕의 짐을 싸는 데에는 여러 사람이 동원되어야 할 텐데 비밀리에 준비해야 할 상황이었기 때문에 옷가지를 별로 가지고 갈 수 없었다. 그래서 슈아죌과 페르센이 간단한 옷가지와 필수품을 마련했다. 페르센은 왕이 여행할 때 쓸 둥근 챙 모자 하나와 갈색 연미복 한 벌, 왕비와 시누이 엘리자베트를 위해 드레스와 모자 그리고 왕세자와 공주를 위해 목을 여미는 여자아이 옷을 두 벌 준비했다. 왕은 몽메디에 도착한 뒤에 제복을 입고 싶다고 했다. 그러나 그의 옷장에서 그럴듯한 핑계도 없이 한 벌을 꺼내기란 어려웠다. 왕은 세르부르를 방문했을 때 열병식에서 입었던 제복을 입고 국민방위군을 사열하겠다는 구실을 생각해냈다. 옷을 미리 입어보겠다는 핑계로 그는 18일 토요일 아침에 옷을 꺼내오라고 명령했고, 그날 밤 직접 상자에 집어넣었다. 붉은색에 금실로 수를 놓은 제복이었다. 왕은 제복을 넣은 상자와 함께 장화와 구두 그리고 여동생의 다이아몬드와 진주를 슈아죌에게 맡겼다. 그런 물건을 가지고 밤에 궁 밖으로 나가는 것은 위험했지만, 아무튼 성공했다. 모든 경우에 다 성공할 보장은 없겠지만, 열정과 헌신은 위험을 극복할 수 있는 원동력이다. 왕의 예복과 왕비의 보석은 슈아죌과 함께 그들보다 한 발 앞서서 떠나는 레오나르가 가지고 다녔다. 그는 몽메디로 가는 마지막 관문인 바렌까지

---

* 마를리는 동부의 메스 근처, 북부의 발랑시엔 근처에 있는데, 여기서는 파리 서남쪽에 있는 마를리 궁 근처를 뜻하는 것 같다. 슈아죌 공작이 파리를 떠날 때 파리에서 자녀를 쉽게 데려다놓을 수 있는 곳은 거기뿐이기 때문이다.

무사히 도착해서, 거기서 기다리던 슈발리에 드 부이예(작은 아들 샤를)를 만나 왕 일가가 무사히 파리에서 빠져나왔다는 소식을 전했다. 장식품이 먼저 도착했으니 왕과 일가만 무사히 도착하면 될 일이었다.

투르젤 후작부인은 42세의 생일을 얼마 전에 지냈지만 쇠약했기 때문에, 왕비는 그가 남고 싶다고 한다면 원하는 대로 해줄 생각이었고, 파리의 남동부 외곽에 있는 이시Issy에서 며칠 보내라고 권했다. 그러나 투르젤 부인은 왕실 자녀의 훈육관으로서 여행에 동참하겠다는 단호한 의지를 보여주었다. 왕비는 슈아죌 공작의 조카딸이며 시녀인 오순Ossun 백작부인을 베르사유에 남겨두고자 출발을 비밀에 부치다가 떠나기 직전에 그동안 비밀을 지켜야 했지만, "신성한 우정에 변함이 없으며, 곧 한자리에 모일 수 있기 바란다"는 쪽지를 남겨 이튿날 아침에 받을 수 있게 했다. 왕비의 들러리 시녀dame du palais 피젬스Fitz-James 공작부인은 마침 시골 별장에 있었다. 피젬스 가문은 1688년에 영국 왕위에서 쫓겨난 제임스 2세의 사생아가 루이 14세 때 프랑스로 건너가 제1대 공작이 되면서 시작되었다. 피젬스 공작부인은 제5대 공작(자크 샤를 드 피젬스)의 부인이었고, 왕비의 수석 들러리 시녀였다. 루이 14세의 적자이자 툴루즈 백작의 아들인 팡티에브르 공작의 며느리였던 랑발 공작부인la princesse de Lamballe은 밤에 왕비의 쪽지를 받자마자 마차를 준비해서 아네Anet를 향해 길을 떠나 불로뉴를 거쳐 영국으로 건너갔다. 왕비는 침전의 수석시녀인 티보Thibaut 부인에게 먼저 투르네로 갔다가 자신이 무사히 몽메디에 도착했다는 소식을 들으면 룩상부르를 거쳐 자신을 찾아오라고 명령했다.

왕은 브리삭 공작에게 쓰는 쪽지를 월요일 밤에 심부름꾼에게 맡겨 이튿날 전하라고 해놓고 길을 떠날 것이다. 아무튼 이튿날 아침에 바이이와 라파예트는 브리삭 집에 가서 그를 깨워 함께 튈르리 궁에 들어가 하인이 쓰는 층계를 통해 왕의 침실로 들어갈 것이며, 그때야 비로소 왕이 거기서 잠을 자지 않았다는 사실을 알게 될 터였다. 브리삭 공작은 열쇠를 들고 옆방을 확인한 뒤, 왕비 침실로 통하는 문 앞에 가서 왕비전 시녀들에게 왕을 찾는다고 말해야 한다. 브리삭 공작은 궁 앞마당으로 내려가 이리저리 살피다가 회색 옷을 입은 심부름꾼을 만나고, 그로부터 왕이 맡긴 쪽지를 받는다. 쪽지에는 왕이 브리삭을 믿지 못해서 비밀을 털어놓지 않은 것이 아니라 모든 사람에게 비밀로 부치기로 정했기 때문에 그랬다는 말과 함께 가능하다면 언제든 자신과 합류하기 바란다고 적었다. 이 쪽지는 브리삭이 왕의 계획을 알지 못했음을 증명하는 귀중한 증거가 되었다.

왕은 코블렌츠에 모인 망명객들 때문에 자신이 영향을 받는다는 혐의를 피하기 위해 한 사람도 더 일행에 가담시키지 않을 작정이었고, 초기에는 그저 자기 동생인 프로방스 백작과 아르투아 백작만 만나기를 바랐다. 부이예 장군은 브로이 원수의 간섭을 받지 않고 자신만이 병력을 지휘하기를 원했으며, 슈아죌 공작을 시켜 왕에게 그 뜻을 분명히 전하게 했다. 왕은 슈아죌에게 그렇게 해주겠다고 약속하는 동시에 자신은 오직 카스트리 원수만을 곁에 두고 자문을 받겠다고 슈아죌을 안심시켰다. 왕은 몽메디에 도착하는 대로 프랑스 원수의 지휘봉을 부이예 장군에게 내릴 작정이었다. 그렇게 하려면 전쟁대신에게 요청해서 지휘봉을 받아야 했다. 그것은 현실적으로 어렵기 때문에 슈아죌 공작은 이미 고인이 된 자신의 장인 스탱빌 대원수(자크 필리프 드 슈아죌, 슈아죌 스탱빌 공작)가 남긴 지휘봉을 그에게 빌려주라고 왕에게 제안했다. 왕은 동의했다.

마지막으로 왕은 슈아죌 공작에게 다시 한번 신신당부했다. 경거망동을 하거나 쓸데없이 병력을 노출시켜 그가 가는 길에 어떤 장애도 생겨서는 안 되며, 특히 그의 신분이 발각되게 만들어도 안 된다는 말이었다. 월요일 자정 전에 출발하면 더없이 좋겠지만, 늦어도 이튿날 자정과 1시 사이에 출발하기 위한 모든 사항에 합의했다. 그리고 첫째 전령은 자정에 출발해 봉디의 역참에서 여행마차에 맬 말 여섯 필, 2륜마차에 맬 말 세 필, 조랑말 두 필을 마련해놓고 왕의 마차가 도착하기를 기다리기로 했다. 보통 여행마차는 말 네 필, 2륜마차는 말 두 필이면 족했는데, 더 많은 말까지 동원할 것이었으니 먼 길을 좀더 빨리 가려는 의지가 돋보였다. 왕비는 이튿날 오후 1시에 자신의 하인 레오나르 편에 편지를 들려 슈아죌 공작에게 보내겠다고 말했다. 슈아죌과 페르센 백작은 만일 왕의 마차가 새벽 3시 반까지 봉디에 도착하지 않으면 왕이 결심을 바꿨거나, 궁 밖으로 나오지 못했거나, 나오다가 붙잡혔기 때문이라고 생각하기로 약속했다. 약속대로 봉디에 나타나면 첫째 전령이 마차를 안내해서 퐁드솜벨까지 쉬지 않고 달려가 거기서 기다리는 슈아죌 공작과 만나기로 했다. 그때부터 슈아죌 공작은 거기에 배치한 분견대를 거두어 왕의 마차를 호송해서 다음 목적지로 간다. 또 하나의 계획은 왕의 마차가 봉디에 도착하는 것을 본 첫째 전령이 곧바로 다음 목적지로 출발해서 기다리는 것이다. 이 전령은 마차보다 1시간 30분 앞서 다음 목적지에서 기다리고, 둘째 전령은 봉디에서 마차에 새로 말을 매고 준비를 갖추는 동안 마차보다 45분 앞서 다음 목적지로 떠난다. 첫째 전령은 둘째 전령이 도착하는 것을 보는 즉시 그다음 목적지를 향해 떠난다.

첫째 전령이 봉디에서 다음 역참에 들르지 않고 퐁드솜벨까지 가서 슈아죌 공작을 만나기로 한 이유는 부이예 장군의 지휘권이 미치는 범위가 3주교구로 제한되었기 때문이다. 그래서 처음에 도주로를 결정할 때, 왕은 파리와 샬롱의 중간쯤 되는 몽미라이Montmirail부터 분견대를 배치해서 자신을 안전하게 호송해주기를 바랐지만, 부이예 장군은 반대했다. 왕이 좀더 짧은 경로인 랭스를 지나지 않는 이유가 신분 노출을 꺼리는 데 있었듯이, 부이예 장군이 자신의 지휘권이 미치는 샬롱에서 파리 쪽으로 훨씬 다가선 곳에 분견대를 배치하면 무척 위험하다고 판단했던 것이다. 더욱이 왕이 바라는 대로 병력을 배치하려면 전쟁대신의 특별허가를 받아야 하는데, 왕에게 충성하는 전임 전쟁대신인 라투르뒤팽이라면 모를까, 신임 전쟁대신인 뒤포르타이는 의회파였기 때문에 특별허가를 받을 엄두를 내지 못했다. 당시에는 지방정부와 민간인의 정치 클럽이 눈을 부릅뜨고 여행자들을 감시하고 있었기 때문에 병력을 움직이는 것 자체가 위험했다. 게다가 실제로 병력을 움직이는 핑계가 그럴듯하지 못했다. '금고(또는 보물trésor)'를 수송하는 작전이라고 핑계를 댔는데, 어떤 사람들은 왕비가 오라비를 위해 돈을 빼돌리려는 수작이라고 헐뜯기도 했다. 그러므로 부이예 장군이 병력을 배치하는 일도 왕 일가가 튈르리 궁을 빠져나오는 일만큼 위험했다. 그리고 몽메디로 가는 길에 들를 바렌에는 역참이 없었기 때문에 지친 말을 바꾸기 위해 왕의 마차에 맬 말 여섯 필, 2륜마차에 맬 말 두 필, 그리고 필요한 경우 왕이 탈 말을 포함해서 승마용 말 몇 필을 따로 준비해두어야 했다. 작은 마을 바렌에서 말 몇 필을 매어두고 의심을 받지 않으면서도 어두울 때 도착할 왕 일가가 쉽게 찾을 수 있는 장소를 지정해두어야 했다. 이렇듯 왕의 앞길은 위험의 연속이었다.

아무튼 왕 일가가 20일에서 21일 사이 늦어도 밤 1시 전에 출발해서 순조롭게 여행한다면, 몽메디에는 수요일(22일) 새벽 5시에 도착할 수 있다. 몽메디에서 왕 가족은 모처럼 자유를 온몸으로 즐기면서 여독을 풀 수 있다. 수요일 하루를 푹 쉬고 나서 23일인 이튿날은 성체성혈대축일(성체첨례일)이라

DÉCRET

DE L'ASSEMBLÉE NATIONALE.

Du vingt-un Juin 1791.

L'Assemblée Nationale ordonne que le Ministre de l'intérieur expédiera à l'instant des Courriers dans tous les Départemens, avec ordre à tous les fonctionnaires publics et gardes Nationales ou troupes de ligne de l'Empire, d'arrêter ou faire arrêter toute personne quelconque sortant du Royaume ; comme aussi d'empêcher tout transport d'effets, armes, munitions ou espèces d'or ou d'argent, chevaux, voitures, ou Munitions ; et dans le cas où les Courriers joindroient quelques individus de la famille Royale, et ceux qui auroient pu concourir à leur enlèvement ; les Fonctionnaires publics ou gardes Nationales et troupes de ligne seront tenus de prendre toutes les mesures nécessaires pour arrêter lesd. enlèvemens, les empêcher de continuer leur route et rendre ensuite compte du tout au Corps Législatif. /.

Collationné à l'original par nous Président et Secrétaires de l'Assemblée Nationale à Paris le 21 Juin 1791.

Grenot, secrétaire   Alexandre Beauharnois, président

merle   Reguier M

Vu le présent Décret, et attendu l'urgence des circonstances...

국회가 1791년 6월 21일 라 뫼르트 도에 발행한 왕 일가 수색 명령.
문서 아래에 그날의 국회의장 알렉상드르 보아르네의 서명을 볼 수 있다(BNF 소장).

"배반자 루이, 코르프 남작부인의 종복으로 주인마님을 따라 도망치다."
코르프 남작부인은 왕의 자녀 훈육담당자인 투르젤 부인이 왕이 도피할 때 맡은 역할이다(BNF 소장).

국회의원들이 왕의 도피에 대해 쑥덕거린다. "하느님 맙소사, 왕이 도망쳤대!"
당시 영국인에게 왕의 도피는 상상도 할 수 없는 일이었다.
영국인 제임스 길레이James Gillray의 희화(BNF 소장).

온건파가 본 부이예 장군은 왕 측근의 악당이다.
그는 루이 16세의 도피에 가장 큰 책임을 져야 한다.
그의 얼굴은 흉측하며 동물의 귀를 달고 있다(BNF 소장).

루이 16세가 군주로서 위엄을 갖춘 모습이지만,
혁명의 영향으로 삼색 표식을 단 모자를 쓰고 법^{La Loi}이라 쓴 칼을 치켜들었다.

서 그들은 군 기지로 내려가 군인들과 함께 미사를 올린다. 미사 후에 병사들을 모아놓고 그 앞에서 부이예 장군에게 대원수의 지휘봉을 수여한다. 왕은 지난 2년 동안 누가 자기편인지 분간하기 어려울 정도로 불충하고 믿지 못할 사람들이 득실대는 베르사유 궁과 튈르리 궁에서 완전히 벗어나, 믿음직하고 충성스러운 부이예 장군을 곁에 두고 다시금 절대군주로 되돌아갈 희망을 품을 수 있을 것이다. 이미 외국으로 망명한 막냇동생 아르투아 백작과 거물급 왕족들이 모은 군대도 왕이 권력과 권위를 회복하도록 힘써줄 것이다.

6
약속의 땅을 향해

결국 왕은 국민의회가 3월 28일에 의결한 법을 어기기로 했다. "제1공무원인 왕은 국민의회에서 20리외 안에 거주해야 한다." 그는 벌써 몇 달 동안 파리를 떠날 계획을 세웠지만, 자금을 마련하기 어려웠기 때문에 계획을 늦출 수밖에 없었다. 마침내 5월 26일, 국회는 왕실비에 관한 법을 확정했고, 6월 9일에 6월치 왕실비 200만 리브르를 승인했다. 돈이 나오기까지 도주준비는 착착 진행되고 있었다. 파리부터 몽메디와 그 근처에 왕이 묵을 토넬 성까지 모든 준비를 갖추었다. 페르센 백작은 러시아 사람인 코르프 남작부인을 통해 주문제작한 여행용 마차를 왕이 떠나는 날 밤에 궁에서 벗어난 외곽에 준비해두었다. 왕의 마차에 함께 탈 사람들은 이름을 바꾸고 신분을 위장하기로 했다. 남작부인 역할은 투르젤 부인의 몫이었고, 왕은 뒤랑이라는 사업가, 왕의 자녀는 남작부인의 자녀, 왕비와 시누이는 남작부인의 시녀, 말당과 무스티에는 하인이었다. 역참마와 마부도 왕의 일행보다 늘 한 걸음 앞서가는 전령이 준비하도록 했다. 근위대에서 뽑은 전령 세 명은 여행마차의 바퀴와 같은 노란색의 제복을 입도록 했다. 노란색은 6월 하순의 푸른 벌판을 달려갈 사람들이 남의 눈에 띄겠다고 작정하지 않았다면 도저히 생각해내기 어려운 색이었다. 페르센은 그 나름대로 왕의 도주를 성공시키기 위해 여러모로 노력했다. 16일에는 왕비의 짐을 직접 반출했고, 17일에는 첫 번째 목적지인 봉디까지 갔다가 부르제에 들르고 나서 집으로 돌아가 저녁을 먹었다. 그는 20일, 늦어도 21일 새벽 1시에 밟을 도주로를 사전에 답사했던 것이다. 그는 봉디에서 '코르프 남작부인' 일행과 헤어진 뒤 부르제를 거쳐 벨기에 지방의 몽스Mons로 향할 예정이었다. 18일에는 왕비에게 오후 2시 반에 찾아가 6시까지 함께 있는 동안 황제가 보낸 편지를 읽고 영국 함대가 움직이고 있다는 소식을 들었다. 19일 일요일에는 왕과 함께 시간을 보내면서 국새國璽들과 돈을 맡았다.

필요한 지점에 병력을 배치하고 이동하는 일은 부이예 장군이 모두 준비해놓았다. 이 같은 큰 계획을 실현하는 데 필요한 돈을 마련하는 일이 무엇보다 중요했다. 루이 16세는 오스트리아 황제에게 급히 1,500만 리브르를 빌려달라고 했지만 거절당했다. 황제는 단지 1만 5,000명 규모의 군대를 국경지대에 집결시켜, 부이예 장군이 프랑스 군대를 움직일 구실을 마련해주겠다고 약속했지만, 이 약속을 제대로 지키지 않았다. 국민의회가 결정해준 왕실비 200만 리브르가 6월 첫 주에 나올 예정이었기 때문에, 왕은 그 돈을 받은 뒤에야 파리를 떠나기로 결정할 수밖에 없었다. 왕이 튈르리를 무사히 빠져나간 뒤 일정한 속도를 유지하려면 역참에 들를 때마다 왕의 마차에 말 여섯 필, 하녀의 마차에 말 두 필, 파발꾼 세 명이 각 한 필씩 바꿔야 했다. 샬롱까지 열두 군데를 거쳐야 하므로, 거기까지 가는 데만도 말이 132마리가 필요했다. 보통 역참마와 역참 소속 마부에게 25수(1리브르 5수)씩 지불하는데, 왕은 1에퀴(5리브르)씩 지불하고, 마부가 속도를 높여주면 행하도 주었다. 이 같은 사실로 미루어 볼 때, 샬롱의 역참 소속 마부에게 역참로를 벗어나는 불법행위에 참여하는 대가를 크게 지불했다고 생각할 수 있다. 더욱이 역참이 없는 바렌을 거치려면 샬롱의 역참마를 거기까지 데려가야 했으며, 또 그곳에 미리 말을 대기시켜야 했다. 다행히 슈아죌 공작이 자기가 소유한 말을 빌려줄 수 있었다.

루이 16세와 마리 앙투아네트가 결혼한 지 8년 만인 1778년 12월 19일에 얻은 첫딸 마리 테레즈 샤를로트는 1791년 6월 20일에 정확히 12년 7개월째의 첫날을 맞았고, 그의 동생이며 왕세자인 루이 샤를은 6년 3개월을 완전히 채우지 못했으니 둘 다 세상물정에 눈을 뜨지 못한 상태였다. 누이와 동생은 모두 부모가 무슨 일을 꾸미는지 6월 20일 오후까지 까맣게 몰랐다. 그 가족 중에 홀로 살아남은 누이가 훨씬 훗날 증언한 내용이 정확하다고 할 수 있을지 모르겠지만, 그가 보기에 부모는 어느 때보다 아주 들뜨고 바빴다. 저녁을 먹고 나서 왕은 자녀를 다른 방으로 보낸 뒤 왕비와 여동생과 셋이서만 뭔가 긴밀하게 이야기했다. 아마 그때 왕은 도주계획을 여동생에게 처음으로 털어놓았을 것이다. 그리고 5시가 지나서 왕비는 자녀를 데리고 산책을 했다. 시녀인 마이예 부인과 왕세자의 부훈육관 수시 부인이 그들을 따라갔다.* 그들은 쇼세 당탱 거리 끝의 부탱 공원 티볼리까지 갔다. 이 공원은 왕실 금전출납관으로 봉사한 시몽 샤를 부탱이 개장한 공원이었다. 왕비는 자

---

* 왕세자는 아직 일곱 살이 되지 않았기 때문에 훈육관과 부훈육관이 모두 여성이었다.

연스럽게 딸과 둘이 길을 걸으면서 앞으로 무슨 일이 일어나도 조금도 걱정하지 말라고 했다. 혹시 가족이 헤어질지 모르지만 금세 만날 수 있으니 안심하라고 단단히 일렀다. 그들은 7시가 되어서 궁으로 돌아갔다. 1년 중 밤이 제일 짧은 하짓날이었지만, 시간이 흐르니 밖은 어두워졌다. 왕비는 공주가 몸이 불편하다는 핑계로 브뤼니에 부인만 남겨두고 다른 시녀들을 공주의 곁에서 물렸다. 왕비는 브뤼니에 부인에게 도주계획을 털어놓고 함께 가주겠느냐고 물었다. 왕비는 남편 때문에 남아야겠다고 한다면 굳이 함께 가자고 강요하지 않겠다고 했지만, 부인은 흔쾌히 어디든 따라가겠다고 말했다. 그의 말을 듣고서 감동하고 안심한 왕비는 공주와 그를 남겨두고 왕에게 돌아갔다.

왕은 뤽상부르 궁에 사는 큰 동생 프로방스 백작 부부(공식 칭호는 '무슈 에 마담')를 맞아 함께 밤참을 먹었다. 왕과 동생의 부부 그리고 여동생, 이렇게 다섯 명은 10시가 지날 때까지 이야기를 나눴다. 왕은 동생과 헤어지기 전에 몽메디로 간다고 말했고, 동생에게 벨기에 지방을 거쳐 롱비로 들어와 합류하라고 말했다. 왕의 제수는 그 사실을 잠자리에 든 뒤에 들었다. 그는 낭독관lectrice 구르비용 부인이 깨우는 바람에 일어났다. 구르비용 부인은 왕비와 무슈로부터 마담을 무사히 데리고 나가라는 임무를 받았다고 설명해주었다. 그렇게 해서 무슈와 마담은 약속장소까지 무사히 가서 만났지만 서로 모르는 체하면서 결국 가장 가까운 국경을 넘어 벨기에 지방으로 들어갔다. 형제의 운명은 그날 밤부터 이틀날 사이에 이렇게 갈렸다. 형의 앞날은 안개속을 헤매는데 동생은 외국으로 무사히 빠져나가 비록 예전처럼 부귀영화를 누리지는 못해도 끝까지 살아남아 왕정복고 시기에 루이 18세가 되어 금의환향하고, 여러 사람과 함께 묻힌 루이 16세 부부의 시신을 수습해서 전통적인 왕실 무덤으로 보내고, 그가 묻혔던 자리에 속죄의 예배당La Chapelle expiatoire을 지었다. 그러한 사실은 살아남은 사람들이 만들어갈 몫이니, 다시 루이 16세의 도주에 대한 이야기로 돌아가자.

왕비는 자녀 훈육관 투르젤 부인과 함께 왕세자를 깨워 이미 깨어난 공주와 함께 왕비전의 중이층으로 데려갔다. 그곳에는 그들의 도주를 도와줄 근위대의 말당F. de Maledent 남작이 기다리고 있었다. 왕비는 선잠을 깬 왕세자에게 계집아이 옷을 입혔다. 왕세자는 연극을 하는 줄 알고 신나했다. 밤 9시 반에서 10시 사이, 마부로 변장한 페르센은 자신이 빌린 삯마차를 '왕자들의 마당la cour des Princes'으로 몰고 갔다. 왕의 모험에서 늘 앞장서서 역참에 들러 말과 마부를 준비시키는 임무를 맡은 발로리 백작은 당시에 떠돌던 나쁜 소문 때문에 마당에 불을 밝히고 국민방위군들이 경계를 강화하고 있었다고 회고했다. 그 마당은 지난 4월 18일, 루이 16세가 생루이 궁으로 가려고 마차를 타고 두 시간 이상 꼼짝도 하지 못한 곳이었다. 마당에는 11시에 있을 왕의 취침의식*에 참가하는 명사들이 타고 온 마차들이 서 있었다. 페르센은 맨 뒤에 마차를 세웠다. 왕과 왕비는 투르젤 부인에게 자녀들을 데려가라고 손짓했다. 11시경 페르센은 투르젤 부인과 왕의 자녀들을 태우고 튈르리 궁 밖으로 나간 뒤 사람들의 시선을 피하기 위해 파리 시내를 이리저리 돌아다니다 궁전 근처의 프티 카루젤에 마차를 세우고 하염없이 왕과 왕비와 엘리자베트 공주를 기다렸다. 얼마 뒤 마차 곁으로 라파예트 장군이 왕의 취침의

---

* 왕이 아침에 일어날 때 기상의식lever을 치렀듯이, 잘 때도 취침의식coucher을 치렀다. 이 의식에는 대소 신료가 참석했다. 왕이 튈르리 궁에서 살게 된 뒤, 왕의 침전에 드나드는 사람은 파리 시장과 국민방위군 사령관으로 바뀌었다.

식에 참가하려고 궁으로 들어가고 있었다. 투르젤 부인은 저도 모르게 왕세자를 자기 치마로 감싸 숨겼다. 다행히 라파예트는 아무것도 모르고 지나갔다. 그리고 또다시 궁 안에서 무슨 일이 벌어지는지 모르는 채 마차는 하염없이 기다렸다. 가장 길고 초조한 시간이었다.

그동안 왕과 왕비는 마지막까지 아무 일도 없는 듯이 연극을 계속했다. 그리고 주위 사람들을 물리친 뒤에 한 사람씩 걸어서 튈르리 궁 밖으로 빠져나가 페르센이 기다리는 곳으로 가서 마차를 타기로 했다. 혹시 국민방위군 참모인 구비옹을 만나면 그에게 도주계획을 털어놓고 도와달라고 할 작정이었다. 당시 구비옹은 튈르리 궁 안에 살고 있었다. 또 금화 두 닢에 각각 똑같은 표시를 새겨가지고 궁을 나서다가 보초를 만나면 한 닢을 주면서 나중에 그 돈을 제시하고 다른 한 닢과 표시가 같다는 사실을 입증하면 한밑천 두둑이 안겨주겠다고 해서 매수하기로 했다. 눈 한번 질끈 감는 데 금화 한 닢이 생기는 일이 어디 있으랴. 게다가 나중에 보상까지 약속한다니 웬만한 보초는 충성심을 팔 생각이 날 만했다. 마차에 탄 사람들은 왕과 왕비가 나오기만 초조하게 기다렸다. 자정이 조금 지났을까, 엘리자베트 공주가 말당의 도움을 받아 고생 끝에 마차를 찾아냈다. 그리고 변장을 한 왕도 간신히 마차에 탔다. 그는 라파예트 앞에서 잠자리에 들기 위해 옷을 벗었다가, 라파예트가 떠난 뒤에 신분을 감추기 편한 옷을 입고 가발을 쓴 뒤에 '모든 프랑스인에게 보내는 성명서'를 잠자리에 남겨두고 침실을 빠져나왔다. 그의 뒤에는 발로리가 따라갔다. 왕은 보초들의 눈을 피하려고 몸짓과 걸음걸이도 바꾼 채 큰 마당을 가로질러 무사히 마차까지 도착했다. 왕비는 왕 다음으로 궁을 빠져나와야 했기 때문에 가장 두려웠을 것이다. 더욱이 왕비는 마차를 세워둔 곳을 잘 모르는 무스티에에게 끌려다니다가 소중한 시간을 30분이나 잃었다.

마침내 왕비가 카루젤 광장을 지날 때, 라파예트와 구비옹이 국민방위군 분견대를 이끌고 왕비 곁을 지나갔다. 이 아슬아슬한 순간, 라파예트는 왕비를 알아보지 못하고 지나갔다. 왕비는 너무 기쁜 나머지 마차를 발견하고 바퀴를 두드렸다고 한다. 이제 페르센이 빌린 삯마차에는 그날 밤 떠나는 승객이 모두 무사히 탔지만, 예정시간보다 한 시간 반 이상 늦게 출발했다.

　페르센은 북쪽 대로 방향으로 마차를 몰아 생마르탱 문 근처로 갔다. 그곳에는 그가 주문제작한 여행용 마차를 준비해놓았다. 왕 일행을 따라갈 말당과 무스티에가 마차를 지키고 있었고, 발로리는 벌써 그곳을 떠나 다음 역참인 클레Claye에 말을 준비해놓으러 떠났다. 그는 왕이 파리를 벗어나지 못할 경우, 주요 지점에 배치한 분견대에 그 사실을 알려 부이예 장군이 병력을 철수하도록 할 임무를 띠었다. 페르센은 준비해둔 마차에 왕 일가가 모두 타자 미리 연습했던 대로 첫 번째 목적지인 봉디를 향해 마차를 몰았다. 그는 왕 일가가 도주에 성공하지 못한다면 브뤼셀로 가서 구명운동에 힘쓰리라고 다짐하고 있었다. 그는 일요일에 왕이 자신에게 "페르센 백작, 내게 무슨 일이 닥쳐도 결코 당신이 내게 해준 일을 잊지 않겠소"라고 한 말이 떠올랐다. 곁에서 울고 있던 왕비의 모습도 떠올랐다. 그는 월요일 저녁 6시쯤 그에게 가장 소중한 사람인 왕비가 자녀들을 데리고 산책을 나갈 때 헤어지고 나서 거의 일곱 시간 만에 그 소중한 사람과 가족을 마차에 태우고 봉디까지 갔다. 거기서 그는 그들과 헤어지고 부르제를 거쳐 벨기에를 향해 갔다. 몇 번 검문을 받았지만 무사히 국경을 넘어 21일 저녁 6시에 몽스에 도착했다. 거기서 왕의 동생 '무슈(프로방스 백작)'를 만나 왕이 무사히 도주했다는 소식을 전하면서 함께 기뻐했다. 그러고 나서 그는 나뮈르Namur와 산악지대를 거쳐 23일 밤 11시 뤽상부르 주의 아를롱Arlon에서 부이예 장군을 만나 왕이 잡혔다는 소식을 들었다. 그는 나뮈르로 되돌아가 '무슈'에게 슬픈 소식을 전하고 함께 걱정했다. 왕의 일가는 약속의 땅을 향해 출발한 뒤 무슨 일을 겪었기에 약속이 틀어지게 되었던가?

7
왕은 납치당했는가?

6월 21일 화요일 오전 7시, 왕의 시종 피에르 위베르는 여느 아침처럼 왕을 깨우러 들어갔다. 간밤 11시 20분에 왕이 침대로 올라간 것을 확인한 그는 침대가 비어 있어서 놀랐다. 왕이 여느 때보다 일찍 일어나서 어디 갔을 리가 없었다. 침대에서 잔 흔적이 없었기 때문이다. 그럼에도 그는 왕비전 쪽으로 가서 혹시 거기서 왕이 잤다는 소식이나 들을 수 있을지 살펴보았다. 조금 뒤에 왕비전, 왕세자전, 공주전에서도 시녀들과 시종들이 빈 침대를 보고, 그들이 어디 갔나 찾아보러 다니다가 어느 정도 시간이 흐른 뒤에야 비로소 그들이 궁에 없다는 사실을 확인하게 되었다. 왕은 떠나기 전에 준비해둔 글을 아침에 시종이 쉽게 찾을 수 있도록 놔두고 사라졌다. 그 글을 받은 왕실비 총관intendant de la liste civile 라포르트는 법무대신 뒤포르 뒤테르트르에게 이 사실을 알리고 상의했다. 법무대신은 긴 글을 다 읽을 시간이 없는 상태에서 왕이 대신들에게 따로 내린 명령만 읽고는 빨리 파리 시장에게 왕의 실종 사실을 알리라고 했다. 8시쯤 파리 시장은 기별을 받고 국회의장인 알렉상드르 드 보아르네에게 찾아가 그 사실을 알렸다. 보아르네는 장차 나폴레옹과 결혼할 조제핀의 남편이었다. 그는 제때 등원하지 못하고 파리 시장과 국민방위군 사령관과 함께 문제를 상의한 뒤 뒤늦게 국회로 나갔다.

9시에 국회의 오전회의가 시작되었지만, 의장이 출석하지 않아 전임 의장인 도시Daucy가 회의를 개최했다. 비서가 전날의 회의록을 읽고 있을 때, 보아르네가 회의장에 들어서서 의장석에 앉더니 놀랄 만한 소식을 전했다.

여러분, 괴로운 소식을 전하겠습니다. 제가 등원하기 직전 파리 시장이 찾아와 왕이 일가를 데리고 궁을 떠났다고 전했습니다. 의원 여러분은 이처럼 예견하지 못한 중대한 상황을 맞이해서 왕국의 질서와 헌법을 온전히 지키기 위해 방방곡곡에 이 놀라운 소식을 즉시 알리는 명령을 내려야 한다고 생각하실 것입니다.

의원들은 의장의 보고를 듣고서도 한동안 아무 말도 하지 못했다. 생장당 젤리의 레뇨 의원이 2년 전 국회가 비록 이보다 중대하다고 할 수 없는 상황이었음에도 그동안 줄곧 그랬듯이 지금이야말로 더 냉정하고 용기 있게 대처해야 할 때라고 말했다. 그때 자유를 쟁취한 사람들은 이제 자유를 보존하고 지킬 줄 알아야 하며, 헌법의 친구들은 한데 뭉쳐 헌법을 보전해야 할 것이라고 강조했다. 그는 단 두 가지 조치를 취하면 족하다고 말했다. 첫째, 대신들을 국회의 증언석에 불러 그들이 해야 할 일을 알려주고, 둘째, 내무대신으로 하여금 즉시 83개 도에 파발마를 띄워 모든 공무원과 국민방위군 또는 정규군이 아무도 왕국 밖으로 나가지 못하게 막도록 명령을 내리게 하자는 것이었다. 카뮈 의원이 레뇨의 말을 지지하면서, 아무도 나라 밖으로 나가지 못하게 명령을 내리고, 대신들에게 국민의 이름으로 명령해서 국회에 출두하게 하자고 제안했다. 의장은 시장과 한자리에서 만난 국민방위군 사령관 라파예트가 즉시 사방으로 파발마를 띄우겠다고 했음을 보고했다. 곧이어 의원들은 레뇨가 상정한 법안을 통과시켰다.

"내무대신은 즉시 모든 도에 파발꾼을 보내 모든 공무원, 국민방위군, 정규군에게 그 어떤 사람이라도 왕국 밖으로 나가지 못하게 하는 동시에 무기, 탄약, 금이나 은, 말과 마차의 반출도 막도록 명령한다."

그러나 레뇨는 곧바로 자기가 제안한 안에 한두 구절을 추가하자고 제안했고, 의원들은 그 안을 만장일치로 받아들여 다음의 구절을 덧붙였다.

"그리고 파발꾼들이 임무를 수행하는 도중에 왕의 가족 또는 그들을 데려가는 데 일조한 사람들을 만나는 경우, 그 지역의 공무원, 국민방위군, 정규군은 그들이 더는 여행을 계속하지 못하도록 모든 조치를 취하고 나서 국회에 보고하도록 한다."

프랑슈 콩테의 아발에서 제3신분으로 진출한 베르니에 의원은 파발꾼들이 각 도에 명령을 전할 때, 모든 대장장이에게도 창을 만들도록 해서 인민들을 무장시키도록 하는 명령도 함께 전하자고 했다. 르 샤플리에 의원은 왕이 파리를 떠난 절체절명의 상황에서 국회는 차수 변경을 하지 말고 계속 회의를 진행하자고 제안해서 만장일치의 지지를 얻었다. 샤를 드 라메트 의원은 벨기에 지방이 가장 가까운 외국이므로 왕이 그 방면으로 '유괴(또는 납치 levé)'되었을 가능성이 크기 때문에 전쟁대신으로 하여금 북부군 총사령관 로샹보 장군에게 빨리 군을 장악하여 방위태세를 갖추게 해야 한다고 주장했다. 누군가 그뿐만 아니라 모든 장군에게 똑같은 명령을 내려야 한다고 거들었다. 국회의원들이 너도나도 자기주장을 하느라고 시끄러울 때, 의장에게 기별이 들어갔다. 의장은 파리 국민방위군 참모 한 명이 왕 일가가 간 길을 추적하라는 명령을 받고 떠났다가 사람들에게 붙잡혀왔는데 그의 말을 들어보겠느냐고 제안했다. 곧 참모 로뫼프Romeuf가 회의장으로 들어서서 말했다.

라파예트 사령관은 왕과 가족이 떠난 것을 알자마자 어떤 길로 갔는지, 누가 그들을 데려갔는지 알아내기 위해 자기 권한이 허락하는 한에서 모든 조치를 취했습니다. 그래서 저는 지금 국회의장님이 들고 계시는 명령을 받았습니다. 그 명령을 받은 즉시 길을 떠나 모든 시민에게 왕이 공공의 적들에게 납치되었다는 사실을 알리고, 가능한 모든 수단을 동원해서 그들의 길을 막고, 가급적 왕 일가를 파리로 되돌려 보내라고 할 참이었습니다.

제가 길을 떠나자마자 저는 루이 16세 다리 끝에서 이 다리를 건설하던 노동자들에게 붙잡혔습니다. 그들은 저를 말에서 끌어내리고 학대했습니다. 그때 제 동료인 퀴르메르도 함께 잡혔는데, 지금 그가 어떻게 되었는지 걱정입니다. 저는 곁에 있던 선량한 시민들의 도움을 받고 발길질과 몽둥이질로부터 벗어났습니다.

국회 바깥에서는 왕이 도주했는지 납치당했는지 정확히 모르지만 아무튼 왕이 사라졌다는 소식을 들은 민중이 사소한 일에도 흥분해서 말을 탄 사람을 학대했음을 알 수 있다. 로뫼프는 국회의장에게 동료를 구해달라고 하소연했다. 의장은 곧 레뇨 의원이 제안한 내용을 물었다.

"의원님들은 내가 국민방위군 참모 두 명이 임무를 계속 수행할 수 있도록 의원 두 명과 집행관 두 명을 함께 보내기를 원하십니까? 그렇다면 나는 비오자Biauzat 의원과 라투르 모부르La Tour-Maubourg 의원을 지명합니다."

라파예트가 시청 앞 그레브 광장에서 시민들에게 붙잡혀 있다는 소식이 국회로 들어오고, 의원들은 곧 위원 여섯 명*을 시청으로 보내 시장과 국민 방위군 사령관을 국회로 부르기로 결정했다. 뢰프벨 의원은 곧 라파예트가 올 테니 의장은 한 달 전쯤 자정이 지나서 궁 밖으로 한 명도 내보내지 말라고 궁 수비대 장교들에게 명령을 내렸는지, 또 어떤 이유에서 그런 명령을 내렸는지 확인해달라고 주문했다. 좌파 의원들이 쑥덕이기 시작했다. 바르나브가 뢰프벨이 머뭇거리는 틈을 타서 말할 기회를 잡았다. 그는 뢰프벨 의원이 사방에 의혹을 퍼뜨리려고 하는데, 지금은 국회가 나라를 구하고 모두 힘을 모아 인민의 신뢰를 받아야 할 자격이 있는 사람들을 더욱 신뢰하도록 만드는 일에 힘쓸 때라고 말했다. 그는 혁명 초부터 라파예트가 훌륭한 시민의 의도와 행동을 증명했으므로 그를 믿어야 한다고 강조했고, 국회의원들과 방청객들의 지지를 받았다. 뢰프벨 의원이 발언하는 동안 웅성거리던 좌파 의원들이 바르나브의 말이 분위기를 돌려놓는 것을 보고 불만을 터뜨렸다. 어떤 좌파 의원은 박수치는 사람들을 조용히 시키라고 외쳤다. 왕의 일가가 파리를 빠져나간 사건을 놓고, 좌파는 라파예트의 행동을 의심하는데, 중도와 우파 그리고 방청객들은 '납치', '유괴'라는 말로써 왕을 옹호하는 것에 그치지 않고 라파예트를 의심하지 말자는 분위기에 휩싸였다.

르 샤플리에 의원은 다른 의원이 이미 제안한 내용에 자신의 것을 덧붙여 상정한 법안을 통과시켰다. 국회는 왕과 가족의 일부가 유괴당한 시점에 아주 확고한 의지를 가지고 중요한 문제를 계속 다루어나가겠으며, 이러한 범죄를 저지른 자들이 남긴 흔적을 추적하는 데 온갖 능동적인 조치를 취하고,

---

* 아드리엥 뒤포르, 르 펠티에 생파르조, 살, 레뇨 드 생장당젤리, 도시, 리카르 드 세알.

앞으로 회의를 멈추는 일이 없이 계속 열어 국가가 이 사건으로 아무런 해를 입지 않도록 모든 방법을 동원하겠으며, 모든 시민에게 국회를 믿고 국가의 안녕을 유지하는 데 노력해달라고 부탁하며, 국가를 구하는 일은 오로지 질서를 유지할 때 가능하기 때문에 혼란을 부추기고 사람들을 공격하면서 남의 재산권을 위협하는 자들을 자유와 헌법을 해치는 범죄자로 여길 것임을 파리 시민과 제국의 주민들에게 알린다고 했다.

"국회는 앞으로 필요한 명령을 내릴 것이며, 시민들에게 공공의 질서를 유지하고 조국을 수호하는 데 적극 협조해달라고 부탁한다. 또한 왕국의 모든 도와 시정부 행정관, 관리들은 이 명령을 받는 즉시 인쇄하고 널리 배포해서 질서를 유지하는 데 힘쓰기 바란다."

프레토 생쥐스트 의원은 국회가 발행하는 법, 명령에 찍을 도장과 거기에 쓸 문구를 확실히 통일해서 모든 지방에 보내자고 제안했다. 이것은 국회가 제정한 법을 시행하려면 행정수반인 왕의 승인과 재가가 필요하며 관계부처 대신의 서명과 국새가 필요한데, 왕이 사라졌기 때문에 부득이 국회가 그에 상응하는 임시조치를 내려야 한다는 말이었다. 국회의장은 의원들의 지지를 받아 이 안을 통과시켰다.

앞으로 모든 명령décrets에는 "법과 왕. 국회 1789la loi et le roi. Assemblée nationale 1789"라는 말만 쓰기로 한다. 국회에서 발송하는 모든 문서에는 "국민, 법과 왕. 국립기록원la nation, la loi et le roi. Archives nationales"이라는 말을 새긴 도장을 찍는다.

국회는 모든 행정기관과 공무원이 인민에게 국회의 명령을 알리기 전에 반드시 주의 깊게 살펴서 도장과 서명의 진위 여부를 가려내려고 노력하도록 촉구한다. 또 "법과 왕. 국회 1789"라는 낱말을 새긴 도장을 남용하지 못하도록, 이 말만을 새긴 도장을 한군데에 모아두고, 명령 발행 위원들로 하여금 함부로 명령에 날인하지 못하게 감독한다.

국회의원들은 왕이 대표하는 행정부가 하루아침에 사라진 상태에서 온갖 대응책을 논의하고 하나하나 해결해나갔다. 샤를 드 라메트는 이처럼 비상시국을 맞아 대신들을 국회에 출석시킬 필요가 있을 때 그렇게 하자고 한 뒤, 6~12인위원회를 만들어 이 사건의 진상을 조사하게 하자고 제안했다. 이어서 앙드레 의원이 정말 본질적인 문제를 꺼냈다. 국회가 제정한 법을 시행하려면 왕의 인정과 재가가 필요한데, 이제 왕이 사라진 상태에서 임시조치라도 취해야 하지 않겠느냐는 뜻이었다. 그를 지지하는 발언이 나온 뒤, 국회의장은 먼저 모든 법에 "왕의 이름으로"라는 말이 들어가는데, 그것부터 "국회는 다음과 같이 의결하고 명령한다"는 말로 바꿔야 하지 않겠느냐고 물었다. 의원들은 각부 대신들이 출석했으니, 먼저 내무대신의 의견부터 들어보자고 합의했다. 내무대신 르사르가 말했다.

"국회의원 두 명을 파견해주시면 그들과 협력해서 국회의 명령을 시행하는 데 필요한 모든 조치를 내릴 수 있겠습니다."

국회의장이 이 문제를 표결에 붙이려 하자 의원들은 반대했다. 국회의원이 아닌 사람의 발의를 표결에 부칠 수 없다는 말이었다. 의장은 먼저 샤를 드 라메트의 안을 표결에 부쳤다.

"대신들을 국회에 출석시키고, 필요할 때 그들은 회의장에서 가장 가까운 사무실에 모여서 국회가 의결한 법을 집행하는 데 필요한 명령을 내릴 수 있다."

이 안은 별 문제 없이 통과되었다. 곧 법무대신 뒤포르 뒤테르트르가 발언하겠다고 나서더니, 왕이 자기에게 국새를 맡겼기 때문에 앞으로 국회가 법령을 제정할 때 자신에게 공식적으로 국새를 찍을 권한을 달라고 주문했다. 뒤포르 뒤테르트르는 발언 중에 왕이 내무대신 르사르에게 '앞으로 왕의 명령을 받지 않는 한 어떤 문서에도 서명하지 말 것'을 주문한 쪽지가 있다고 밝혔다. 앙드레 의원은 문서에 국새를 찍는 문제는 자기가 발의한 내용이라고 말했고, 여러 의원이 앞다투어 발언권을 신청했다. 국회의장은 외무대신 몽모랭이 내무대신에게 쓴 편지가 있으니, 먼저 그것을 읽어본 뒤에 논의하자고 했다. 몽모랭은 사람들의 감시를 받으며 집 밖으로 나가지 못하는 처지를 알리면서, 르사르가 국회에 볼일이 있어 들른다면 자신이 집 밖으로 드나들 수 있게 요청해달라고 부탁했다. 의장은 곧 몽모랭의 집으로 위원들을 보내 그를 자유롭게 출입할 수 있도록 만들었다. 의장은 국민방위군의 어떤 지휘관이 왕비에게 보낸 편지를 방금 입수했다고 알렸다. 튈르리 궁에 모인 군중이 왕비 침전의 1층 방에서 직접 찾은 편지를 의장에게 가져온 것이다. 의장은 "왕비에게"라 쓰고 제병祭餠으로 봉인해놓은 이 편지를 어떻게 처리할 것인지 물었을 때, 사방에서 읽어라, 말아라 떠들었다. 어떤 의원이 사적인 편지의 봉인을 국회가 함부로 열어서야 되겠느냐고 말했다.

법무대신 뒤포르 뒤테르트르가 의장의 허락을 받고 말문을 열었다. 그는 아침에 왕실비 총관인 라포르트가 왕이 직접 써서 남긴 글을 보여주었지만, 전부 읽지는 못했다고 말했다. 그 편지에는 왕이 추가한 글도 있었는데, 왕은 모든 대신에게 자기의 명령 이외의 어떤 것도 따르지 말 것이며, 특히 국새경은 자신이 맡긴 국새를 잘 보관하다가 나중에 돌려달라고 부탁했다. 그는 라포르트가 이런 경우 왕의 편지를 어떻게 처리할지 물어보기에 당장 국회의장에게 가져가라 충고했다고 말했다. 그는 방금 라포르트가 아침 8시 반에 국회의장을 찾아갔지만 파리 시장과 함께 나갔기 때문에 왕의 글을 전하지 못했다는 편지를 받았다고 말하면서, 자신이 받은 편지를 국회의장 비서들에게 제출했다. 국회는 법무대신이 법을 승인하는 국새를 찍을 권한을 인정해주고, 라포르트를 부르자는 안을 놓고 설전을 벌였다. 카뮈 의원은 국사에 관계하는 대신들은 국회에 출석시킬 수 있지만, 왕실비 총관은 왕의 하인이자 사인私人이기 때문에 출석시킬 필요는 없다고 말했다. 뒤퐁 의원이 카뮈에게 반대하면서 라포르트가 가지고 있는 왕의 글이 필요하기 때문에 그에게 그 글을 제출할 것을 명령해야 한다고 주장했다. 그 글을 읽어야 비로소 "우리가 어떤 카드를 쥐고 노는지 알 수 있으며" 이 상황에 맞는 합리적인 결정을 내릴 수 있을 것이라고 말했다.

의원들이 자유롭게 의견을 쏟아내는 동안 파리의 여러 구민이 대표를 보내 의견을 발표하겠다고 했다. 의장은 의원들이 허락해준다면 위원 세 명을 임명해서 대표단의 목적이 무엇인지 파악한 뒤 국회에 보고할 것이라고 말했다. 그리고 과연 그것이 고려할 만한 것이라면 지체 없이 그들을 불러들여 들어보자고 제안했다. 모든 의원이 찬성했다. 의장은 프레토 생쥐스트, 트렐라르, 페티옹을 위원으로 임명해서 구민 대표들을 만나도록 했다. 베르니에 Vernier 의원이 긴급히 왕실비 지급을 정지하자고 제안했고, 카잘레스 의원은 예의에 어긋나는 일이라고 반대하면서, 왕으로부터 왕실비를 나눠 받는 사람들에게 부당한 일이기도 하므로 이 문제를 안건으로 토론해야 한다고 주장했다. 그사이 의장이 시청으로 보낸 여섯 명의 위원과 함께 파리 시장과 제복 차림의 라파예트가 회의장에 들어왔다. 시장과 라파예트가 대신들 옆자리에 앉자 카뮈 의원이 국회에 군복을 입은 채 들어오는 것을 허용할 수 없다고 말하고, 다른 이가 카뮈에 대해 반대의견을 말했다. 여섯 명의 위원을 대표해서 뒤포르 뒤테르트르가 시청에 다녀온 과정을 보고했다. 그리고 국민방위군 사령관의 부관참모인 구비옹을 불러 상황을 보고하도록 하자고 제안했다.

구비옹이 증언대에 나서서 몇 사람의 이름을 거론할 수 없음을 양해해달라고 말했다. 좌파 의원들이 술렁거리자 그는 이름을 밝히는 편이 공공의 이익에 부합한다면, 비밀을 지키겠다고 약속했지만 밝히도록 하겠다고 말하면서 그간의 일을 증언했다.

성신강림 축일 전날인 토요일, 국민방위군의 대대장이 저를 찾아왔습니다. 그는 확실히 믿을 만한 누군가에게 들었다면서, 왕비가 왕세자와 공주를 데리고 도주할 계획을 세웠다고 말했습니다. 저는 사태가 너무 심각해서 과연 제3자의 말을 믿을 수 있을지 의문이었습니다. 그래서 그 믿을 만하다는 사람을 직접 만나고 싶으며, 만난 뒤에도 비밀을 보장하고 신변의 안전도 책임지겠다고 약속했습니다.

이튿날, 바로 성신강림 축일, 구비옹은 대대장과 함께 그 제보자 여성을 만났다. 그는 구비옹에게 튈르리 궁에는 빌키에Villequier의 침실로 연결되는 복도가 있다고 말했다. 빌키에는 튈르리 궁의 시종 노릇을 하다가 얼마 전 외국으로 망명한 사람이라서 그가 쓰던 공간은 비어 있었다. 그래서 왕비는 그 복도를 이용해 도망치려는 계획을 세웠기 때문에 그쪽으로 가는 문들을 이중으로 잠가놓았다고 말했다. 구비옹은 제보자를 데리고 사령관 라파예트의 집으로 가서 자신이 들은 얘기를 사령관에게 전했다. 사령관은 튈르리 궁을 더욱 철저히 관찰하라고 명령했다. 구비옹은 여러 가지 구실로 국민방위군 장교 20명을 불러 모은 뒤 튈르리 궁의 마당들과 정원을 매일 밤 순찰하라고 명령했다.

구비옹은 월요일부터 목요일까지 날마다 밤의 순찰 결과를 보고받았다. 그러나 그는 왕에 대한 보고를 따로 받은 적이 없었다. 오직 왕비와 왕세자의 동향에 대해서만 보고받았다. 대대장이 구비옹에게 보고했듯이, 빌키에의 침실과 통하는 복도와 문으로 왕비가 탈출할지 모르니 장교 다섯 명에게 밤마다 그곳을 집중 감시하라고 했다. 금요일, 제보자의 오빠가 구비옹의 집에 나타나 동생의 안전에 대해 걱정했다. 구비옹은 자신이 알게 된 정보를 시장에게도 말하겠지만, 동생의 비밀을 꼭 지켜주겠다고 약속해서 오빠를 안심시켰다. 토요일 저녁에는 국민방위군의 척탄병이 구비옹을 찾아와 자기가 국회 조사위원회에서 실르리 의원을 만났다고 말했다. 구비옹은 이튿날 일찍 파리 시장과 라파예트를 차례로 찾아가 척탄병이 조사위원회에 고발한 내용에 대해 보고하고, 필시 조사위원회가 튈르리 궁을 더욱 철저히 감시하라는 명령을 내릴 것이라고 말했다.

그리고 20일, 월요일이 되었다. 구비옹은 더욱 불안하게 하루를 보냈다. 오래전부터 왕의 도주에 대한 소문이 떠돌았고, 얼마 전에는 구체적인 제보도 받았으니, 계획을 실현하려고 엿보는 사람이나 그 계획을 방해하려고 엿보는 사람은 모두 그 일이 일어날 때까지 항상 불안한 것은 당연한 일이다. 저녁 11시경, 그는 왕비의 도주에 관해 새로운 제보를 받았다. 그는 믿을 만한 사람을 급히 시장에게 보내 그 사실을 알렸다. 시장은 라파예트를 불렀고, 사령관은 곧 튈르리 궁으로 갔다. 구비옹은 사령관 앞에서 튈르리 궁의 모든 문과 철책을 철저히 감시하라고 명령했다. 대대장 두 명, 중대장 한 명과 참모 한 명 그리고 본부의 장교 한 명이 왕비가 빌키에 침실과 연결된 복도를 따라 밖으로 빠져나올 문과 근처의 마당을 밤새 감시했다. 그럼에도 구비옹은 화요일 아침에 왕이 사라졌다는 소식을 들었다. 그 소식을 전한 사람은 장교들이 밤새 감시하던 문으로 왕이 사라졌다고 했고, 구비옹은 그것은 절대로 불가능한 일이라고 말했다. 그 문을 감시하던 장교들은 밤새 한시도 눈을 뗀 적이 없다고 구비옹에게 보고했기 때문이다. 구비옹의 증언은 나중에 문제가 될 만한 여지를 남겨놓았다. 파리 시장과 국민방위군 사령관과 참모들이 왕비의 도주에 대한 제보를 받았는데도 왕 일가가 튈르리 궁을 빠져나간 것은 그들이 눈을 감아줬기 때문이 아닐까 하는 합리적 의심을 받기에 딱 알맞았다.

한편 도 지도부는 시정부에 튈르리 궁과 뤽상부르 궁의 출입을 통제하고 왕의 일가와 대군의 처소를 수색해서 도주에 관한 증거를 찾으라고 명령했다. 그리고 두 궁의 경계를 강화한 뒤 국회에 보고했다. 국회에서는 도 지도부의 결정을 승인해주고 칭찬했다. 파리 시장 바이이가 발언대에 올라서 신상발언을 했다. 그는 구비옹이 증언한 내용에 덧붙일 만한 내용이 없다고 입을 뗀 후, 자신은 튈르리 궁의 모든 문을 잘 경비하고 있다는 사실을 확인한 뒤 새벽 1시에 집으로 돌아갔다고 말했다. 그는 아침에 왕이 사라진 사실을 듣자마자 국회에 보고하고, 코뮌 의회를 소집했으며, 역참에서 누구에게도 말을 빌려주지 말라고 명령했다. 또 세관 울타리에서도 시정부의 통행증을 가진 사람과 우편국 직원만 통과시키라고 명령했다. 그는 의원들이 허락한다면 다시 시청으로 돌아가 사람들을 안정시키는 일에 전념하면서 국회의 새로운 명령을 기다리겠다고 말했다.

조사위원회의 실르리 의원은 구비옹이 말한 내용 가운데 자신에게 누가 왕비의 도주계획을 알렸다고 한 것은 사실과 다르다고 말했다. 구비옹은 곧 자기 기억이 틀렸으며, 실르리 의원이 아니라 부아델 의원이었다고 수정했다. 부아델 의원은 구비옹이 조사위원회에서 진술한 사람에 대해서도 틀렸다고 말했다. 지난 목요일 저녁회의 때 처음 보는 사람이 제복을 입지 않은 채 부아델에게 찾아와 수요일과 목요일 사이 밤에 왕비가 공주를 데리고 궁에서 도망칠 것이라고 제보했다. 부아델은 그 말을 믿지 않았지만 내용이 하도 중대하기 때문에 코숑 드 라파랑 의원을 시장과 사령관에게 보내 사실을 알리도록 했다. 사령관은 경비를 강화하고, 매시간 상황을 조사위원회에 보고하도록 조치했으며, 조사위원회는 보고를 받는 대로 도주를 믿을 만한 징후가 있다고 판단할 경우 국회에 즉시 보고하여 도주를 막는 방법을 강구하도록 준비했다고 증언했다. 아직 시정부로 출발하지 않은 시장 바이이가 라파랑을 만났음을 증언해서 부아델의 말이 사실임을 확인해주었다. 라파랑은 수스텔 의원이 일요일 밤 자신에게 누군가로부터 왕비가 도주할 것이라는 말을 들었다고 말해주었기 때문에 그 사실을 알았을 뿐이라고 증언했다. 라파랑은 왕비가 애덕수녀회 소속 수녀처럼 옷을 입고 공주를 데리고 나갈 것이며, 일요일 아침에는 공주의 시녀인 프레맹빌 부인이 저녁참을 먹은 뒤에 출발할 거라는 말을 들었다고 말했다. 그래서 그는 시장과 사령관에게 그 사실을 알렸다. 그는 밤 10시부터 그들과 함께 새벽 1시까지 튈르리 궁에 머물렀다. 그동안 궁 안팎이 쥐죽은 듯 고요했기 때문에 안심하고 각자 집으로 돌아갔다.

이처럼 왕과 가족이 언젠가 왕궁을 빠져나갈 것이라는 소문과 구체적인 제보가 있었고, 실제로 왕궁을 수비하는 국민방위군 병사들과 장교들이 경비를 강화했지만, 왕 일가가 궁을 떠나는 것을 막지 못한 책임은 누가 져야 할 것인가? 국회에서 아무리 논의해봤자 이 문제를 당장 해결할 수 없기 때문에, 의원들은 왕이 없는 사이에 국정을 운영하는 방법에 대해 틈틈이 제안하고 법과 명령을 통과시켜 국정 공백을 최소화하려고 노력했다. 르 샤플리에 의원은 왕이 없는 사이에 국정자문회의의 대신들이 행정에 관한 명령을 내릴 수 있도록 국회가 합법적으로 인정해주었지만, 만일 다른 사람의 사주를 받은 왕이 새로 대신들을 임명해서 국정을 맡기는 일이 생긴다면 국회는 범죄로 규정해야 할 것이라고 못을 박았다. 퀴스틴 의원은 라포르트가 국새경에게 넘겨준 왕의 편지에서 자기 명령 없이 국새를 함부로 찍지 말라고 했는데, 이에 대해 어떤 조치를 내려야 한다고 주장했다. 샤를 드 라메트는 퀴스틴의 발의가 유익하겠지만, 국회가 먼저 왕의 도주에 대해 어떤 태도를 취할지 알고 난 뒤에 내릴 수 있는 조치라고 말했다. 퀴스틴도 라메트의 안에 동의해서 자기가 제안한 안을 헌법위원회가 검토하는 데 동의했다. 프레토 생쥐스트는 외무부의 문서를 잘 보전해야 하기 때문에 외무위원회의 이름으로 파리 시정부에 명령해서 외교문서를 봉인하도록 하자고 제안했다. 이에 덧붙여 르 샤틀레는 날마다 외국에서 들어오는 외교문서를 함께 관리해야 한다고 말했다. 뒤포르 뒤테르트르는 외무대신이 국회에 출석하기 전에 미리 논의하지 말자고 했다. 그러나 프레토 생쥐스트는 외교문서는 외무부와 다른 건물에 보관되었기 때문에, 외무대신이 집에서 풀려나기 전에 시위대의 손에 훼손될지 모르니 주의하자고 촉구했다. 라 갈소니에르는 외교문서뿐 아니라 국고도 잘 지켜야 한다고 말했다. 의원들은 왕이 없는 사이에 흥분한 군중이 무슨 일을 저지를지 모른다고 두려워했음을 알 수 있다.

　메스의 제3신분 뢰데레 의원이 왕비전에서 찾은 편지를 어떻게 처리할 것인지 물었다. 파리 도는 왕의 가족이 도주하게 만든 장본인들을 조사할 때 그 편지가 필요하다고 했으므로 거기로 돌려보내자고 말했다. 좌파 의원들은 격렬히 반대하면서 조사위원회에 보내야 한다고 말했다. 트렐라르 의원은 조사위원회와 보고위원회가 합동으로 검토하도록 하자고 제안했다. 어떤 의원이 불쑥 도대체 왕비와 관련된 편지가 모두 몇 통인지 묻자, 의장은 튈르리 궁에서 찾은 편지 세 통을 자신이 보관하고 있으며, 그중 왕비에게 보낸 한 통만이 봉인되어 있다고 대답했다. 뢰프벨 의원은 파리 도가 시정부에 명령해서 궁의 모든 침실 문을 봉인하게 했으며, 이 편지들을 침실에서 찾아낸 것이므로 마땅히 도가 관리해야 한다고 말했다. 그러나 트렐라르는 다시 한 번 자신의 제안을 강조해서 의원들의 지지를 받았으며, 그렇게 해서 의장은 편지들을 조사와 보고의 합동위원회에 넘겼다. 그사이 외무대신 몽모랭, 스위스 근위대장 아프리Affry가 국회에 들어왔다. 의장은 몽모랭에게 그동안 모든 대신을 국회에 출석시켜 공문서를 발송하는 데 필요한 조치를 알려주었다는 사실을 말해주었다. 의원들은 각 부처의 공문서를 보전하는 방법을 논의하기 시작했고, 프레토 생쥐스트의 안을 통과시켰다.

"내무대신은 파리의 외무부 문서고, 베르사유에 있는 외무부, 전쟁부, 해군부 등의 문서고에 경계를 강화해서, 관계 대신의 명령이 없는 경우 그 어떤 문서, 암호 또는 상자 등을 반출하지 못하게 막도록 한다. 또 파리에서 외무대신이 거주하는 공간에 대해서도 같은 명령을 발동한다."

샤를 드 라메트는 외무대신이 국회의 외무위원회와 협력해서 국내 정치 상황은 물론 대외관계에 대해서도 국회에 보고하게 하자고 제안해서 통과시켰다. 그는 또 헌법위원회가 국회의 포고문을 빨리 만들어 보고하도록 하자고 제안했다. 왕이 없는 사이에 각 도가 회의를 소집해서 중앙의 명령을 집행하고, 재산권을 존중하고 세금을 징수하고, 농업을 보호하며, 도시의 인구를 파악하여 국민방위군의 병력을 유지하고, 경계 임무를 충실히 하도록 하자는 취지였다. 그는 이러한 방법을 강구해야 악의 있는 사람들의 준동을 막을수 있으므로 빨리 시행해야 한다고 강조해서 지지를 받았다. 그 뒤에도 의원들은 각 도에 보낼 법령, 명령, 공문의 형식에 대해 생각나는 대로 보완하는 발언을 한 뒤, 겨우 그날의 의사일정인 형법Code pénal에 대해 다루기 시작했다. 그러나 그 논의도 곧 중단했다. 출석 명령을 받은 왕실비 총관 라포르트가 왔기 때문이다. 라포르트는 증인석에서 의장의 허락을 받고 발언했다.

"오늘 아침 8시, 저는 왕이 남긴 꾸러미를 하나 받아서 열어보았습니다. 그 속에는 왕이 직접 쓴 선언문과 쪽지가 있었습니다. 먼저 비교적 긴 선언문의 첫 쪽과 마지막 쪽을 급히 훑어보고 당장 법무대신에게 가져가 그 글을 손에 넣은 과정을 설명해야 한다고 생각했습니다. 법무대신은 국회의장에게 가져가라고 말해주었습니다. 저는 국회의장을 찾아 뇌브 데 마튀랭 거리로 찾아갔지만, 거기서 프티조귀스탱 거리로 이사하셨다는 말을 듣고 곧 그곳에 갔습니다. 수위를 만났더니 의장님은 8시 반에 집을 나섰다고 말했습니다. 저는 곧바로 집으로 돌아가서 하루 종일 꼼짝하지 않고 지내겠다는 편지를 법무대신에게 썼습니다."

의장은 라포르트에게 누구를 통해서 왕이 남긴 글을 받았는지 물었다. 라포르트는 아침 8시에 왕의 침전 수석시종의 하인이 가져왔다고 대답했다. 의장은 의원들에게 질문이 있는지 물었고, 의원들은 글을 읽으라고 촉구했다. 의장은 라포르트에게 그 하인의 이름을 아느냐고 물었다. 라포르트는 모르지만 국회가 명령하면 쉽게 알아낼 수 있다고 말했다. 의장은 쪽지도 가져왔는지 물었다. 라포르트는 그렇다고 대답했다. 이때 레뇨 드 생장당젤리 의원이 나섰다. 그는 국회에서 왕의 글을 읽기 전에 조치해둘 일이 있다면서, 라포르트가 국회에서 증언한 내용을 글로 제출해야 한다고 제안했다. 그러자 사방에서 찬반의 소리가 동시에 터져 나왔다. 샤를 드 라메트는 어쨌든 왕의 글을 읽어야 한다고 주장했다. 라포르트는 앞에서 진술한 내용을 그대로 쓰고 서명해서 제출했다. 의원들은 왕의 글을 읽어야 한다는 측과 읽어서는 안 된다는 측이 서로 고함을 쳤다. 샤를 드 라메트는 왕의 글이 봉인된 것이 아니기 때문에 국회에서 공개해도 무방하다고 주장했다. 의장은 라포르트에게 왕의 글과 쪽지를 제출하라고 했고, 라포르트는 왕이 자신에게 남긴 쪽지는 개인적인 내용을 담았기 때문에 공개하지 말아달라고 부탁했다. 이 문제를 놓고 의원들끼리 그 쪽지가 개인의 재산이다, 아니 국민의 이해관계가 걸린 것이니 공개해도 좋다, 라며 맞섰다. 결국 의장은 의원들의 의견을 물어 쪽지를 라포르트에게 돌려주고, 왕이 남긴 글을 읽기로 결정했다.

"왕이 파리를 떠나면서 모든 프랑스인에게 보내는 성명서"*는 왕이 직접 쓰고 서명한 글이기 때문에 왕이 납치나 유괴를 당하지 않았고, 자발적으로 궁을 빠져나갔음을 증명해줄 문서였다. 왕은 혁명이 일어난 뒤 2년 동안 자신이 법을 승인했지만, 속박을 당하는 동안 어쩔 수 없이 한 일이라서 그동안의 모든 법적 행위가 무효임을 엄숙히 주장했다. 그는 그 주장을 뒷받침하려고 자신이 겪은 혁명기 역사를 정리했다. 그러므로 그가 남긴 글은 왕이 겪은 프랑스 혁명에 대한 증언이다. 그는 1789년 10월 6일에 일어난 사건이 가장 큰 '범죄'였지만, 그 범죄를 일으킨 사람들이 하나도 벌 받지 않았음을 개탄했다. 그는 100년 이상 왕궁으로 쓰지 않던 파리의 튈르리 궁으로 옮

---

* Déclaration du roi adressée à tous les Français à sa sortie de Paris, AP. 27, pp. 578~583. 이 문서의 전문을 이 책의 끝에 "더 읽을거리 1"로 첨부한다.

겨 온갖 불편을 겪고 행동의 제약을 받으면서도 오직 프랑스 국가의 행복을 바랐다. 그럼에도 도당들은 왕과 측근을 헐뜯으면서 모함했으며, 자신의 근위대마저 떼어내 고립시킨 뒤 파리 시정부의 명령을 받는 파리 국민방위군을 주변에 배치해서 자신은 감옥에 갇힌 꼴이 되었다고 한탄했다. 더욱이 그는 전국신분회의 대표들이 들고 온 진정서에는 한결같이 "법을 제정할 때 왕과 협력해야 한다"는 구절이 있지만, 그들은 국회라고 자칭하면서 왕과 협력하지 않고, 왕을 헌법의 테두리 밖으로 완전히 내몰았다고 비판했다. 국회는 자신에게 완전한 거부권이 아니라 한시적인 거부권만 주었기 때문에 자신은 허수아비 신세일 뿐이라고 불평했다. 그리고 왕실비로 2,500만 리브르를 승인해줬는데, 그 돈으로는 겨우 관리비 정도나 충당할 수 있을 뿐이라며 툴툴 댔다.

루이 16세는 절대군주에서 입헌군주로 바뀌면서 자신이 얼마나 초라해졌는지 하소연했다. 그는 정부의 여러 분야에 대해 검토했다. 사법 분야에서는 겨우 임명장만 주게 되었고, 과거의 대권 가운데 하나인 감형과 사면권을 빼앗겼다. 국내 정치도 지방분권화로 말미암아 왕의 지위가 초라해졌다. 그리고 '헌우회' 같은 정치 클럽이 사람들을 선동하고 정치판을 마구 뒤흔든다. 더욱이 왕은 육군과 해군에 대한 병권마저 잃었다. 게다가 군대에도 정치 클럽들의 바람이 불어 반란을 부추겼다. 왕은 외교문제에서도 불만이 많았다. 외교관을 임명하고, 모든 협상을 주도할 권리가 국회로 넘어갔기 때문이다. 재정문제는 어떤가? 그것도 국회로 넘어갔다. 결국 왕은 행정의 최고책임자일 뿐인데, 이것도 이름에 지나지 않는다. 대신들을 임명하는 문제에서 국회의 승인을 받아야 하기 때문이다. 그래서 왕은 자기편이 되어줄 대신보다는 국회의 눈치를 보는 대신을 뽑을 수밖에 없는 신세다. 그래서 정부가 외부의 요인으로 타락할 수 있게 되었다. 국회의 영향, 각 지방에 생긴 헌우회의 영향이 정부를 뒤흔들기 때문이다.

루이 16세는 자신의 처지가 얼마나 형편없게 되었는지 조목조목 설명했다. 그는 겉으로는 혁명에 동조했지만, 절대군주제의 추억에서 벗어나지 못했음을 글로 남겼다. 2년 동안 자신이 받아들이고 승인했던 수많은 법을 한순간에 부정했다. 게다가 그는 국회가 전보다 더 신뢰를 잃고 있다고 진단했다. 그는 1791년의 현실을 1,400년간 번영했던 군주제가 아니라 온갖 정치클럽의 전제정 또는 무정부상태라고 진단했다. 그는 자신이 프랑스인들에게 자유를 주려고 노력했지만 온갖 능욕을 당하고 자유를 빼앗겼다고 하소연했다. 그는 1790년 전국연맹제에서 자신과 가족의 자리를 따로 배치한 일, 자기 고모들이 외국으로 여행가는 길에 잡힌 일, 자기가 가족과 함께 튈르리 궁에서 생클루 궁으로 갈 때 한 발짝도 움직이지 못한 일을 모두 고까워했다. 그는 자유를 찾아 떠날 수밖에 없는 처지가 되었지만, 언젠가 자유를 되찾을 때의 기쁨을 예상하면서 글을 끝맺었다.

프랑스인들이여, 그리고 특히 파리 주민들이여, 왕의 조상들이 선량한 파리라고 즐겨 불렀던 도시의 주민으로서 여러분은 그릇된 친구들의 암시와 거짓에 속지 마시기 바란다. 그리고 다시금 왕과 함께해주시라. 왕은 언제나 여러분의 어버이, 가장 훌륭한 친구로 남을 것이다. 왕이 자유로운 상태에서 승인할 헌법으로 우리의 신성한 종교를 존중하게 해주고, 정부를 안정된 기반 위에 수립하여 유익하게 활동하도록 만들며, 개인의 재산과 지위가 더는 흔들리지 않고, 사람들이 더는 법을 어기지 않으며, 자유가 튼튼하고 흔들리지 않는 기반 위에 확립될 때, 왕이 개인적으로 겪은 모든 모욕을 잊고 여러분의 품에 다시 돌아오는 기쁨은 얼마나 크겠는가?

이 글은 정말 루이 16세가 쓴 글일까? 그를 도운 사람들이 별다른 말을 하지 않는 것으로 미루어 그는 이른바 비선실세의 도움을 받지 않은 채 직접 이 글을 썼다고 생각해도 무방하다. 글의 내용을 보면, 그가 가장 원망하는 대상은 국회임을 알 수 있다. 국회는 그의 권위를 점점 초라하게 만들었기 때문이다. 게다가 그는 파리와 각 지방에서 국회를 압박하거나 왕과 국회의 권위에 도전하는 헌우회도 위험한 존재라고 생각했다. 그는 계속 등을 떠밀리면서 헌법의 기본조항들을 승인했지만, 당장이라도 절대군주정으로 돌아가고 싶었다. 그만큼 절절한 심정을 쏟아부은 글을 남기고 그는 궁에서 사라졌던 것이다.

국회의장 비서가 왕이 남긴 글을 읽은 뒤, 바르나브는 그 글의 쪽마다 의장과 비서가 서명을 남겨 왕이 남긴 글이 틀림없음을 증명해야 한다고 발의했다. 다른 의원은 라포르트의 서명도 집어넣어야 옳다고 거들었다. 나중에 그 문서의 위작 논란을 막으려는 방안이었다. 로베스피에르는 여태까지 국회에서 논의하고 취한 조치는 아주 의미 없다고 비판한 뒤, 다른 조치를 취하기 전에 이 중대한 사건과 관련한 모든 상황을 세세히 알아야 한다고 강조했다. 국회는 국민을 속이려 들지 말고, 모든 선량한 시민에게 역적들을 감시하게 해서 나라를 구해야 한다고 말했다. 의장은 왕의 글에 서명하는 문제를 표결에 부쳐 통과시켰다. 그러고 나서 파리에 있는 군 지휘관들을 국회로 불러 부대를 장악하고 국토를 방위하라는 명령을 내리는 방안에 대해 논의했다. 레뇨 의원은 국회가 직접 그렇게 해서는 안 되며, 앞에서 얘기했듯이 전쟁대신에게 국회의 명령을 전달해서 그가 군대에 명령을 내리도록 해야 합법적인 절차라고 말했다. 그러나 의원들은 논란 끝에 이 문제를 국회의 군사위원회에서 검토하도록 결정했다. 의원들은 다시 의사일정에 있는 형법을 논의했다. 그들은 산회하지 않고 4시부터 6시까지 쉬고 다시 회의를 속개했다. 의원들은 외교문제를 논의했고, 다시 로베스피에르는 쓸데없는 얘기라고 일축했다. 마침내 샤를 드 라메트가 모두가 직접 입에 올리기 힘들어서 에둘러 말했던 얘기를 꺼냈다.

"사태의 진행을 우리만 알고 있다면, 왕의 도주 결과를 잘못된 방향으로 끌고 갈 수 있습니다. 그렇습니다. 나는 분명히 도주라고 말했습니다. 그가 남긴 성명서를 낭독하는 것을 들은 결과, 더는 유괴니 납치니 하는 말을 쓰지 않겠습니다. 그렇게 말하는 것은 국가를 배반하는 일이기 때문입니다."

이 말로 여러 의원의 박수를 받은 그는 레뇨가 제안한 대로 외국의 대사들이 외무대신 몽모랭과 계속 관계를 유지할 수 있다는 사실을 의결해야 한다고 제안했다. 그때 북부군 총사령관 로샹보 장군이 회의장에 들어와 증언석에 서서 자신은 68세의 고령이라 전선으로 떠나기 어려우므로 명령을 수정해달라고 부탁했다. 그러나 결국 로샹보 장군은 국회 군사위원회의 명령을 받고 북부군을 지휘하러 떠나야 했다. 그 뒤 장성급, 연대장급 장교인 의원들이 줄줄이 국가에 충성맹세를 했고, 파리의 라크루아 루즈 구에서 보낸 대표단, 센에우아즈 도와 디스트릭트 그리고 베르사유 코뮌 대표단이 국회를 신뢰하고, 국회의 명령에 복종하겠다는 결의문을 읽었다. 결국 21일 밤 11시에 한 시간 정회했는데, 그날 만든 법 가운데 중요한 것은 국민방위군을 새로 조직하는 것이었다. 알렉상드르 드 라메트는 군사위원회 이름으로 모두 11개 조의 안을 상정했고, 토론과 수정을 거쳐 통과시켰다. 그 주요 내용은 다음과 같다.

국회는 현 상황에서 국내외의 안전과 헌법을 보전하기 위해 다음과 같이 명령한다.

제1조. 왕국의 국민방위군은 비상동원체제에 돌입한다. 자세한 내용은 다음 각 조에서 정한다.

제2조. (국경지대의) 13개 도*는 상황에 맞춰 가능한 한 최대의 국민방위군을 유지한다.

제3조. 그 밖의 도는 2,000~3,000명을 유지하되 도시에서는 인구가 허용하는 한 최대 인원을 뽑는다.

제4조. 모든 시민과 시민의 아들로서 무장할 수 있고, 국가와 헌법을 수호하기 위해 무장하기 원하는 사람은 이 명령을 반포하는 즉시 지방정부에 등록하고, 지방정부는 곧바로 명단을 작성해서 도 지도부가 임명하는 위원들에게 제출한다.

제5조. 이렇게 등록한 국민방위군은 50명의 중대에 편성하고, 6개 중대를 1개 대대로 편성한다. 단 장교, 부사관, 북치기의 수는 이에 포함하지 않는다.

제6조. 각 중대는 대대장, 중위, 소위 각 1명, 중사 2명, 군수 담당 하사관 1명, 하사 4명을 둔다.

제7조. 각 대대는 대령 1명과 중령 2명이 지휘한다.

---

* 노르, 바랭, 파드칼레, 오랭, 엔, 오트손, 아르덴, 두, 모젤, 쥐라, 뫼즈, 바르, 라 뫼르트.

제8조. 중대원들은 장교와 부사관을 임명하고 대대원이 참모를 임명한다.

제9조. 모든 부대가 모이는 날. 거기에 속한 모든 시민은 계급별로 봉급을 받는다. 국민방위군 병사는 1일 15수, 하사와 북치기는 병사의 1.5배, 중사와 군수 담당 하사관은 2배, 소위는 3배, 중위는 4배, 대위는 5배, 중령은 6배, 대령은 7배를 받는다.

제10조. 비상시국이 끝나 더는 동원체제가 필요 없을 경우. 이후에는 봉급을 지급하지 않고, 모든 시민은 원래 소속했던 국민방위군에 복귀한다.

제11조. 모든 부대의 복무 규율은 따로 정한다.

그리고 국민방위군에게 무기를 지급하는 명령도 제정했다.

전쟁대신은 파리의 은행가 그랑프레Grandpré와 협력해서 외국 무기를 들여다 국민방위군에게 지급한다. 이때 전쟁대신은 그랑프레가 제시하는 조건의 타당성을 검토해야 하며, 무기지급과 관련해서 발생하는 모든 비용은 국가가 지불하도록 한다.

국회는 하루 종일 숨 가쁘게 명령을 잇달아 제정하고 또다시 한밤중에 겨우 한 시간 정도 숨을 돌렸다. 그리고 22일 자정부터 회의를 속개해서 새벽 4시에 정회했다. 의장은 정회할 때 다음 시간을 정하지 않았지만, 의원들은 오전 9시부터 모여 오후 3시까지 회의를 속개했다. 이처럼 왕이 도주한 결과, 국회의원들은 격무를 떠안았다. 의장은 비상시국에 맞는 맹세를 읽어주고, 의원들에게 "나는 맹세합니다"라고 말하라고 했다.

"나는 내 손에 든 무기로 조국을 지키고, 나라 안팎의 모든 적으로부터 국회가 제정한 헌법을 보전할 것을 맹세합니다. 나는 외국의 군대가 프랑스 영토를 침략하는 것을 보느니 차라리 죽겠으며, 이 상황에서 국회가 내리는 명령에만 복종할 것임을 맹세합니다."

의원들은 차례로 연단에 올라 맹세했다. 라파예트처럼 중간에 회의장으로 들어선 사람에게는 의장이 다시 맹세문을 읽어주고 맹세를 하게 했다. 특히 군 지휘관인 의원들은 서명까지 마쳤다. 오후 5시부터 저녁회의가 시작되었다. 브르타뉴 지방의 대표단이 왕의 소식을 듣고 국회를 방문해서 연설했다. 데뫼니에 의원은 헌법위원회 이름으로 "모든 프랑스인에게 드리는 글"을 읽었다.

"중대한 음모가 발생했습니다. 국회는 장기간의 작업을 끝마쳤습니다. 헌법이 제정되었습니다. 혁명의 폭풍우는 곧 잠잠해질 것입니다. 국민 행복의 적들은 단 한 번의 중죄를 저질러 국가 전체를 제물로 바치려고 했습니다. 왕과 왕의 가족이 이달 20일과 21일 사이 밤에 납치당했습니다."

이 말에 의원들이 술렁거렸다. 뢰데레 의원은 "그 말은 거짓이오. 왕은 비겁하게도 자기가 있어야 할 장소를 버리고 떠났소!"라고 외쳤다. 데뫼니에는 조용히 해달라고 부탁한 뒤 긴 글을 계속 읽었다. 의원들은 이뿐만 아니라 헌법위원회와 군사위원회가 합동으로 만든 법안에 대해서도 토론했다. 그날에는 국내 질서와 관련해서 헌병대에 관한 법, 제국을 지키는 해군 조직, 항만 정비, 식민지 무역에 관한 법도 만들었다. 더욱이 새 체제를 만들 때까지 모든 의원은 휴가를 금지하고, 결석한 의원들도 국회로 복귀하라는 명령까지 내렸다. 게다가 국회가 국민에게 드리는 글도 만들었다. 한마디로 왕이 사라진 비상시국에 국회는 모든 난관을 극복할 테니 국민은 안심하라는 내용이었다.*

22일 밤 10시부터 국회는 잠깐 쉬기로 했지만, 얼마 뒤 밖이 소란스럽더니 회의장에 급보가 날아들었다. 동부전선의 오지 마을인 바렌에서 온 소식이었다. 파발꾼이 들어와 국회의장에게 왕이 바렌에 도착했는데 어떻게 해야 좋겠느냐는 편지를 전했다. 왕은 거기서 꼼짝도 하지 못하는 신세가 되었던 것이다. 자유를 24시간도 제대로 즐기지 못하고, 그렇게 꿈꾸던 도주마저 허무하게 끝나고 말았다.

8
바렌까지 가는 길

왕이 자취를 감춘 뒤 국회에서 긴급상황에 대처할 방안을 논의하는 동안, 그리고 파발꾼들이 각 지방에 왕이 사라진 사실을 알리고 아무도 나라 밖으로 나가지 못하게 하는 명령을 전달하려고 말을 달리고 있는 동안, 왕은 분명히 파리에서 멀리 가 있었다. 새벽 1시부터 계산해서 8시 30분경 라파예트가 경로를 추적하라고 명령할 때까지 일곱 시간 이상 앞서 출발했기 때문이다. 더욱이 파발마를 타고 라파예트의 명령을 전하러 떠난 베용Bayon은 공식적으로 12시에 파리 생마르탱 문을 나선 것으로 알려졌으니, 거의 열한 시간의 차이가 있었다. 왕 일행은 파리에서 메스로 가는 길을 따라 봉디, 클레, 모, 몽미라이, 샬롱을 거쳐 퐁드솜벨에 도착하면 그곳에서 부이예 장군이 배치해둔 병력의 보호를 받으면서 생트메누를 지나

---

* "더 읽을거리 2"를 참고할 것.

베르됭을 향하는 대신 북으로 방향을 바꿔 바렌과 덩을 지나 몽메디에 도착할 것이다. 공식적으로 역참이 열아홉 군데였기 때문에 들르는 곳마다 빠르게 말과 마부를 바꾸면 10여 분, 왕 일행이 조금 여유를 부리거나 마부나 말때문에 자잘한 문제가 생기면 한 시간도 더 늦어질 가능성이 있었다. 늦게 출발한 파발마는 마차보다 훨씬 빠른 속도로 달려 간격을 좁힐 것이므로 왕 일행에게 되도록 변수가 생기지 말아야 안심할 수 있었다.

　왕의 일가보다 먼저 출발한 사람들이 있었다. 왕비의 미용사인 레오나르는 왕과 왕비의 물건을 가지고 슈아죌과 함께 20일 낮에 출발했다. 슈아죌은 레오나르에게 어디까지 가는지, 또 왜 가야 하는지 알려주지 않고 목적지를 향해 갔다. 그리고 밤 10시 30분을 전후해서 시녀 두 명(브뤼니에 부인과 뇌빌 부인)이 2륜마차에 타고 클레로 향했다. 그들은 거기서 왕 일행을 만나기로 했다. 페르센은 튈르리 궁 밖에서 왕 일행을 태우고 새벽 1시경 생마르탱 울타리 쪽으로 마차를 몰고 갔다. 거기에는 왕의 여행을 위해 맞춘 대형마차를 준비해두었다. 예정보다 1시간 30분 이상 늦은 시간에 도주용 마차로 갈아탄 일행은 첫 번째 역참이 있는 봉디에 2시가 훨씬 넘어 도착했다. 페르센과 슈아죌은 왕의 마차가 3시 반까지 봉디에 도착하지 않으면 도주에 실패했거나 계획을 바꾼 줄 알자고 약속했는데, 이렇게 시작은 순조로웠던 것이다. 페르센은 "안녕히 가세요, 코르프 남작부인"이라고 인사한 뒤 거기까지 동행한 자신의 마부 발타자르와 부르제 쪽으로 갔다. 페르센이 역참에서 남을 의식해 '코르프 남작부인(투르젤 부인)'에게 작별인사를 했지만 실은 왕비에게 한 것임을 왕과 왕비는 알고 있었을 것이다. 왕 일행은 메스 방향을 향해 떠날 준비를 서두르는 동안 발로리는 다음 역참을 향해 미리 출발했다. 왕 일행은 두 번째 역참인 클레에 4시경에 도착했고 거기서 기다리던 2륜마차와 합류해서 길을 재촉했다. 봉디 역참 소속 마부들은 클레 역참의 동료들에게 마차를 맡기고 돌아갔다. 마차는 먼동이 트기 시작하는 길을 재촉했고, 모에 도착하기 15분 전(5시 45분)에 해가 뜨기 시작했다.

『왕실 연감Almanach royal』*에서 옛날 역마차를 운행하는 방식을 참고할 때, 파리부터 모까지 10리외(40킬로미터)로 계산했다. 그러나 이 거리는 파리 시내의 시발점에서 잰 거리이기 때문에 곧이곧대로 적용하기는 어렵다. 오늘날의 계산법으로 봉디부터 클레까지 16.7킬로미터, 봉디에서 모까지 32킬로미터인데, 모에서 출발한 왕 일행이 약 10킬로미터 밖의 생장Saint-Jean을 지날 때쯤, 시종 피에르 위베르는 튈르리 궁에서 왕의 행적을 찾아 헤매기 시작했다. 그러니까 봉디에서 42킬로미터 정도의 거리를 새벽 2시 30분부터 7시까지 중간중간 마차를 갈아타고, 말을 매는 시간까지 포함해서 네 시간 동안 달려갔던 것이다. 시속 10킬로미터 내외의 속도였다. 밤에는 어두웠기 때문에 속도가 늦었고, 또 중간에서 지체한 시간이 있었음을 감안해서 속력을 더 낼 수 있다고 가정한다면 평균 11킬로미터 이상 올릴 가능성도 있었다. 다음번 역참으로 모에서 20킬로미터 떨어진 라페르테 수 주아르La Ferté-sous-Jourre에는 8시쯤 도착했다. 그러나 날은 점점 더 더워지고 있었으니, 사람과 말이 모두 지치기 쉬운 것이 중요한 변수가 되었다. 또 한 가지 중요한 변수는 왕 일행을 기다리는 사람들 편에서도 생겼다. 슈아죌과 고글라는 말 여섯 필이 끄는 마차가 파리에서 몽미라이를 거쳐 샬롱까지 가는 데 열세 시

---

* 이 연감은 18세기 혁명이 시작될 때까지 매년 절기와 천체운행에 관한 정보를 시작으로 역대 왕과 왕비, 그들의 혼인관계, 유럽 열강의 왕실, 프랑스 국내 정치, 군사, 종교, 국영기관에 관한 정보를 자세히 다룬다.

간이면 족하다고 계산했다. 마차의 최대 시속만 따지면 16킬로미터 정도겠지만, 역참에서 말을 바꾸고 쉬는 시간을 모두 포함시킬 때, 시속 12킬로미터 남짓한 속도로 달릴 수 있다고 생각했음을 알 수 있다. 그러나 왕 일행이 실제로 가는 속도와 비교해 볼 때, 시속 1킬로미터 이상의 차이가 났다.

8시쯤 튈르리 궁이 발칵 뒤집혔을 때, 왕 일행은 라페르테 수 주아르에서 마부와 말을 바꾸고 다음 행선지로 향했다. 파리 시장, 라파예트, 국회의장이 왕이 사라졌다는 소식을 듣고 대책을 논의하고 있을 동안 왕의 마차는 뷔시에르Bussières를 향해 달려갔다. 9시에 국회가 회의를 시작할 때 마차는 시속 11킬로미터의 속도로 뷔시에르를 지났고, 다음 역참인 비엘 메종Viels-Maisons 에는 10시쯤 도착했다. 일행은 시간을 절약하려고 마차 안에서 빵, 포도주, 차가운 송아지 고기를 마치 사냥꾼이나 검소한 여행자처럼 접시나 포크도 없이 먹었다. 거품이 나지 않는 샹파뉴산 포도주 한 병과 물 여섯 병을 마셨다. 거기까지 가는 동안 왕 가족은 마차에서 잠깐씩 두 번 내렸다. 첫 번째 왕이 내렸다 탈 때에는 말당이 부축해주면서 호기심에 몰려든 가난한 사람들의 의심을 사지 않도록 노력했다. 왕은 말당에게 자기 처지가 아주 불행하지만, 국민에게 자신이 자유롭지 못하다는 사실을 알려주고 싶다고 말했다. 두 번째에는 무스티에가 그 일을 맡았다. 왕은 무스티에에게 남의 시선을 너무 의식하지 말라고 여유롭게 말했다. 파리에서 멀어진 만큼 왕은 느긋해졌던 것이다. 무스티에는 그가 살롱까지만 갈 수 있다면 도주에 성공한다고 낙관하는 것처럼 보았다.

왕 일행은 11시쯤 몽미라이에 도착해서 잠시 쉬었다. 왕은 농민들과 유쾌하게 수다를 떨었다. 그리고 왕은 정오에 프로망티에르에 도착했을 때 또 마차에서 내려 행인들과 이야기했다. 파리에서 라파예트가 보낸 베용과 국회가 제정한 법을 가지고 떠난 로뫼프가 한 시간 간격으로 그들 뒤를 추격하고 있었으나, 그 사실을 전혀 알 길이 없는 왕은 완전히 긴장을 풀었다. 마차가 최고속도로 달릴 때 평균 12~13킬로미터인 데 비해 말은 그 두 배 이상의 속도를 낼 수 있으니 그날 안으로 잡힐 가능성이 높았다. 단지 뒤쫓는 사람은 앞선 사람들이 어느 길을 택할 것인지 모른다는 점이 가장 중요한 변수였다. 그러나 일단 어느 역참을 지나갔는지 파악한 뒤에는 추적하기가 훨씬 쉬웠다. 역참 마부들은 다음 역참까지 갔다가 되돌아오기 때문에 그들을 만나면 몇 시간 뒤졌는지 알 수 있었다. 왕 일행이 프로망티에르를 떠나 한 시간쯤 달리고 멈춘 곳은 에토주였다. 거기서 말을 바꾸고 다음 역참인 생트릭스로 향했다. 걱정과 긴장으로 시작했던 여정은 이처럼 순조로웠다. 오후 2시쯤 가장 더운 시간이었기 때문에 왕 일행은 거기서 더위를 식히고 다시 출발했다. 그때 베용은 모에 도착해서 잠깐 쉬고 나서 말을 갈아탔다. 90킬로미터 뒤에 추격자가 있는 줄 모르는 왕의 일행이 솜수드Somme Soude 다리를 건널 때 말을 맨 견인줄이 끊어졌다. 그들이 마차를 고쳐서 출발할 때까지 생트릭스에서 또 한 시간 정도 시간을 허비했다.

왕 일행은 4시쯤 샬롱에 도착했다. 파리부터 몽메디까지 가는 길에서 가장 큰 도시인 샬롱에 도착한 왕은 전보다 더 안심했다. 부이예 장군의 지휘권이 미치는 도시였기 때문이다. 그러나 그는 거기까지 가는 동안 부주의한 행동 때문에 범상치 않은 인물이라는 인상을 심어주었으며, 여러 군데 역참에서 마부와 말을 바꾸는 동안 그를 알아본 마부도 있었다. 더욱이 생트릭스 역참장 라니J.-B. de Lagny와 그의 사위 발레Gabriel Vallet는 1790년 7월 14일 파리에서 열린 전국연맹제에 참석했기 때문에 왕의 얼굴을 멀리서 직접 보았다. 그런데 왕이 생트릭스 역참에 들렀으니 라니는 몹시 황송했다. 라니는 사위에게 눈짓으로 샬롱까지 마차를 몰라고 명령했다. 발레는 샬롱에 도착했을 때, 역참장인 비에Antoine Viet에게 왕이 왔다는 사실을 알렸다. 왕 일행 주위에 사람들이 몰려들었고, 그중에는 왕의 얼굴을 알아본 사람도 있었다. 그러나 왕은 10여 킬로미터 밖에 있는 퐁드솜벨에서 기다리는 슈아죌 공작을 만나고, 부이예 장군이 배치한 병력의 호위를 받으면서 안전하게 여행을 계속할 수 있다고 생각하면서 신분노출에 별로 신경을 쓰지 않았다.

슈아죌은 미용사 레오나르를 데리고 정오쯤 퐁드솜벨에 도착했고, 그제야 레오나르에게 임무가 무엇인지 알려주었다. 레오나르는 펑펑 울었다. 슈아죌은 남들이 이상하게 생각하면 일을 그르칠 수 있다고 하면서 레오나르를 달랬다. 부이예 장군은 로쳉의 경기병 40명을 고글라 남작과 부데Boudet 소위에게 맡겨 퐁드솜벨로 가서 저녁soir때까지 기다리다가 왕 일행을 맞아 생트메누까지 호위하라고 명령했다. 그 명령을 받은 고글라의 병력도 슈아죌보다 조금 늦게 도착했다. 그들은 그때부터 2시에 발로리가, 3시에 왕이 나타나기만 기다렸다. 그러나 발로리는 4시가 지나서도 나타나지 않았다. 왕은 4시에 겨우 샬롱에 도착했으니, 그 시간에 발로리가 슈아죌에게 왕의 소식을 가져와야 했다. 어찌된 일인가? 아무 소식도 모르는 상태에서 한없이 기다려야 하는가? 해가 지려면 멀었는데 과연 그때까지 기다릴 수 있을 것인가? 무슨 명분으로 야영을 할 것인가? 퐁드솜벨 근처의 농민들은 전날부터 병력이 수상하게 움직이는 것을 보고 경계하기 시작했기 때문에 슈아죌과 고글라는 더욱 불안했다. 슈아죌이 초조했던 이유를 직접 들어보자.

이처럼 견디기 힘든 상태에서 초조하게 기다리는 동안, 우리 주변에서 새로운 일이 벌어졌다. 사람들이 격렬히 동요하기 시작했던 것이다. 퐁드솜벨 근처에 있는 엘뵈프 부인 소유의 토지를 부치는 농민들은 일괄 상환이 불가능한 세금을 납부하지 않겠다고 버텼는데, 그 때문에 군대를 동원해서 제재하겠다는 위협을 받고 있었다. 그리고 인근의 농민들은 그들을 구해주기로 약속한 상태였다. 그런데 그들은 퐁드솜벨에 경기병들이 몰려오는 것을 보고는 필시 자신들을 탄압하러 왔다고 생각하고 경종을 울려 인근 마을 농민들에게 위급한 상황을 알렸던 것이다.

샬롱 쪽에서도 국민방위군들이 병력이동에 신경을 곤두세웠고 그 이유를 알아내려고 움직였다. 더욱이 샬롱과 베르됭을 오가는 길은 늘 붐볐다. 마부들은 퐁드솜벨은 물론 생트메누 같은 곳에 군인들이 모여 있는 것을 보고 역참이나 여인숙에서 만나는 사람들에게 전했다. 농민들은 슈아죌과 병력 주위에서 공공연히 외쳤다. "경기병들은 교활하지. 하지만 우리가 한 수 위다." 그들은 심지어 슈아죌 일행이 왕비를 기다린다고 말하기도 했다. 4시가 지나고 농민들이 점점 더 많이 모여들었다. 분위기가 험악해지자 슈아죌은 자기 하인과 레오나르를 스트네로 떠나보내기로 작정하고 쪽지를 써주면서, 다음 역참인 생트메누에서 기다리는 당두앵에게 보여준 뒤, 샬롱을 지날 때도 거기에 배치된 지휘관에게 보여주라고 했다.

"오늘 금고가 지나갈 기미가 보이지 않습니다. 나는 부이예 장군에게 합류하러 떠납니다. 내일 새 명령을 기다리시오."

슈아죌은 5시가 되어서도 발로리가 나타나지 않았다고 말한다. 이 말은 자기가 5시 넘어서 그 자리를 떴다는 뜻이다. 그는 나중에 자신이 책임을 가장 적게 지려는 의도로 회고록을 썼기 때문에 다른 사람들의 증언과 함께 고려해서 판단해야 한다. 아무튼 그는 왕이 도착하려면 적어도 한두 시간을 더 기다려야 한다고 판단했음을 알 수 있다. 샬롱에서 파견한 국민방위군 헌병대가 슈아죌 일행이 금고를 기다린다는 말에 코웃음 치면서 "병력이 야영하는 진짜 목적이 무엇이냐"고 곧이곧대로 물었다. 그러고 나서 슈아죌 일행이 계속 거기에 머무는 것이 나중에 더 큰 사태의 원인이 될 것이라고 으름장을 놓았다. 금고가 아니라 요인要人을 기다린다고 생각하는 사람들은 아무렇게나 찔러보았지만, 진짜로 요인을 기다리는 사람은 뜨끔하고 오금이 저렸다. 슈아죌은 고글라에게 아무래도 거기서 철수하는 편이 낫겠다고 상의한 뒤 5시 45분경에 병력을 철수했다고 회고했다. 그러나 부이예 장군이나 부대의 증언을 종합해보면, 실제로 한 시간은 더 빨리 떠났을 것이라고 추정할 수 있다.

슈아죌이 고글라와 함께 경기병을 데리고 퐁드솜벨을 떠난 뒤 농민들도 제각기 집으로 돌아갔다. 그리고 한산해진 역참에 발로리가 나타나 말과 마부를 주문하고는 그곳에 배치된 병력을 찾아 헤매다 역참으로 돌아갔다. 왕 일행은 발로리보다 조금 늦은 6시쯤 퐁드솜벨에 도착했다. 왕도 거기서 자신을 맞이할 슈아죌을 찾았지만 이미 떠난 사람을 찾을 길이 없었다. 땅이 꺼지는 것같이 아찔한 경험이었다. 빨리 생트메누로 가는 수밖에 없었다. 발로리가 먼저 길을 떠나고, 왕 일행은 한 20분가량 역참에서 말을 마차에 다시 매고 나서 움직였다. 그들은 7시쯤 생트메누에서 약 8킬로미터 앞에 있는 오르베발Orbéval 역참에 도착했다. 바꿔 맬 말들이 꼴을 모으러 들판에 나가 있었기 때문에 주변의 경치를 보면서 기다렸다. 서북쪽 들판으로 발미Valmy의 풍차가 보였다. 그들의 뒤를 쫓던 배용은 6시에 생트릭스에 도착해서 라파예트의 명령을 전달하고 너무 피곤한 나머지 조금 쉬기로 하고, 다른 사람을 전령으로 뽑아 길을 떠나보냈다. 왕이 3시에 도착했던 곳에 추격자가 6시에 도착했으니, 애당초 열 시간의 간격을 세 시간으로 좁혔던 것이다.

거의 8시에 생트메누에 도착해보니 용기병들은 아무런 준비를 갖추지 않고 있었다. 그들의 지휘관인 당두앵이 무스티에 곁을 지나가면서 아무 상관도 없다는 양 속삭이듯 말했다. "빨리 여기를 떠나세요. 그렇지 않으면 낭패를 봅니다." 무스티에가 역참에서 말과 마부를 바꾸는 동안 둘러보면서 생트메누의 국민방위군이 용기병들을 무장해제시켰다고 짐작했다. 그러나 사실은 5시쯤 레오나르가 슈아죌의 쪽지를 들고 나타나 퐁드솜벨에서 병력이 철수한다는 말을 남기고 클레르몽 쪽으로 사라졌기 때문에 당두앵이 하루 종일 얹었던 말안장을 내리도록 했던 것이다. 한편 생트메누에는 전날 고글라와 부데가 이끄는 경기병 40명이 머물다 퐁드솜벨로 떠나고, 그 대신 당두앵의 용기병 30명이 들어왔기 때문에 그곳 주민들도 '금고 수송'에 대해 들었으며, 그 말을 의심하고 있었다. 당두앵은 무스티에한테 빨리 왕 일행을 이끌고 어서 클레르몽으로 가라고 함으로써 그들의 도주가 중간에서 끝날 수 있다는 절박한 심경을 그대로 보여주었다.

생트메누의 역참장 드루에J.-B. Drouet는 마차준비가 끝났을 즈음 현장에 나타났다. 그는 커다란 여행용 마차가 서 있는 것을 보고 안을 들여다보았다. 생트메누에서 28년 전에 태어난 그는 7년 동안 콩데 공의 용기병으로 복무한 뒤 역참을 물려받았는데, 군에 복무할 때 베르사유 근처에 주둔했기 때문에 왕비의 얼굴을 알고 있었다. 그는 왕을 실제로 본 적이 없었지만, 아시냐 지폐의 초상화와 비슷한 얼굴을 왕비 옆에서 보았다. 왕 일행이 아르곤의 언덕길을 오르내리면서 9시쯤 비에슴 내(또는 비엠 강la Biesme) 근처 이슬레트les Islettes 골짜기를 지나고 있을 무렵, 샬롱 역참장 비에가 생트메누 역참에 나타났다. 6시 반쯤, 그는 생트릭스에서 배용이 자기 대신 파발꾼을 통해서 전한 라파예트의 명령을 듣자마자 말을 타고 생트메누까지 달려갔던 것이다. 그동안 드루에는 왕과 왕비의 얼굴을 알아보았는데도 앞의 역참 사람들처럼 어찌할 바를 몰랐다. 그러나 그는 이제 자기가 할 일을 알게 되었다. 왕 일행이 더는 여행을 계속하지 못하게 막아야 했다. 비에가 왕이 샬롱을 거쳐 갈 것이라고 분명히 알고 길을 떠났듯이, 드루에도 왕이 클레르몽을 향하고 있다는 사실을 분명히 알고 있었다. 비에는 생트메누 관공서에도 그 사실을 알렸다. 관공서에서는 곧 비상사태를 알리는 경종을 울리게 하고, 마을에서 가장 말을 잘 타는 드루에와 선술집 주인인 기욤에게 국경 근처의 마을에 왕이 도주하고 있다는 소식을 전하라고 명령했다. 드루에와 기욤은 말을 타고 전속력으로 왕의 뒤를 쫓았다. 당두앵은 부하들을 데리고 왕의 뒤를 따르려고 했지만 생트메누의 국민방위군에게 저지당했다. 당두앵 휘하의 장교인 라가슈Lagache는 충성심을 발휘해 권총을 쏘면서 저지선을 뚫고 왕의 뒤를 따르겠다고 죽을힘을 다해 도망쳤다. 생트메누 사람들은 당두앵을 감옥에 가두고, 술에 취한 용기병들을 무장해제시켰다.

클레르몽에서 용기병 160명을 데리고 기다리던 샤를 드 다마 백작은 예정시간이 지나도 왕이 나타나지 않자 초조해졌다. 그는 용기병 30명을 5시부터 준비시켜 언제라도 왕의 마차를 호위하게 하고, 나머지 병력은 그 뒤에서 따라오는 방해자들을 막을 계획을 세워놓고 기다렸다. 8시 조금 전 슈아죌의 마차가 다가왔고 거기서 레오나르가 내렸다. 레오나르는 슈아죌이 써준 쪽지를 다마에게 보여주었다. 이처럼 슈아죌이 왕의 앞길에 미리미리 손을 써서 일을 망치고 있었다. 다마가 몹시 놀랐지만, 레오나르는 슈아죌의 하인과 함께 마차를 타고 바렌으로 가는 길로 사라졌다. 어둑해졌는데도 거의 네 시간 동안 안장을 얹고 대기하는 용기병들 때문에 클레르몽 주민들이 불안해서 웅성거렸다. 장교들은 다마에게 안장을 내리고 병사들을 쉬게 해달라고 요구했다. 다마는 마지못해 그렇게 하라고 허락했다. 9시쯤 발로리가 역참마를 타고 나타났다. 발로리는 왕의 마차가 퐁드솜벨을 지날 때 슈아죌과 만나지 못했으며, 그때부터 몹시 어려운 상황이 계속되었지만 다행히 클레르몽으로 다가오고 있다고 알려주었다. 그리고 9시 20분에서 30분 사이, 왕이 탄 마차가 클레르몽으로 들어섰다. 부이에 장군이 다마에게 내린 명령은 왕의 신분을 감추도록 하라는 것이었지만, 다마가 마차에 다가가 공손하게 얘기하는 태도를 본 사람들은 아주 지체 높은 사람이 타고 있음을 추측할 수 있었다. 다행히 역참에서 일손을 빠르게 움직여주어 마차가 다음 행선지로 떠날 차비를 갖추었다.

등불을 밝힌 마차에 타고 있는 전령 한 명이 클레르몽에서 마차를 몰게 된 마부에게 "바렌으로"라고 큰 소리로 외친 것이 결정적인 실수였다. 바렌에는 역참이 없었기 때문에 마부가 행선지를 다시 한번 물었기 때문에 확실히 해두려고 큰 소리로 말했는지는 알 길이 없다. 거기까지 마차를 몰고 갔다가 말을 데리고 생트메누로 되돌아가는 마부가 그 말을 들었다는 것이 불행이었다. 그들은 이슬레트 골짜기에서 그들의 역참장 드루에와 기욤을 만났다. 드루에는 마차가 어디를 향하는지 아느냐고 물었고, 마부는 노란 옷을 입은 사내가 "바렌으로" 가자고 하는 말을 들었다고 대답했다. 그 대답이 결정적으로 왕의 여정을 끝내는 일격이었다. 드루에가 그 대답을 듣지 못했다면, 필시 클레르몽을 지나 동쪽으로 30킬로미터 밖의 베르됭을 향해 말을 달렸을 것이다. 드루에 일행은 곧 숲을 통과하는 지름길로 들어갔다. 캄캄한 숲을 통과해야 하지만 드루에는 길에 익숙했다. 해가 지기 전에 그 숲에 도착했던 슈아죌과 고글라 일행은 아직도 길을 잃고 헤매고 있었다. 클레르몽에서 북쪽을 향해 어두운 길을 오르락내리락 하면서 바렌으로 가야 하는 왕 일행은 마차 안에서 그런 일을 전혀 상상하지 못한 채 뒤에서 나팔소리가 들리기를 기대했다. 다마 백작이 용기병에게 안장을 얹으라는 명령을 내리는 나팔소리는 그들에게 구원의 소리일 것이었다. 그러나 다마는 달리 생각했다. 왕의 신분을 노출하지 말라는 부이예 장군의 명령을 좇아 조용히 분견대를 마차 뒤에 따라가도록 하고, 나머지 병력은 뒤에 남아 생트메누에서 오는 당두앵의 병력과 함께 방해자들을 막아내려 했다. 그러나 그 계획도 실패했다. 클레르몽 사람들이 길을 막는 바람에 마차를 따르지 못하게 되었기 때문에 다마는 바렌에 배치된 병력이 왕을 잘 맞이할 것으로 애써 낙관했다. 왕의 마차는 외롭게 밤길을 오르락내리락 하면서 바렌으로 다가갔다.

9
바렌의 밤

바렌은 클레르몽에서 스트네로 가는 중간에 있는 작은 마을이다. 북쪽으로 흐르는 애르 내l'Aire를 끼고 언덕길을 내려가면 만날 수 있었다. 마을은 애르 내의 양편으로 나뉘는데, 내의 왼쪽에 있는 언덕길을 내려가면서 처음 만나는 부분이 좁은 나무다리 건너편에 있는 부분보다 높다. 그러니까 애르 내의 왼편 높은 바렌과 오른편 낮은 바렌은 이 좁은 다리로 연결되었다. 높은 바렌에서 왕 일행과 관련된 사건이 일어나는 곳을 몇 군데 짚어보기로 한다. 입구에서 내려가다 보면 마을 사무소가 길 왼편에 있고, 그 맞은편에 프레퐁텐의 집이 있었다. 거기서 더 아래로 내려가면 아치가 길 위를 덮고 있기 때문에 아치 밑으로만 통행할 수 있었다. 아치의 오른편에 연결된 건물은 생장구Saint-Gengoult 교회였다. 아치 밑을 통과해서 나가자마자 교회 곁에 '황금팔 여인숙Auberge du Bras-d'Or'이 있었다. 그리고 거기서 또 아래로 내려가면 식료품상이며 마을 검찰관인 소스Sauce의 집이 왼편에 있었다. 거기서 아래쪽으로 내려가면 낮은 바렌으로 건너는 좁은 나무다리가 나온다. 다리를 건너지 않고 곧바로 내려가다 보면 코르들리에 수도원이 있었다. 그리고 나무다리를 건너 낮은 바렌으로 가면 오른쪽에 '위대한 군주의 호텔Hôtel du Grand Monarque'이 있었다.

왕 일행은 높은 바렌의 입구에 도착해 어둠이 짙은 밖을 내다보면서 더욱 긴장했다. 그러나 한편으로 클레르몽 역참마를 돌려보내고 슈아죌이 빌려준 말을 새로 맨 뒤에 덩을 향해 갈 수 있다는 희망으로 불안한 마음을 달랬다. 밤 10시 반이 조금 넘었을 때, 바렌의 좁은 거리가 시작되는 곳에 도착했다. 말당이나 무스티에는 말을 매어둘 만한 곳을 기웃거렸지만 쉽게 찾을 수 없었다. 사방이 캄캄하고 어두운데 일찍 잠든 마을에서 길을 안내해줄 사람을 만날 수 없었다. 그들보다 한발 앞서 도착한 발로리는 숲 가장자리를 드나들고 여기저기 기웃거렸지만 말들을 찾지 못한 채 낙담했다가 왕의 마차가 도착하는 소리를 듣고 나타났다. 발로리는 지휘관 레주쿠르 후작le marquis de Raigecourt과 그의 부관인 슈발리에 드 부이예(샤를)를 만나야 말을 찾아서 준비를 했을 텐데, 그들의 자취를 알 수 없어서 애를 태웠다. 왕이 마차에서 내려 불 꺼진 집 문을 두드렸으나 안에서는 문을 열지 않은 채 다른 곳에서 알아보라는 대답만 들렸다. 왕비도 마차에서 내려 밤길을 헤맸다.

왕 일행은 꿈도 꾸지 못한 일이었지만, 전령인 발로리보다 훨씬 앞서 훼방꾼인 미용사 레오나르가 다녀간 것이 분명했다. 나중에 레오나르의 행적이 밝혀진 것을 보면, 9시 조금 지나 바렌에 도착한 그는 '위대한 군주의 호텔'까지 가서 레주쿠르와 슈발리에 드 부이예를 만나 왕이 오지 않을 것이라는 소식을 전한 뒤 스트네 방향으로 가지 않고 베르됭 방향으로 갔다. 그가 의도적으로 베르됭 쪽으로 갔는지 길을 잘못 들었는지 알 수 없다. '만일'을 얘기해도 소용없이 이미 엎지른 물이지만, 만일 그가 곧바로 스트네 쪽으로 가서 부이예 장군을 만났다면, 장군은 어떻게든 병사들을 데리고 클레르몽 방향으로 떠났을 것이다. 그러면 바렌을 거쳐서 가는 길에 왕의 마차를 만날 가능성이 높았다. 부이예 장군은 새벽 4시가 넘어서야 대위 델송d'Elson으로부터 왕이 바렌에서 잡혔다는 소식을 들었다. 부이예 장군은 회고록에서 레오나르로부터 제때 소식을 듣지 못한 점을 분하게 여겼다. 레오나르는 슈아죌이 시킨 대로 클레르몽에서 쪽지를 보여주고 바렌까지 가서 왕이 오지 못할 것 같다는 소식을 전했다. 거기까지가 슈아죌이 준 임무였다. 그러니 누구를 탓해야 할 것인가! 더욱이 레주쿠르 후작과 슈발리에 드 부이예는 마을 입구에 매어두었던 말들을 자신들이 묵고 있던 호텔로 옮겨다 매어놓았으니 알지도 못하는 사이에 왕에게서 마지막 기회마저 빼앗은 셈이었다.

왕이 마차에서 내려 이리 기웃 저리 기웃하는 사이에 왕비도 말당의 호위를 받으며 여기저기 기웃거렸다. 그만큼 그들은 절박했다. 무스티에는 불빛이 새어 나오는 집으로 가서 문을 두드렸다. 마침 문이 조금 열려 있기 때문에 무스티에는 문을 밀었다. 그러나 누군가 안에서 문을 닫으려 했다. 무스티에는 더욱 힘주어 밀어젖혔다. 그 집 주인은 생루이 기사이며 그 지역 콩데 공의 재산관리인이던 프레퐁텐이었다. 그는 며칠 동안 병이 났기 때문에 마을이 어떻게 돌아가는지 잘 알지 못했다. 그래서 그는 이렇다 할 정보를 주지 못했다. 무스티에는 그를 왕에게 데려갔고, 왕의 말을 들은 그는 무스티에를 안내해서 로쟁의 경기병 분견대가 묵고 있는 코르들리에 수도원으로 갔다.

그러나 그곳에는 뢰리그^{Röhrig}가 지휘하는 분견대가 없었고, 경기병 한 명만 남아 있었다. 무스티에가 그로부터 필요한 정보를 얻으려고 애쓰는 동안, 발로리와 말당은 부이에 장군이 배치한 병력에게 배반당했다고 생각했다. 그들은 어떻게든 마을의 아래쪽으로 더 가야 한다고 결정하고 마부들에게 명령했다. 코르들리에 수도원에서 아무런 정보도 얻지 못한 무스티에가 다시 그들과 합류했다. 마부들은 역참도 없는 바렌까지 가는 길도 마뜩찮았지만 두둑한 행하를 받고 억지로 협조했는데, 이제 마지막이라고 생각한 여정을 연장하자는 말에 당연히 반발했다. 특히 그들은 그날 밤으로 클레르몽에 돌아가야 아내에게 약속한 대로 집안일을 도울 수 있기 때문에 전령들의 말을 듣지 않았다. 그들은 클레르몽 역참장의 명령을 앞세우고, 무엇보다 말이 지쳐서 더는 갈 수 없다고 버텼다. 결국 전령들은 돈을 더 주겠다고 해도 말을 듣지 않는 마부들을 사냥칼로 협박했다. 30여 분의 소중한 시간을 그렇게 보낸 뒤 마차가 서서히 움직여 마을길을 따라 내려가기 시작했다.

바렌 마을 사람들은 각각 집에서 그리고 외지인들은 여인숙 2층에서 이미 잠들었기 때문에 사방이 고요한데, 11시 조금 전에 왕 일행을 지나친 드루에와 기욤이 불빛이 새어나오는 황금팔 여인숙에 나타났다. 여인숙 주인 장 르블랑과 동생인 폴 르블랑 그리고 조제프 퐁생, 쥐스탱 조르주, 이슬레트 마을에서 온 토지관리인 텐뱅이 술을 놓고 세상 돌아가는 얘기를 하고 있었다. 드루에는 다짜고짜 주인을 부르더니 "당신은 훌륭한 애국자요?"라고 물었고, 장 르블랑은 "물론이오"라고 대답했다. 드루에는 자신이 들은 얘기를 전하고 나서 빨리 믿을 만한 사람들을 모아서 바렌 입구에 들어선 왕의 마차를 움직이지 못하게 막아야 한다고 말했다. 장은 술을 마시던 사람들에게 사정을 말한 뒤, 밖으로 나가 마을 아래쪽 길 왼편에 있는 검찰관 소스의 집으로 갔다. 소스가 아치 쪽으로 가는 사이, 술을 마시던 사람들은 무슨 일을 해야 할지 잘 알았다. 그들이 길을 따라 내려오는 왕의 마차를 세우는 동안, 다른 사람들은 마을 아래쪽에서 애르 내를 건너는 다리에 저지선을 설치했다. 다행히 근처에 가구나 나무를 실은 마차가 있었기에 좁은 다리를 막기에 안성맞춤이었다. 그리고 경종이 울리고 사람들이 자다 깨어나 밖으로 나왔다. 다리 건너편 호텔에서 잠자던 레주쿠르 후작과 슈발리에 드 부이예(샤를)는 밖에서 소란스러운 소리가 나자 잠에서 깨어 불을 켜지 않은 채 밖을 살폈다. 사람들이 달려가는 모습이 보였다. 바렌은 국경에 가까운 마을이었기 때문에 평소에 경계태세를 잘 갖추었고, 파리 자코뱅 클럽과 자매결연을 한 클럽도 갖고 있었다. 그들은 국민방위군을 조직하고 무기도 충분히 장만하고 있었다.

술을 마시던 사람들이 마차의 앞을 막아섰다. 그들 곁에는 사람들이 모이기 시작했다. 소스와 그 지역 국민방위군 지휘관 아노네Hannonet가 나타나 시녀들이 탄 작은 마차를 들여다보며 통행증을 보여달라고 했다. 시녀들은 뒤따르는 마차에 서류가 있다고 대답했다. 소스는 더 큰 마차로 다가가 행선지를 물으면서 통행증을 요구했다. 마차에 탄 사람은 프랑크푸르트까지 간다고 대답했다. 소스가 등불로 마차에 탄 사람들의 얼굴을 찬찬히 훑어보았다. 그는 통행증을 받아들었다. 외무대신 몽모랭이 발행한 여권들과 하나는 '루이'라고 왕이 직접 서명한 여권이었다. 소스와 드루에는 여권에 국회의장의 부서副署가 없는 것을 보고 꼬투리를 잡아 일행을 마차에서 내리라고 했다. 그러나 말은 부드럽게 했다. 여권의 진위를 확인하기에는 너무 늦었고 또 밤길이 위험하기도 하니까 하룻밤을 묵고 떠나도 되지 않겠느냐고 했다. 마부들이 마차를 움직이려고 하자 앞을 가로막은 주민들은 마부들을 죽일 듯이 위협했다. 그동안 무스티에는 별 소득이 없이 왕의 마차가 있는 곳으로 돌아갔다. 그때 왕 일행은 더는 아등바등해봤자 꼼짝할 수 없는 처지라서 마차에서 내려야 했다. 소스는 왕 가족을 자기 집으로 안내했다.

소스의 집에 들어간 왕 일행은 2층으로 올라갔다. 소스의 집 1층부터 다락방까지 국민방위군이 가득 들어찼다. 왕은 2층 방의 가장 안쪽에 자리 잡았다. 왕비와 여동생이 좌우에 앉았다. 어떤 사람이 외쳤다. "그는 왕이다." 충성스러운 무스티에가 맞받아쳤다. "만일 그분이 왕이라고 믿는다면 왜 당신들은 그분의 발치에 머리를 조아리지 않는가? 만일 그분이 단순히 타지인이라면, 무슨 권리로 그분의 앞길을 막는 것인가?" 그러나 소스 집에 판사 데스테Destez가 나타나면서 논란의 여지가 사라졌다. 데스테는 왕비의 식사관officier de la Bouche의 사위였기 때문에 왕의 얼굴을 잘 알았다. 데스테는 자정쯤 소스의 집에 불려가 왕을 알아보고 머리를 조아렸다. 왕도 알은체를 할 수밖에 없었다. 루이 16세는 이제 신분을 감출 수 없다는 사실을 인정해야 했다. 그는 자리에서 일어나 방 한가운데로 나서면서 말했다.

"그렇소. 나는 여러분의 왕이오. 왕국의 수도 파리에서 오랫동안 온갖 능욕을 당하는 일이 하도 피곤해서 이렇게 왕국의 한구석으로 몸을 피하기로 결심했소. 이 지역에서 내 백성의 사랑을 되돌릴 수 있으리라고 확신했소."

소스와 아노네는 왕의 말을 듣고 감동해서 왕에게 머리를 조아리면서 눈물을 흘렸다. 그들은 왕에게 사랑과 충성심을 맹세하고, 이 먼 곳에서 군주를 보게 되어 몹시 행복하다고 말했다. "우리는 목숨 바쳐 전하를 보호하겠습니다." 이 말을 들은 왕과 왕비는 감동해서 그들을 일으켰다. 왕은 새로운 희망을 보고 이렇게 말했다.

"프랑스인들은 방황하고 있소. 그러나 왕에 대한 사랑은 조금도 꺼지지 않았소. 과인도 프랑스인들을 사랑한다는 증거를 보여주려 하오. 과인은 국민방위군의 일부를 뽑아 과인이 정착하고자 하는 몽메디로 데리고 가서 정규군과 동등한 권리를 누리게 하겠소. 국민방위군 지휘관은 들으시오. 지금부터 분견대를 뽑고, 당장 과인의 마차를 끌 말을 준비해주시오."

검찰관 소스는 날이 밝을 때까지 왕을 머물게 했다. 아직 마을회의에서 이렇다 할 방침을 정하지 못했기 때문이다. 마을회의에서 결정한 사항은 바렌에서 가까운 국경 마을인 샤를빌, 메지에르, 베르됭으로 파발마를 띄워 국민방위군 병력을 지원받도록 하며, 특히 마을 의사 망쟁Mangin을 파리의 국회로 보내 왕을 바렌에서 저지했음을 알리고 다음 행동지침을 받아오도록 하자는 것이었다. 망쟁은 임무를 띠고 떠났다. 왕은 "우리는 떠나야 하오. 과인은 명령하오. 당장 시행하시오"라고 강력히 주장했지만 그 말이 통할 리 없었다. 왕은 절망적으로 뒤돌아서 자리로 돌아가 털썩 주저앉았다. 국민방위군들이 소스의 집 안팎을 가득 메웠다. 로칭 경기병 분견대가 뒤늦게 현장에 나타났다. 국민방위군은 그들이 소스 집 앞으로 다가오는 것을 보고 "국민 만세!"라고 외치라고 명령하면서, 만일 시키는 대로 하지 않으면 발포하겠다고 위협했다. 분견대는 순순히 복종했다. 왕의 가족은 창가로 다가가 그 광경을 내려다보다가 절망한 듯 자리로 돌아가 앉았다. 세자와 공주는 부모의 고통을 전혀 모른 채 진즉부터 소스 부부의 침대에서 곤히 잠들어 있었다. 그들 곁을 소스의 노모가 눈물을 흘리면서 지키고 있었다. 병약한 투르젤 부인, 시녀들도 거기 있었다. 왕이 국민방위군과 군중에게 부드러우면서도 위엄 있게 말했지만 아무도 그 말을 들으려 하지 않았다. 다리 건너편에서는 델롱Deslon이 지휘하는 경기병 분견대가 발을 구르고 있었다. 델롱은 홀로 다리를 건너 왕을 만나러 갔다. 왕은 그를 보고 의미심장하게 말했다. "귀관은 과인의 말이 통하지 않는 상황을 보고서도 모르겠소? 과인이 해줄 말이라고는 단 하나, 귀관의 의무를 다하시오." 이 말이 무슨 뜻인지 모를 사람이 있을까? 그러나 국경 근처에서 외적이 침입한다는 소문에 시달리면서 동원체제에 익숙하던 주민들과 국민방위군들이 겹겹이 둘러싼 소스의 집을 소수의 병력으로 섣불리 공격할 수는 없는 노릇이었다. 바렌에서 가깝거나 먼 마을의 국민방위군과 주민들도 소식을 듣고 몰려들었기 때문에 부이예 장군이 대대적으로 병력을 끌고 와서 그들을 위협한다 해도 쌍방의 막대한 희생과 심지어 왕 가족의 안위까지 걸려 있었으므로 왕을 빼내는 일은 불가능한 상태였다. 주민들은 더욱 날카로워져서 왕에 대해 더욱 매섭게 비판했다. 무스티에는 소스의 아내가 대놓고 투덜대는 소리를 들었다.

"국민은 왕에게 2,400만 리브르나 주면서 잘 보호해줬는데, 왕은 국민을 버리려 한다니, 참으로 이상한 일이군."

무스티에가 말없이 그를 쏘아보았고, 그는 움찔하면서 눈을 내리깔았다. 또 다른 얘기도 있다. 소스의 노모는 왕비 앞에 무릎을 꿇고 눈물을 흘리면서 왕비의 처지를 몹시 안타까워했다는 것이다. 잠시 후 슈아죌, 다마, 고글라가 현장에 도착했다. 왕이 고글라에게 "우리는 언제쯤이나 이곳에서 벗어날 수 있겠소?"라고 물었다. 고글라는 "전하, 명령만 내리소서"라고 대답했다. 다마는 기병들의 말 일곱 필에 각각 왕, 왕비와 세자, 공주, 고모, 투르젤 부인, 시녀 한 명씩을 태우고 병력 33명이 호위해서 돌파하는 방안을 생각했지만, 왕 가족이 소스의 집 밖으로 나갈 방법을 강구할 수는 없었다. 11시 반부터 소스의 집 2층에 갇힌 뒤 왕은 먼동이 틀 때까지 한숨도 자지 못했다. 왕 일행은 부이예 장군이 병력을 이끌고 사태를 수습해주기만 속절없이 바라고 있었다. 그동안 바렌 근처에서 무기를 들고 속속 도착한 국민방위군과 주민들은 길에 방어선을 더욱 촘촘히 구축했다. 고글라는 집 밖에 나가 왕의 마차 주위에 몰려든 사람들을 물리치려고 애썼다. 국민방위군 장교 롤랑이 고글라의 말고삐를 잡았다. 고글라가 칼을 빼서 롤랑을 위협하자, 롤랑은 권총으로 고글라를 쏴서 가슴에 부상을 입혔다. 사람들이 고글라를 황금팔 여인숙으로 옮겨 치료했다. 평소 같으면 총소리가 교전을 시작하는 신호가 되었을 테지만, 수적 열세인 기병들은 순순히 국민방위군의 말에 복종했다.

5시쯤 라파예트가 왕을 추격하도록 보낸 참모들이 나타났다. 그들은 공병 장교 출신의 배용과 그의 뒤를 한 시간 차로 따라온 로뫼프였다. 충성스러운 로뫼프가 황송해하면서 왕에게 국회가 발행한 문서를 전했다. 신경이 예민할 대로 예민해진 왕은 화를 내면서 받으려 들지 않았다. 문서가 발치에 떨어졌다. 누군가 문서를 집어 들어 왕에게 다시 권했다. "모든 공무원은 왕 일가가 여행을 계속하지 못하게 막으라"는 내용의 문서였다.

"아니, 이 배반자들이 감히 왕을 잡겠다고? 왕을 포로 취급하다니! 과인은 반역자들이 왕국에 있다는 사실을 알고 있었소만, 감히 자기네 왕을 붙잡겠다는 범죄자들이 있다는 사실은 꿈에도 생각하지 못했소."

두 장교는 황송해 어쩔 줄 모르면서 울음 섞인 목소리로 겨우 말했다.

"아마 지금쯤 파리에서는 가장 훌륭하고 정의로운 왕을 잃어버렸다는 두려움에 서로 총을 쏘고 피를 흘리고 있을 것입니다. 전하께서 빨리 파리로 돌아가셔서 이 사태를 끝낼 필요가 있습니다."

"과인은 반역자들의 눈물을 보면서 조금도 감동하지 않소. 그들은 눈물을 흘리기보다 과인의 명령을 들어야 하오. 과인은 몽메디로 떠나고 싶소."

말당은 더는 참지 못하고 슈아죌에게 참모를 한 명씩 붙잡아 창밖으로 던지자고 제안했다. 슈아죌은 품에서 권총을 보여주면서 말당에게 말했다. "한 명을 맡아요. 우리 시작해봅시다." 왕비가 그들을 말렸다. 왕은 무스티에한 테 밖으로 나가 마차에 말을 매라고 명령했다. 그러나 무스티에는 사람들에게 가로막혀 방을 빠져나가지 못했다. 그는 억지로 국민방위군들을 헤치고 나가긴 했지만 왕의 명령을 수행할 수 없음을 깨달았다. 그는 다시 소스의 집 2층으로 올라가 왕에게 말을 구할 수 없다고 사뢨다. 왕은 어떻게 저항해도 소용이 없다고 생각하고, 이제는 거기까지 자신을 따라간 충성스러운 전령 세 사람을 안전하게 지켜야겠다고 생각했다. 바렌 주민들과 국민방위군이 그들을 죽일 듯이 으르렁거렸기 때문이다. 왕의 모험은 해가 뜨면서 끝나가고 있었다. 코르들리에 수도원에서 대기하고 있어야 할 뢰리그가 경기병 60명을 데리고 제때에 나타나고, 다리 건너에 있던 레주쿠르와 슈발리에 드 부이예(샤를)가 어떻게든 다리의 장애물을 치우고 왔다 해도 주민들과 국민방위군을 모두 죽이기 전에는 왕 일가를 구할 수 없었을 것이다. 왕은 아침 7시가 넘어 마차에 올라타면서 마지막으로 몽메디로 가자고 명령했다. 그러나 마차는 오던 길을 되짚어 천천히 움직이기 시작했다.

왕은 부이예 장군이 병력을 끌고 나타나 자신을 안전하게 몽메디까지 데려가주기를 마지막 순간까지 고대했다. 부이예 장군은 도대체 어디에 있는 것인가? 그는 퐁드솜벨부터 클레르몽과 바렌까지 병력을 배치해놓고 나서 스트네에서 기다리다가 21일 밤 9시에 덩으로 이동했다. 그러나 덩 주민들의 반응이 심상치 않아서 그곳에 들어가지 않고 마을 문밖에서 왕이 오기만 기다렸다. 그의 계산으로는 왕이 새벽 2시에서 3시에는 나타날 것이었다. 물론 그의 전령이 늦어도 2시에 나타나면 왕이 곧 올 것이라는 신호였다. 그는 4시까지 기다리다가 왕에게 사고가 일어났음을 직감하고 클랭글랭 장군 le général Klinglin과 루아얄 알르망 연대에 명령을 내리려고 스트네로 돌아갔다. 그가 스트네 문에 거의 도착했을 때, 바렌으로 보냈던 장교 두 명과 바렌에 배치했던 기병 장교가 나타나 왕이 11시 30분쯤 바렌에서 잡혔다는 소식을 전했다. 그는 자기가 바렌으로 장교를 두 명 보내지 않았더라도, 그곳을 지키던 장교가 한시라도 빨리 소식을 전했다면 상황을 바꿔놓았을 것이라면서 원통해했다. 그는 직접 루아얄 알르망 연대를 이끌고 왕을 구해서 몽메디까지 호위하겠다고 결심했다. 스트네, 스당의 주민들이 군인들에게 반감을 가졌기 때문에 그곳을 지날 때 더욱 삼엄한 경계가 필요했다. 그는 연대에 말을 타라고 명령하는 한편, 클랭글랭 장군에게 2개 중대를 데리고 스트네에서 대기하라고 명령했다. 그리고 몽메디를 지키던 나소의 독일인 연대에서 1개 대대 병력을 덩에 보내 뫼즈 강의 통로를 지키라는 명령을 내렸다. 이들에게 카스텔라의 스위스인 연대를 스트네 쪽으로 안전하게 이동하도록 돕는 지극히 중요한 임무를 맡겼던 것이다.

부이예 장군 자신은 덩에 주둔하고 있던 경기병 중대와 이 마을과 스트네 사이에 있던 루아얄 알르망 연대의 분견대를 이끌고 바렌을 향해 달려간다면 적어도 바렌의 국민방위군과 인근의 국민방위군들이 힘을 합치지 못하게 막을 수 있으리라고 생각했다. 그러나 일은 그가 생각한 만큼 순조롭게 풀리지 않았다. 먼저 덩에 주둔하고 있던 경기병 중대는 부이예 장군의 명령을 받기도 전에 바렌을 향해 출발했고, 루아얄 알르망 연대는 명령을 받고서도 굼뜨게 움직였기 때문에 속절없이 시간만 흘렀다. 부이예 장군은 아들을 대여섯 번이나 지휘관에게 보내 빨리 출동하라고 재촉했다. 부이예 장군은 그 부대가 없이는 아무런 작전도 수행하기 어려웠다. 루아얄 알르망 연대가 겨우 움직이기 시작했을 때, 부이예 장군은 병사들에게 왕이 바렌에서 잡혔다고 알려주고, 왕이 내린 명령을 그들에게 읽어주었다. 왕과 가족을 몽메디까지 안전하게 보호하라는 명령이었다. 부이예 장군은 병사들의 사기를 높이려고 상금 400루이(9,600리브르)를 걸고 9리외(36킬로미터) 떨어진 바렌을 향해 출발했다. 그 길은 평지가 아니었기 때문에 시간이 많이 걸렸다. 5시가 넘어서 출발한 부이예 장군은 9시 30분이 되어서야 바렌에 도착해서 거의 두 시간 전에 왕이 떠났음을 알았다.

　루이 16세가 감행한 30시간의 모험은 완전히 실패했다. 루이 16세가 다스리던 왕국은 이제 온전히 그의 것이 아니었음을 오지 마을인 바렌이 증명했다. 그것은 프랑스 왕국이 이제 국민국가로 거듭 태어났음을 보여주었다. 이 사건을 통해서 1790년 7월 14일의 전국연맹제가 상징적으로 보여준 연대감을 읽을 수 있다. 신분사회의 모습을 반영하는 왕의 군대가 새로운 모습을 갖추고 연맹의 정신을 구현하는 국민방위군 앞에서 맥을 못 추는 현실에서 이 사건이 갖는 의미를 파악할 수 있다. 이 사건이 끝난 뒤에도 왕이 자리를 유지하긴 해도, 그에 대한 여론이 급격히 나빠지고, 수동시민들이 정치무대에 뛰어드는 일이 잦아지면서 혁명이 급진화하게 된다.

왕이 파리를 떠나면서
모든 프랑스인에게 보내는 성명서[*]

왕은 이제까지 국회가 마련한 모든 방법을 통해서 그리고 왕국의 수도로 거처를 옮겨 국회 근처에서 살아가면서 왕국의 질서와 행복이 되살아나기를 바랐으며, 그 바람대로 된다면 개인적으로 어떠한 희생을 감수해야 하더라도 별것 아니라고 생각했다. 더욱이 이 바람대로 되었다면, 1789년 10월 이후에 자유가 없는 상태에서 했던 모든 행위를 무효라고 주장하지도 않을 것이다. 그러나 왕은 수많은 희생을 했음에도 왕권이 파괴되고, 모든 권한을 무시당하고, 재산권을 침해당하고, 어디서나 신체상의 안전을 위협받고, 온갖 범죄가 벌을 받지 않고, 법을 무시하면서 완전한 무정부상태로 떨어졌음을 본다. 새로운 헌법이 왕에게 그럴듯한 권위를 부여했지만, 왕은 왕국을 휩쓴 수많은 폐단 가운데 단 하나도 바로잡을 수 없이 무력하다. 그러므로 왕은 속박을 당하는 동안 어쩔 수 없이 해야 했던 모든 법적 행위가 무효임을 엄숙히 주장하면서, 모든 프랑스인과 전 세계에 자신의 행위는 물론 프랑스 왕국에 수립된 정부가 한 일에 대해 정확히 묘

---

[*] Déclaration du roi adressée à tous les Français à sa sortie de Paris, AP. 27, pp. 578~583.

사할 의무가 있다고 믿었다.

왕은 1789년 7월에 파리뿐 아니라 심지어 프랑스 수비대 안에서 반란의 불꽃이 타오르는 모습을 보면서도 자신이 받는 의심을 떨쳐버리기 위해 주위에 불러 모은 병력을 되돌려 보냈다. 왕은 양심과 공정한 태도로 떳떳했기 때문에 조금도 두려워하지 않고 혼자서 수도의 시민들 속으로 들어갔다. 그해 10월, 왕은 이미 오래전부터 온갖 도당이 5일의 사건을 부추긴다는 사실에 대해 경고를 받았으며, 베르사유 궁을 떠나서 가고 싶은 곳으로 갈 수 있는 시간도 충분히 있었지만, 도당이 이 기회를 이용해서 내전을 일으킬까봐 두려워 차라리 개인적 희생을 감수하는 편이 낫겠다고 생각했다. 왕은 가슴을 에는 듯한 슬픔을 안고 또 가장 소중한 사람들의 생명까지 위험에 빠뜨리면서도 그 같은 희생을 감수했다. 모든 사람은 10월 6일 밤에 일어난 사건*을 알고 있다. 그 사건보다 더 큰 범죄는 없었지만, 지난 2년 동안 그 사건을 일으킨 사람들은 하나도 처벌받지 않았다. 아무튼 더 큰 범죄들이 일어나지 않았고, 또 프랑스 국민에게 지울 수 없는 얼룩이 생기지 않은 것은 오로지 하느님 덕택이다.

왕은 파리 국민방위군이 보여준 염원에 마음이 움직여 가족과 함께 튈르리 궁에 정착했다. 이 궁은 루이 15세가 어렸을 적에 잠깐 머물렀던 경우를 제외하고 100년 이상 왕궁으로 쓰이지 않았다. 그래서 튈르리 궁은 왕이 정착할 준비를 조금도 갖추지 못했으며, 왕이 사용할 처소도 다른 왕궁 수준의 편의시설을 제공하기에는 턱없이 부족하기 때문에 왕은커녕 그 누구도 편안

---

* 파리 아낙들이 베르사유 궁으로 몰려가 왕 일가를 파리의 튈르리 궁으로 데려간 사건을 뜻한다. 제2권 제3부 6~7장 참조.

하게 지내기 어려울 지경이었다. 왕은 온갖 불편을 다 겪고 행동의 제약을 받을 것이 분명했지만 오로지 공공의 평화를 위해 온갖 희생을 감수하면서 파리로 처소를 옮겼으며, 또 옮긴 직후 모든 지방을 안심시키는 동시에 국회를 자신이 머무는 파리로 초빙해 헌법을 제정하는 작업을 계속하도록 배려했다.

그러나 왕은 마음속 깊이 더욱 고통스러운 희생을 안고 있었다. 그는 그해 10월 6일 아침에 일어난 불행한 사건에서 보듯이 자신에게 충성스러운 근위대를 멀리해야 했던 것이다. 근위대 가운데 두 명이 왕과 가족을 지키려다 목숨을 바쳤고, 수많은 사람이 결코 발포하지 말라는 왕의 명령을 엄중히 지키면서 중상을 입었다. 그럼에도 시위를 획책한 도당들은 그처럼 충성스럽고 언제나 최고의 모범을 보여주던 병력에 대해 온갖 험담을 늘어놓았다. 그들이 근위대에 대해 험담을 한 의도는 결국 왕을 모함하려는 것이었다. 그들은 그 일이 일어나기 얼마 전 모범적인 프랑스 수비대를 부추겨 반란을 일으키는 데 성공했기 때문에 근위대도 반란을 일으키도록 부추겼다. 그럼에도 그 뜻을 이루지 못하자 왕과 근위대를 이간질해서 왕을 완전히 고립시키고자 했던 것이다.

파리에서 봉급을 받던 프랑스 수비대 병사들과 또 파리의 자발적인 국민방위군에게 왕의 신변을 보호하는 임무를 맡겼다. 이 병사들은 전적으로 파리 시정부의 명령을 받으며, 국민방위군 사령관이 이들을 징집한다. 이런 식으로 보호를 받게 된 왕은 자신이 통치하는 나라 안에서 수감된 신세로 전락했다. 겨우 자신을 보호해주는 과시행위에 관한 사항만 지시하고, 그 어떤 직위도 임명하지 못하며, 자신과 가족에게 악의를 품은 사람들에게 둘러싸여 생활해야 하는 그의 처지를 달리 어떻게 부를 수 있겠는가! 왕이 굳이 이러한 얘기를 꺼낸다고 해서 파리 국민방위군과 핵심 병력을 비난하려는 의도는 없다. 그것은 단지 진실을 정확히 알려야 하기 위함이다. 그렇게 함으로써 질서를 지키려는 열의를 정당하게 평가하고 싶은 것이다. 사람들이 스스로 생각하고, 나쁜 의도를 가진 도당의 아우성과 거짓말에 휘둘리지 않을 때, 그들이 얼마나 왕에게 애착을 가질 수 있는지 보여주고 싶은 것이다.

그러나 왕이 인민의 행복을 위해 희생하면 할수록, 도당들은 그 희생의 가치를 무시하는 동시에 왕을 가장 역겹고 그릇되게 표현하려고 노력했다.

전국신분회의 소집, 제3신분 대표들의 두 배 증원, 왕이 전국신분회의 구성을 늦출 수 있는 온갖 난관을 극복하려고 감내한 고통, 전국신분회를 개최한 뒤 더욱 고조된 고통, 왕이 6월 23일 회의에서 인민들을 위해 자신의 예산을 삭감하면서 받아들인 희생, 그리고 전국신분회의 활동에 꼭 필요하다고 판단해서 세 신분들이 함께 모여 회의하도록 배려한 조치, 이 모든 배려, 고통, 너그러움, 인민에 대한 애정은 완전히 무시당하고 변질되었다.

전국신분회가 국민의회라는 이름을 가지고 왕국의 헌법을 제정하기 시작했을 때, 수많은 도당은 여러 지방에서 의견서를 보내도록 촉구했고, 파리에서도 모든 진정서에 담았던 중요한 내용 가운데 "법을 제정할 때 왕과 협력해야 한다"는 구절을 대표들이 지키지 않도록 촉구했음을 모든 사람이 기억할 것이다. 국회는 이 구절을 무시하면서 왕을 완전히 헌법의 테두리 밖으로 내몰았다. 그리하여 왕은 헌법 조항에 대해 승인이나 거부할 권한도 갖지 못하고, 국회는 왕에게 거부권을 주었지만, 그 효력을 차차기 국회를 구성할 때까지 제한했다. 이렇게 유명무실한 대권에 대한 사례는 수없이 많다.

공허한 허수아비 같은 존재가 된 왕에게 남은 것은 무엇인가? 국회는 왕에게 왕실비로 쓸 수 있는 돈 2,500만 리브르를 승인해주었다. 그러나 그 돈은 겨우 관리비에 충당할 수 있을 뿐, 프랑스 왕실의 위신과 명예를 유지하기

엔 턱없이 부족하다. 국회는 왕에게 왕의 소유지 일부에 대한 용익권을 남겨주었지만, 실제로 그 권리를 누릴 수 없도록 제약했다. 이러한 소유지는 역대 왕들이 전통적으로 소유했던, 다시 말해 왕의 조상 대대로 물려받은 소유지의 극히 일부에 지나지 않는다. 만일 왕이 물려받은 영지를 모두 이용할 수 있다면, 왕은 국회가 승인해준 금액보다 훨씬 많은 자금을 조달할 수 있을 것이며, 프랑스 국민에게 아무런 피해나 부담을 안겨주지도 않을 것이라고 감히 주장해본다.

왕이 들어야 했던 고언은 재정뿐 아니라 모든 분야에서 개인적으로 왕에게 했던 모든 봉사와 국가에 대한 봉사를 분리해야 한다는 것이었다. 한마디로 왕이라는 개인에 대한 봉사는 국가에 대한 봉사와 다르다는 말이었다.

그러면 이제부터 정부의 여러 분야에 대해 검토해보려 한다.

사법 분야

왕은 법을 제정하는 데 조금도 참여하지 않는다. 그는 단지 헌법에 관한 사항들에 대해서 3차적으로 파생되는 입법을 막을 권한, 국회에 구체적으로 이런저런 문제를 다루어달라는 공식적인 제안을 할 수 없다 해도 권유를 할 수 있는 권한을 가진다. 사법은 왕의 이름으로 실천한다. 왕이 판사들에게 임명장을 준다. 그러나 그것은 형식적인 문제일 뿐이며, 왕은 단지 구시대의 검찰총장에게 맡겼던 업무의 일부에 지나지 않는 자리가 새로 생겼을 때 위원들을 임명할 수 있다. 새로 임명받은 위원들은 단지 형식을 지키는 일만 한다. 그 밖의 공적 부분은 다른 사법관리들이 맡는다. 판사들의 임기가 6년인데 비해, 이 위원들은 평생직이며 해임당하지 않는다. 국회가 최근에 내린 시행령은 왕의 가장 훌륭한 대권 가운데 하나인 감형과 사면권을 없앴다. 법이

제아무리 완벽하다 할지라도 모든 경우에 대비할 수는 없다. 그리고 이제부터 배심원들이 실제와 반대로 법의 의미를 적용해서 사면권을 행사할 수 있게 되었다. 필요할 때나 고통스러울 때마다 왕에게 의존했고, 왕을 자신들의 고통을 없애줄 아버지로 생각했던 인민들이 보기에 이러한 조치가 얼마나 왕을 위축시켰는지 일일이 말하기 어렵다.

국내 정치

이것은 완전히 도, 디스트릭트, 시정부의 손에 들어갔다. 행정구역은 너무 많이 늘어났기 때문에 국가를 움직이는 데 방해가 될 지경이며, 때로는 서로 겹치기도 한다. 인민의 손으로 뽑는 이러한 행정기구들은 단지 법을 집행하거나 그 후속명령을 집행할 때만 중앙정부와 관계를 맺는다. 그들은 정부로부터 어떠한 혜택도 기대하지 못하는 한편, 법령에 따라 수립되었기 때문에 잘못을 벌하거나 징계하는 방법은 각각의 형편에 맞춰야 할 정도로 아주 복잡하다. 그래서 대신들이 일일이 그들을 감독하기란 거의 불가능하다. 지방기구들은 별로 힘도 없고 고려의 대상도 되지 못한다. (앞으로 다시 얘기하겠지만) '헌법의 친구들 협회(헌우회)'들에 책임을 돌리려는 말은 아니지만, 그들이 지방기구들보다 더 강력하기 때문에 중앙정부의 행위가 무시당하는 실정이다. 헌우회가 여기저기 생긴 뒤, 그들이 질서를 유지하려는 의지를 보여주었음에도, 헌우회는 다른 곳에서 선동당한 인민들이 두려워했기 때문에 법이 허용한 수많은 방법을 활용하지 못했다. 우리는 그러한 사례를 수없이 본다.

선거인단들은 오직 선거에 국한된 단체였기 때문에 독자적으로 아무런 행동도 하지 못했을지라도 수가 많고 2년간의 임기를 가진 중요한 단체였다.

특히 어떤 고정된 지위를 갖지 못한 사람들, 봉사하거나 남에게 해를 입힐 수 있는 사람들은 혐오의 대상이고 또 자연히 두려운 대상이었기 때문에 선거인단들은 힘을 가졌다.

왕은 법에 따라 병력을 배치할 권한을 가졌다. 법은 왕이 육군과 해군의 수장이라고 선언했다. 그러나 이 두 군대를 조직하는 작업은 왕의 참여를 배제한 채 오롯이 국회의 위원회들이 맡았다. 군대 규율에 관해서 가장 사소한 문제까지 그들이 맡았다. 군 장교의 3분의 1이나 4분의 1만이라도 왕이 임명할 수 있다고 하지만, 실제로 왕이 선택한 사람들에 대해서 수많은 반대의견과 방해가 있었기 때문에 그의 권한은 거의 이름뿐이었다. 왕은 군 장성을 완전히 바꿔야 했다. 왜냐하면 왕이 임명한 장성에 대해 정치 클럽들이 문제 삼았기 때문이다. 왕은 그동안 가슴 아픈 폭력사태를 수없이 보면서 훌륭하고 용감한 군대를 폭력에 노출시키기 원치 않았다. 정치 클럽들과 여러 행정기관은 군대 내부의 문제가 사실상 행정기관들과 상관없는 것임에도 뒤섞어버렸다. 다시 말해 행정기관들은 공권력을 동원할 필요가 있을 때 비로소 그 힘을 얻을 권리를 가질 수 있기 때문에 군대와 다르다. 행정기관들이 병력을 배치하는 정부의 조치에 반대하기 위해서 이러한 권리를 행사할 때도 있었다. 그리하여 군대가 사실상 누구에게 소속되어야 하는 것인지 판단하기 어려운 경우가 여러 차례 생겼다. 그리고 정치 클럽들은 수많은 연대에서 군 기강과 장교들에 대해 반란을 부추겼다. 그런데 반란정신이 팽배해질수록 군대가 파괴될 것이 분명하다. 군대에 지휘관이나 규율이 없으면 무슨 결과가 생길 것인가? 그것은 국가를 보호하는 힘이 되기는커녕 폭정과 재앙을 가져올 것이다. 프랑스 병사들이 각성한 뒤 자신들이 저지른 행위에 얼굴을 붉히지 않을 사람이 어디 있겠으며, 프랑스의 육군과 해군을 지배했던 기상을 타락시킨 사람들을 증오하지 않을 사람이 어디 있겠는가? 정치 클럽에 육군과 해군 병사들이 드나들게 부추긴 자들은 얼마나 해로운 자들인가! 왕은 언제나 모든 사람이 법 앞에 평등해야 한다고 생각했다. 잘못을 저지른 장교들은 벌을 받아 마땅하다. 그러나 그들과 부하들은 법과 규율이 정한 한도 안에서만 벌을 받아야 한다. 모든 사람이 공을 쌓고 진급할 수 있는 문으로 들어가야 한다. 병사들에게 복지혜택을 주는 일은 정당하고 필요한 일이다. 그러나 장교와 규율이 없는 병사들은 있을 수 없으며, 병사들에게 자신들의 지휘관의 행실을 심판할 권리가 있다고 생각하는 일은 절대로 불가능하다.

외교문제

외국에 보낼 대신들을 임명할 수 있는 권리 그리고 모든 협상을 주도할 권리는 오직 왕에게 속했다. 그러나 왕이 이 분야에서 선택할 수 있는 자유란 군 장교들을 선택할 자유만큼 제한되었다. 얼마 전에 임명한 사례를 보라. 국회의 전유물이 된 조약의 개정과 추인의 권리 그리고 국회 외교위원회의 임명권은 왕이 행사할 조치를 완전히 막아버렸다. 폭군이 아니고서야 아무런 목적도 없이 다른 나라를 공격할 수 없을 것이기 때문에 국민이 전쟁에 반대하고 전쟁 경비를 충당하려 들지 않는 한, 왕이 전쟁을 선포할 권리는 유명무실하게 되었다. 그러나 평화를 수립할 권리는 전혀 다른 분야다. 왕은 오직 자기 이익만 생각하는 국민 전체와 평화협정을 맺을 수 있기 때문에 자기 권리, 필요한 것, 재원을 알고 있으며, 국민의 행복과 안녕을 확보하기에 적합한 약속을 하는 일을 두려워하지 않는다. 그러나 국가 간의 협정이 국회의 개정과 추인을 받아야 할 때, 과연 어떤 나라가 조약을 맺는 당사자가 아닌 사람들 때문에 파기될 수 있는 약속을 하려 들겠는가? 이처럼 국회에 모든 권력이 집중되었다. 더욱이 국제 협상에서 약속한 면책의 비밀을 모든 의결과 정을 공개해야 하는 국회에 어떻게 알려줄 수 있겠는가?

재정문제

왕은 전국신분회를 소집하기 전에 이미 모든 지방의회에서 보조금을 승인할 권리를 인정하고, 인민들의 동의를 얻지 않고 세금을 거두지 않을 것임을 선언했다. 전국신분회 대표들이 가져온 진정서는 모두 재정의 확립을 국회가 전념해야 할 첫 과제로 생각했다. 어떤 진정서에는 대표들에게 제한사항을 두어, 그들이 다른 문제를 의결하려면 사전에 그 문제에 대해 논의해야 한다고 정했다. 왕은 6월 23일 회의에서 앞으로 일어날 일을 예견하고 바람직한 것을 승인하면서 이러한 제한사항이 가져올 난관을 제거해주었다. 1790년 2월 4일, 왕은 국회로 하여금 아주 중요한 문제에 효과적으로 전념해달라고 직접 촉구했다. 국회는 그 문제를 아주 늦게야, 게다가 불완전한 방식으로 다루었다. 당시까지는 수입과 지출 그리고 적자를 메울 수 있는 재원을 정확히 파악할 수 있는 그림이 없었다. 그래서 모든 계산을 추상적으로 했을 뿐이다. 국회는 인민을 무겁게 짓눌렀지만 사실상 가장 확실한 재원이던 여러 가지 세금을 서둘러 폐지했다. 그 대신 거의 단일한 체계의 세금을 신설했지만, 정확히 거두는 데 난관이 있을 것이 분명했다. 현재 정상적인 세금은 제대로 걷히지 않으며, 초기에 발행한 1억 2,000만 리브르의 아시냐는 거의 소진된 상태. 전쟁대신과 해군대신의 부서에서 지출할 돈은 줄기는커녕 늘어났다. 게다가 작년에 군비에 필요한 경비는 여기에 포함시키지도 않았다. 전쟁부는 아주 복잡하게 발달했기 때문에 그 자금을 각 디스트릭트의 행정부에서 조달하게 했다. 왕은 자신이 맡았던 재정의 상태를 주저하지 않고 공개하고, 정부 내 모든 부서의 지출내역을 공개하는 규칙을 세우려는 의지를 보여주었다. 그러나 다른 부서만큼 전쟁부에서도 이 규칙은 아직까지 낯선 것이 사실이다. 또 이 문제를 놓고 정부에 대해 선입견, 질투, 항의가 난무하는 것도 사실이다. 자금운용의 규칙, 세금의 징수, 도 단위의 분배, 봉사에 대한 보상, 이 모든 사항이 왕의 감독권에서 벗어났다. 극빈자들을 구호하기 위해 돈을 나눠주는 일까지 왕의 손을 벗어났고, 오직 몇몇 사소한 자리의 임명권만 남았다. 왕은 이러한 자금을 운영하는 일이 얼마나 어려운지 잘 안다. 만일 정부기구가 왕의 감독을 받지 않고 독자적으로 재정을 경영할 수 있다 할지라도, 왕은 세금을 줄일 수 있게 만드는 체제를 안정시키는 일(왕이 언제나 가장 원했던 동시에 아메리카 전쟁에 막대한 지출을 하지 않았다면 실현할 수 있던 일)에 동참할 수 없으며, 불행한 사람들을 구호하는 일도 더는 할 수 없다는 현실이 유감스럽다.

끝으로 법은 왕이 행정의 최고책임자라고 선언했다. 그러나 우리가 좀더 직접적으로 살펴야 할 내용이 있다. 내각의 조직을 다루는 후속 시행령에서는 왕이 국회의 새로운 결정이 없는 한 내각을 바꿀 수 없다고 규정했던 것이다. 국회를 지배하는 사람들의 체제는 이처럼 정부의 모든 관료를 무시하는 방향으로 나아가, 오늘날에는 행정부의 자리를 채우는 일도 거의 어려울 지경이다. 만일 치자와 피치자 사이에 믿음이 없다면 어떤 정부도 온전히 굴러가거나 존속하기 어렵다. 독직을 하거나 권한을 남용한 행정관료와 대신들에 대한 벌을 규정하는 법안을 최근 국회에 상정했는데, 이로 말미암아 온갖 종류의 불안감이 나타날 것이 분명하다. (이러한 처벌조치의 대상은 하위관료까지 포함되는데, 사실상 하급자들은 자신들이 명령하는 것에 대해 책임질 상급자의 명령을 무조건 따라야 하고 그 결과 벌을 받을 수 있으므로, 결국은 복종관계를 무너뜨리게 될 것이다.) 이러한 법안은 수많은 범법행위에 대한 예비책을 마련했음에도 또 신뢰를 얻어야 성공할 수 있음에도 불신만 조장할 것이다.

그 자체로 결함을 갖고 있는 정부는 여러 가지 원인으로 더욱 타락하게 된다. 첫째 원인은 국회다. 국회는 수많은 위원회를 가지고 있기 때문에 언제나 자신의 한계를 넘어서는 경향이 있다. 국회는 왕국의 내부 행정과 사법 행정에 관련된 문제에 전념하면서 모든 권력을 집중한다. 심지어 조사위원회의 활동을 통해 역사적으로 사례를 찾을 수 없을 정도로 야만적이고 견딜 수 없을 정도의 폭군으로 행세한다. 둘째, 거의 모든 도시와 심지어 대부분의 군소 마을에서 보듯이 헌우회라는 협회들이 생겼다. 법이 정한 것과 달리 그 협회들은 자매협회가 아닌 단체를 인정하지 않는다. 방대한 조직을 갖춘 이들은 기존의 어떤 협회보다 더 위험한 존재다. 그들은 정식 허가를 받지 못한 채 모든 법령을 무시하면서 정부의 모든 분야에 대해 심의하며, 모든 문제에 대해 서로 의견을 주고받고, 남을 고발하거나 고발을 접수하며, 자기네 결정을 포고하며, 모든 행정기관과 사법기관은 물론 국회까지도 거의 언제나 그들의 명령에 복종할 정도의 지배권을 행사한다.

왕은 현재 국회가 수립한 체제로는 프랑스같이 방대하고 중요한 왕국을 제대로 통치하기 어렵다고 생각한다. 왕은 딱히 거절할 방법이 없음을 알기에 모든 법과 시행령을 구별하지 않고 승인했다. 그는 경험상 어떠한 토론도 불필요하다는 사실을 알고 난 다음에 분란을 피하기 위해서 그렇게 했다. 더욱이 그는 국민들이 몹시 관심을 가지고 성공하기 바라는 국회의 작업을 늦추거나 실패하게 만들고 싶어하지나 않는지 오해받을까봐 두려워한다. 왕은 온갖 종류의 기초 위에 정부를 재수립하기보다 정부를 파괴하는 일이 더 쉽다는 사실을 인식할 정도로 현명한 국회의원들을 믿는다. 그들은 법령을 재

검토할 때 여느 정부에 필요한 행동과 강제의 힘을 부여할 필요가 있다는 사실을 여러 차례 감지했다. 그들은 각자의 번영과 지위를 확실히 보장해줄 정부와 법률을 위해 왕국에서 몇몇 사람들에 대해 불만을 품고 생명이나 재산을 앗길까봐 두려워 조국을 등져야 했던 모든 시민에게 신뢰를 되찾아주는 것이 유익하다는 사실을 인식했다.

그러나 국회가 헌법을 제정하는 일을 끝마치는 날이 가까울수록, 현명한 의원들은 전보다 더 신뢰를 잃어가는 한편, 정부의 행위를 제약하고 불가능하게 만들 수 있고, 정부에 대해 불신과 반감을 조장할 수 있는 조치가 날마다 늘어갔다. 여러 가지 규정은 아직도 여러 지방에서 피를 흘리는 상처에 이로운 진통제를 발라주기는커녕 불안과 불만만 가중시키고 있다. 정치 클럽의 정신이 모든 것을 지배하고 모든 곳에 침투했다. 중상비방을 일삼고 분란을 조장하는 수천 가지 신문과 소책자가 날마다 그러한 법에 대한 메아리를 널리 퍼뜨리면서 사람들의 정신을 멋대로 조정할 준비를 갖추었다. 국회는 한 번도 이러한 방종을 고치려 들지 않았다. 그들은 진정한 자유를 누리지 못하기 때문이다. 국회는 이미 신뢰를 잃었고, 초심으로 돌아가 그동안의 잘못을 고칠 힘마저 잃었다. 정치 클럽을 지배하는 정신 그리고 그들이 새로 구성된 기초의회들을 장악하는 방법을 보면 그들이 무슨 일을 할 것인지 알 수 있다. 그들이 무슨 조치를 내리려고 한다면, 그것은 오직 왕정의 잔재를 파괴하고, 결코 실천하기 어려운 형이상학적이고 이론적인 정부를 수립하려는 목적을 가졌기 때문이다.

프랑스인들이여, 당신들이 국회에 대표를 보낼 때 원한 것이 이것이었던가? 당신들은 지난 1,400년간 번영했던 군주제 대신 온갖 정치 클럽의 전제정과 무정부상태를 원했던 것인가? 당신들은 왕이 오직 당신들에게 자유를 주기 위해 노력했음에도 온갖 능욕을 당하고 자유를 빼앗기기를 바랐던 것인가?

왕에 대한 사랑은 프랑스인의 덕목이며, 왕은 그로부터 결코 잊을 수 없는 감동을 받았다. 그러나 모든 도당은 이러한 사랑이 존속하는 한 자신들의 사업이 결코 성공할 수 없으리라고 느꼈다. 그래서 그들은 그 사랑을 약화시키려면 왕에 대한 존경심을 무너뜨려야겠다고 생각했다. 그 결과 지난 2년 동안 왕은 온갖 모욕을 당했고, 온갖 악의의 대상이 되었다. 그렇다고 여기서 그것을 일일이 되짚고 싶지는 않다. 단지 그들이 조국을 재건할 의지를 가진 것처럼 행세하면서 사실상 조국을 갈기갈기 찢어놓았다는 사실을 충성스러운 신하들에게 알려주고자 한다.

그들은 자신들이 매수한 사람들이 왕에 대해 조금도 신경 쓰지 않고 네케르에게만 열광하는 분위기를 연출했다. 이 같은 행위에 더욱 대담해진 그들은 바로 그다음 날 베르사유에서 파리 대주교를 모욕하고, 뒤를 따라다니면서 돌을 던져 생명을 위협했다. 파리에서 반란이 일어났을 때, 왕이 파견한 전령이 붙잡혀 공개적으로 몸을 수색당해 왕의 편지를 빼앗겼다. 사람들은 왕의 편지를 개봉했다. 그동안 왕이 대신들을 해임했기 때문에 그 핑계로 인민이 봉기했는데, 국회는 그 대신들을 그 어느 때보다 더 존중하는 모습을 보여주었다. 왕은 파리로 가서 평화의 의지를 담은 연설을 하려고 결심했지만, 베르사유에서 파리로 가는 길에 배치된 사람들은 프랑스인들이 자연스럽게 "왕 만세"를 외치지 못하게 방해하고, 왕에게 감사하기는커녕 장광설을 늘어놓아 왕을 아주 씁쓸하게 조롱하도록 했다.

한편 그들은 인민이 왕과 법을 무시하는 풍조에 더욱 물들게 만들었다. 베르사유의 인민은 왕궁의 철책에서 경기병 두 명을 붙잡았고, 부친 살해범을 형틀에서 탈취했으며, 질서를 유지하려고 추격병 분견대가 출동하자 그들을 가로막았다. 팔레 루아얄에서도 어떤 무뢰한이 왕과 왕세자를 파리로 잡아가고, 왕비를 수녀원에 가두자고 제안했다. 사람들은 이 제안을 마땅히 거부했어야 옳았음에도 오히려 박수로써 환영했다. 국회는 그 나름대로 법으로 왕권을 깎아내리는 것도 모자라 왕을 무시하도록 영향을 끼치는 한편, 아주 부적절한 방식으로 8월 4일과 5일 사이의 밤에 제정한 법*을 왕에게 강요했다.

마침내 10월 5일과 6일의 사건이 일어났다. 그 사건에 대해 굳이 얘기할 필요는 없을 것이다. 왕은 충직한 백성들에게 별다른 말을 하지 않았어도, 이 끔찍한 사건에서 국회가 한 행동에 대해서는 한마디 하지 않을 수 없다. 국회는 그러한 사건을 예방하거나 최소한 멈추려고 노력하기는커녕 잠잠히 있다가 겨우 떼를 지어 왕을 찾아갔을 뿐이다. 이것은 국회의 품격에 맞지 않는 일이었다.

그 사건 이래 날마다 왕 주변에서 더욱 끔찍한 사건이 꼬리를 물고 일어났고, 왕은 전보다 더 심한 모욕을 당하기 일쑤였다. 왕이 튈르리 궁으로 옮기고 얼마 뒤, 사람들이 어떤 무고한 사람을 학살하고, 그 머리를 창끝에 꿰어 들고 왕이 보는 앞으로 행진했다. 여러 지방에서도 왕에게 충성한다고 알려진 사람들이 박해받았다. 여럿이 목숨을 잃었다. 그러나 왕은 살인자들을 처벌할 수 없었고, 심지어 희생자들을 동정할 수도 없는 처지였다. 튈르리 궁의 정원에서는 왕이나 종교를 공격하는 모든 의원이 의기양양하게 대중

---

* 귀족의 특권 폐지에 관한 법. 제2권 제3부 3장 참조.

의 환영을 받았다(수많은 도당이 맹렬한 태도로 왕과 종교를 존중하지 않았기 때문이다). 왕과 종교를 존중하는 사람들은 언제나 욕을 먹었고, 생명의 위협까지 받았다.

1790년 7월 14일의 전국연맹제에서 특별법에 따라 국회는 왕을 국가수반이라고 지칭하면서도 실제로는 다른 사람을 수반으로 지칭할 수 있다는 마음을 드러냈다. 국회는 왕의 요청을 무시하고 왕의 가족을 왕과 멀리 떨어진 곳에 앉혔다. 그것은 한 번도 경험하지 못한 일이었다(왕에게 연맹제 기간이야말로 파리에 머물던 시기 가운데 가장 즐거운 때였다. 연맹제는 프랑스 전역에서 모인 국민방위군이 왕에게 충성과 사랑을 증명하는 자리였다).*

왕의 대신들, 심지어 국회가 왕에게 강제로 임명하게 만들거나 박수로써 임명을 환영한 대신들조차 숱한 모욕과 위협에 시달리다 단 한 사람만 남고 모두 자리를 떠나야 했다.

왕의 고모들이 항상 왕의 곁에 머물다가 종교적인 동기로 로마에 가려고 결심했을 때, 도당들은 인권선언이 모든 사람에게 허용해준 자유를 고모들에게는 허용하지 않았다. 그들은 병력을 동원해 벨뷔에서 고모들을 잡으라고 했다. 고모들이 적절한 시기에 출발했기 때문에 도당들은 체포에 실패했다. 그러나 도당들은 당황하지 않고 프로방스 대군의 처소로 달려갔다. 그들은 대군도 고모들의 본을 받아 외국으로 가려는 계획을 세웠다는 핑계를 만들었던 것이다. 그 결과 그들은 대군을 모욕하는 데 성공했다. 한편 벨뷔에서 고모들을 붙잡지 못한 그들은 아르네르뒤크에서 그들을 잡을 방법을 생각했

---

* 전국연맹제에 관해서는 제3권 제3부 참조.

다. 그처럼 왕의 여행명령을 무시하는 풍조에서 고모들이 여행을 계속하려면 국회의 허가를 받아야 했던 것이다.

고모들이 아르네르뒤크에서 잡혔다는 소식이 파리에 도착하자마자 그들은 자유를 침해한 행위를 국회가 인정하게 하려고 노력했다. 그러나 그 시도가 실패하자 그들은 봉기를 획책해서 왕으로 하여금 고모들을 되돌아오도록 명령하라고 압박했다. 그러나 (왕이 감동했듯이) 국민방위군이 질서를 잘 유지하면서 군중을 해산시키자 그들은 다른 방도를 찾았다. 그들은 자신들이 최소한으로 움직여도 다수의 충성스러운 신하들이 튈르리 궁으로 몰려가 왕을 보호하면서 악의에 찬 사람들과 대적할 세력을 구축할 수 있다는 사실을 금세 알아차렸다. 그래서 그들은 뱅센에서 폭동을 일으키도록 부추기고, 사람들이 이 기회를 이용해서 튈르리로 몰려간다는 소문을 의도적으로 퍼뜨렸다. 그것은 왕을 보호하려는 사람들이 실제로 그랬듯이 왕의 주위에 모일 때 국민방위군으로 하여금 그 보호자들의 의도를 악의적으로 변질시키려는 음모였다. 그들은 왕이 자신을 보호하려고 궁으로 들어간 사람들을 국민방위군이 학대하는 장면을 보고서도 보호해주지 못하고 가슴 아파하게 만들 만큼 성공했다. 왕은 직접 보호자들로부터 무기를 회수하겠다고 했지만 국민방위군은 말을 듣지 않았다. 아무튼 왕을 보호하려고 궁에 들어간 사람들은 충성심을 증명하지 못했다. 아무도 국민방위군을 통제할 수 없었고, 이들은 대담하게도 왕이 맡아주었던 무기를 넘겨달라고 해서 부숴버렸다.

한편 왕은 한 차례 아프고 난 뒤 생클루 궁으로 가서 화창한 봄날을 보내기로 결심했다. 전년도의 여름과 가을에도 그런 적이 있었기 때문이다. 그는 공교롭게도 성주간에 생클루 궁으로 가기로 했다. 그러나 사람들은 왕이 조상 대대로 했던 대로 종교에 대해 애착을 보여주는 것을 거꾸로 이용하려고 노력했다. 일요일 저녁부터 코르들리에 클럽은 왕이 법을 어겼다고 고발하는 방을 붙였다. 이튿날 왕은 마차에 탔지만 튈르리 궁의 문에 도착했을 때 한 무리의 민중이 앞을 가로막았다. 국민방위군은 폭도를 진압하기는커녕 그들 편에 서고, 마차를 꼼짝하지 못하게 했다. 라파예트가 나타나 국민방위군의 행위가 잘못된 것임을 설득하려 했으나 아무 소용도 없었다. 그 어떤 말도 통하지 않았다. 폭도들은 왕에게 대놓고 불손하고 역겨운 말을 쏟아냈다. 그 자리에 있던 궁부 소속 인사들이 왕을 보호하려고 몸으로 급히 울타리를 쳤다. 폭도들의 악의가 행동으로 연결되지 않았다 해도, 왕은 철저히 고난을 감수해야 했다. 왕에게 충직한 사람들은 왕을 강제로 빼앗겼다. 왕은 거의 두 시간가량 이렇게 시달리다가 결국 외출을 포기하고 자신의 감옥으로 돌아가야 했다. 이 일이 있은 뒤, 그의 궁을 감옥 이외의 다른 말로 부를 방법이 없다. 곧바로 그는 공공의 평화와 안전을 지킬 책임이 있는 도 지도부에 사람을 보내 자신에게 일어난 일을 알렸다. 그리고 이튿날 국회에 나가 이 사건이 새로운 헌법을 얼마나 거스르는 것인지 납득시켰다. 그러나 그는 오히려 모욕만 당했다. 그는 궁 소속 예배당과 대부분의 고관을 해임하는 데 동의하고, 대신이 그의 이름으로 외국 궁정에 보낸 편지를 승인하며, 부활절에 생제르맹 로세루아 성당에서 선서 사제가 집전하는 미사에 참가해야 했다.

왕이 선을 실천하고 악을 막는 일을 제대로 할 수 없는 실정인데, 그가 자유를 되찾고 가족과 함께 안전을 도모하려는 것이 얼마나 당연한 일인가?

프랑스인들이여, 그리고 특히 파리 주민들이여, 왕의 조상들이 선량한 파리라고 즐겨 불렀던 도시의 주민으로서 여러분은 그릇된 친구들의 암시와 거짓에 속지 마시기 바란다. 그리고 다시금 왕과 함께해주시라. 왕은 언제나 여러분의 어버이, 가장 훌륭한 친구로 남을 것이다. 왕이 자유로운 상태에서 승인할 헌법으로 우리의 신성한 종교를 존중하게 해주고, 정부를 안정된 기반 위에 수립하여 유익하게 활동하도록 만들며, 개인의 재산과 지위가 더는 흔들리지 않고, 사람들이 더는 법을 어기지 않으며, 자유가 튼튼하고 흔들리지 않는 기반 위에 확립될 때, 왕이 개인적으로 겪은 모든 모욕을 잊고 여러분의 품에 다시 돌아오는 기쁨은 얼마나 크겠는가?

1791년 6월 21일, 파리에서 루이 씀.

왕은 앞으로 따로 명령을 내릴 때까지 어떤 문서에도 왕의 이름으로 서명하지 말도록 대신들에게 명한다. 특히 국새경은 먼저 왕에게 허락을 받은 뒤 국새를 찍도록 명령한다.

1791년 6월 20일, 파리에서 루이 씀.

국회가 모든 프랑스인에게 드리는 글[*](6월 22일)

국회는 오랫동안 하던 작업을 끝낼 때가 되었습니다. 한마디로 헌법을 거의 제정했습니다. 혁명의 폭풍이 곧 잠잠해질 때가 가까워졌습니다. 그런데 중대한 음모가 발생했습니다. 국가의 적들은 단 한 번의 범죄로 국가 전체를 파멸시키려 했습니다. 그들은 왕과 가족을 20일과 21일 사이 밤에 납치했습니다.

여러분의 대표들은 이 난관을 이겨내겠습니다. 우리는 얼마나 막중한 임무를 맡았는지 잘 알고 있습니다. 우리는 공공의 자유를 유지하겠습니다. 프랑스인의 자유를 확립한 사람들이 얼마나 용감한지, 음모자와 노예들로 하여금 깨닫게 만들겠습니다. 우리는 목숨을 걸고 법을 지키겠다고 국민 앞에 엄숙히 맹세합니다.

프랑스는 자유롭기를 바라며 또 자유로워질 것입니다. 적들은 혁명을 후퇴하게 만들 궁리를 합니다. 그러나 혁명은 결코 후퇴하지 않을 것입니다. 프랑스인들이여, 이것이 바로 당신들의 의지이며, 우리는 그 의지를 관철시키겠습니다.

---

[*] 이 글은 제헌의회가 얼마나 혁명에 자부심을 가지고 있는지, 또 자신들이 만든 헌법이 얼마나 훌륭한 것인지 설명한다.

지금 왕국이 처한 상황에서는 법을 잘 지키는 일이 가장 중요합니다. 헌법상 왕은 입법부가 제정한 법을 승인하거나 거부할 수 있습니다. 더욱이 그는 행정부의 수장이며, 그를 돕는 대신들이 법을 집행하게 만듭니다. 그런데 제1공무원인 그가 자기 자리를 비웠습니다. 누군가 왕이 원치 않음에도 그를 데려갔습니다. 그래서 국민의 대표들은 국가 안위와 정부 활동에 필요한 모든 권한과 함께 왕을 대신할 권한도 가졌습니다. 제헌의회는 논란의 여지가 없는 권한을 행사하여 법무대신이 국회가 제정한 법에 국새를 찍고 서명을 하도록 하여 법의 권위를 갖추게 했습니다. 사실상 왕의 명령에 대해 대신이 책임지고 부서하지 않는다면 그 명령은 효력을 발휘할 수 없습니다. 그래서 왕의 서명을 받지 않은 채, 대신들이 임시로 자신이 책임지고 행동하도록 명령하는 것으로 문제를 해결할 수 있었습니다.

법을 완성하고 집행하는 수단을 갖춘 뒤, 국내에 닥친 위험을 물리칠 수 있었습니다. 외국의 공격에 대해서는 정규군에 국민방위군 40만 명을 보강해주었습니다. 만일 사람들이 절도를 지키면서 결코 경거망동하지 않는다면, 프랑스는 안팎으로 모든 면에서 안전합니다. 제헌의회가 확고히 자리를 지키는 한, 헌법에 바탕을 둔 모든 공권력은 조금도 흔들리지 않고 움직입니다. 파리 시민들의 애국심 그리고 그 어떤 찬사로도 부족한 열의를 가진 파리의 국민방위군이 국민의 대표들을 지키고 있습니다. 왕국의 모든 능동시민은 국민방위군에 편입되었고, 프랑스는 어떤 적도 맞이할 태세를 갖추었습니다.

남의 꾐에 빠진 왕이 떠나기 전에 그의 손으로 쓰게 한 글을 우리는 조금도 용서할 수 없습니다. 우리는 과연 그 글의 여파를 두려워해야 할까요? 왕에게 그 글을 쓰게 만든 사람들의 주장과 무지함에 대해 우리는 이해하기 어럽습니다. 만일 국민이 원한다면, 그 점에 대해서 더욱 심층적으로 논의할 수 있겠습니다만, 여기서는 단지 그 글이 얼마나 무지한 것인지 밝히는 것이 우리의 의무라고 생각합니다.

국회는 정치적 진실을 엄숙히 선언했습니다. 그리고 인류의 신성한 권리를 재발견했습니다. 아니, 회복했다는 말이 옳습니다. 그런데 왕이 남긴 글은 다시금 노예에 대한 이론을 제시했습니다.

프랑스인들이여, 여러분은 6월 23일을 기억할 것입니다.[*] 행정수반, 말하자면 여러분의 명령을 받아 왕국의 헌법을 새로 만드는 임무를 수행하는 대표들에게 제1공무원이 감히 자신의 절대적인 의지를 받아 적으라고 한 일을 여러분은 기억할 것입니다.

왕은 7월에 국회를 위협했던 군대에 대해 감히 언급합니다. 그리고 그는 군대로 여러분과 대표들을 분리한 것을 자랑처럼 말했습니다.

국회는 10월 6일의 사건을 보면서 한탄했습니다. 그리고 그 사건의 죄인들을 추적하라고 명령했습니다. 그럼에도 왕은 인민이 봉기한 사건에서 몇몇 악당을 찾아내기 어려운 현실을 용납하지 않았습니다. 왕은 국회가 그들을 처벌하지 않았다고 비난했습니다. 그러나 이러한 무질서는 결국 자신이 저지른 위반행위에서 나왔던 것이라는 사실은 이야기하지 않았습니다. 국민은 전보다 더 정의롭고 더 너그러워졌습니다. 그래서 그의 치세와 심지어 그의 조상들의 치세에 자행된 폭력에 대해 더는 왕을 비난하지 않았습니다.

왕은 지난해 열렸던 연맹제에 대해 기억을 상기시키고 있습니다. 결국 왕

---

[*] 1789년 6월 23일은 베르사유에서 왕이 '국회의원들'을 옛날처럼 신분별로 헤쳐서 회의를 진행하라고 명령했던 날이다. 그러나 국회의원들의 반발로 이날은 '절대주의의 사망일'이 되었다.

에게 이 글을 불러준 저자들은 연맹제에 대해 무엇을 기억하고 있을까요? 제 1공무원은 국민의 대표들보다 더 앞자리에 앉았다는 사실이 아니겠습니까? 왕국의 모든 국민방위군과 정규군의 대표들이 보는 앞에서 제1공무원은 엄숙히 맹세했습니다. 어찌 그 사실을 잊을 수 있겠습니까? 왕은 자유의지로 맹세했습니다. 그 스스로가 연맹제야말로 자신이 파리에서 보낸 시간 중 가장 달콤한 시간이었다고 말했기 때문입니다. 또한 그는 전국의 국민방위군이 자신에게 헌신과 사랑의 증거를 보여주었다고 회고했기 때문입니다. 그러므로 어느 날 왕이 어떤 도당들이 자기를 데려갔다고 말하지 않는다면, 우리는 그가 온 세상을 향해 위증을 했다고 고발할 것입니다.

이것 말고도 아주 근거 없는 비난의 사례를 더 많이 들어야 할 필요가 있을까요? 사람들은 모든 인민이 왕들을 위해 태어났으며, 관용은 인민들의 유일한 의무이며, 위대한 국민은 왕들과 궁중의 쾌락을 한순간이나마 뒤흔들지 않고서도 다시 태어날 수 있어야 한다고 말하겠지요. 혁명이 무질서를 가져왔습니다. 그러나 옛 전제주의가 폐단을 만들지 않았다면 무질서도 생기지 않았을 것입니다. 수세기 동안 절대권력이 저지른 범죄 때문에 산더미같이 쌓인 부정부패를 척결하는 것을 보면서 인민이 무자비하다고 놀라는 일이 가당키나 한지요?

왕국의 방방곡곡에서 수많은 축하와 감사의 말이 국회로 들어옵니다. 그러나 어떤 사람들은 그것이 일부 패거리들이 이룬 업적일 뿐이라고 말합니다. 그렇게 말하고 싶다면, 이렇게 대답하겠습니다. 그 업적은 2,400만의 패거리가 이룬 것이라고.

모든 것이 부패했기 때문에, 특히 정부의 무능과 무질서로 말미암아 빚이 무서울 정도로 불어나 국민을 나락으로 빠뜨렸기 때문에, 모든 권력을 다시 확립해야 했습니다. 누구는 우리가 헌법에 대해 왕의 거부권을 인정하지 않았다고 비난합니다. 그러나 왕권은 인민을 위해 존재합니다. 수많은 나라가 왕정을 유지해야 하는 이유는 왕이 인민의 행복을 지켜주기 때문입니다. 우리가 만든 헌법은 왕에게 대권을 주고 왕정의 진정한 성격도 유지해주었습니다. 여러분의 대표들이 단 한 사람을 위해 2,400만 명을 희생시켰다면, 우리에게 범죄자라는 낙인을 찍으셔도 좋습니다. 인민들은 노동으로 국고를 채웁니다. 국고는 신성한 곳간입니다. 그러나 노예제의 첫 징후는 공적인 세금을 전제주의에 대한 빚 정도로 생각한다는 데서 나타납니다. 프랑스는 바로 이 점에서 그 어떤 나라보다 더 엄격합니다. 우리는 세금을 엄격히 정의롭게 사용하는 방법을 찾았습니다. 우리는 왕에게도 너그럽게 경비를 충당해주었습니다. 국회는 왕에게 호의를 베풀어 스스로 자신의 경비를 결정하도록 허락했습니다. 그렇게 해서 거의 3,000만 리브르의 왕실비를 타내고도, 왕은 몹시 보잘것없는 돈이라고 툴툴댑니다!

국회는 전쟁과 평화에 관한 법을 제정해서 그동안 왕과 대신들이 제멋대로 자기 이익을 위해 인민을 살육으로 내몰던 권한을 빼앗았습니다. 혹자는 그 점을 아쉬워합니다! 그러나 생각해보십시오. 전쟁을 한 뒤 나라를 망칠 조약을 잇달아 맺어 프랑스제국의 영토, 국고, 시민들의 노고를 차례차례 희생시키지 않았습니까? 입법부는 국민의 이익을 더 잘 알고 있습니다. 그럼에도 혹자는 인민에게 조약을 개정하고 인준할 권리를 주었다고 입법부를 비난합니다! 대체 왜! 여러분은 정부가 저지른 잘못이 얼마나 많은지 오랫동안 충분히 겪어보지 않았단 말입니까?

구체제에서 육해군 병사와 장교들의 진급과 규율은 대신들의 변덕스러운 손에 달려 있었습니다. 국회는 그들의 행복을 우선시하면서 그들의 권리를 되찾아주었습니다. 왕의 권위는 모든 자리의 3분의 1이나 겨우 4분의 1에 만 미치게 만들었습니다. 그렇다 해도 아직 충분치 않다고 하는 사람이 있습니다!

혹자는 위대한 인민의 왕이 법을 준수하고 판결을 시행하게 만드는 일, 다시 말해 행정과 사법을 혼동했다는 사실을 잊은 채 사법제도를 공격합니다. 혹자는 사면과 감형의 권한에 대해 애석해합니다. 그러나 모든 사람이 이 권리가 작동하는 원리를 알고 있습니다. 또 군주들이 누구에게 이 같은 은전을 베풀었는지도 잘 압니다.

행정의 모든 부분에 더는 간섭할 수 없다고 불평하는 사람은 대신들의 전제정으로 되돌아가고 싶어합니다. 분명히 말해 왕은 혼자서 모든 권한을 행사할 수 없습니다. 그래서 우리는 인민이 행정관들을 선택할 수 있게 만들었습니다. 그러나 그들이 뽑은 행정관은 세금의 분배를 제외한 분야에서 모두 왕의 감독을 받습니다. 왕은 대신들에게 막중한 책임을 맡기는 대신, 그들의 불성실한 행위를 바로잡고 그들의 업무를 정지할 수 있습니다.

입법부는 일단 3권을 나누었는데, 그러고 나니 입법부도 여느 공권력 분야처럼 자기가 맡은 업무의 범위를 벗어날 수 없게 되었습니다. 그러나 대신들이 잘못했을 때, 국회는 절박한 필요성 때문에 본의 아니게 행정에 관여할 수밖에 없었습니다. 그 점에 대해서는 정부를 비난해서는 안 됩니다. 그러나 할 말은 해야겠습니다. 사람들은 더는 정부를 믿지 못할 것입니다. 모든 프랑스인이 입법부를 모든 행동의 중심으로 생각하는 동안에도, 국회는 자유를 유지하는 일에만 매달렸습니다. 국회는 계속 불신을 받아야 합니까? 여러분이 왕이 파리에서 떠난 사실에 비추어 직접 판단하시기 바랍니다.

왕이 떠난 뒤, 답변할 가치도 없는 비난거리를 나열한 당파가 스스로 민낯을 드러냈습니다. 그들은 종종 부당한 혐의를 새록새록 국회에 씌우면서 오히려 자신들의 정체를 드러내고 있습니다. 그들은 새 체제가 복잡하다고 불평합니다. 그리고 자기 말을 부정하듯이 선거인들의 임무가 단지 2년 동안 이라고 불평합니다. 그들은 헌우회가 자유를 열렬히 사랑한다고 몹시 나무랍니다. 헌우회는 혁명에 수없이 봉사하고, 아직도 유익하며, 현 상황에서 아주 사려 깊은 동시에 식견 있는 애국심으로 무장한 단체인데 말입니다.

가톨릭교에 관한 비방에 대해서도 말해볼까요? 여러분이 아시다시피 국회는 시민생활에 관한 권리만 사용할 뿐입니다. 국회는 초기 기독교의 순수성을 회복했습니다. 그러므로 이러한 결과를 비난하는 것은 결코 종교 그 자체를 위한 것이 아닙니다.

프랑스인이여, 왕이 떠났다고 정부가 활동을 멈추지는 않을 것입니다. 여러분은 산업활동과 공공부과금 납부가 정지되지 않게 대비하셔야 합니다. 또 과도하게 동요해서 지나친 애국심을 발휘하거나 우리 적들의 사주를 받아 나라를 뒤집어엎어 무정부상태로 만들고 내란을 일으키는 일이 없도록 단단히 대비하셔야 합니다.

바로 이 같은 위험이 도사리고 있기 때문에 국회는 훌륭한 시민들에게 주의를 촉구합니다. 우리는 이 같은 불행을 피해야 합니다. 여러분의 대표들은 조국과 자유의 이름으로 이 불행한 상황을 직시하라고 부탁합니다. 위기의 순간을 맞이하여 우리는 위대한 정신을 발전시킬 필요가 있습니다. 그러므로 사적인 증오나 이해관계를 버려야 할 때입니다. 방금 자유를 되찾은 인민은 각별히 평온한 태도를 확고히 유지해서 폭군들의 간담을 서늘하게 만들어야 합니다.

국회가 중대결정을 내릴 시기가 머지않은 이때 우리가 각별히 전념해야 할 중요하고 거의 유일한 사항은 질서를 유지하는 일입니다. 권위의 중심을 유지할 때 모든 곳이 질서를 유지합니다. 권위의 중심은 바로 여러분의 대표들이 모인 국회입니다. 시민들이 법을 존중하는 것이 의무라고 한목소리로 외친다면 충분할 것입니다. 군대, 국민방위군, 더 나아가 모든 프랑스인의 공적인 힘이 법을 집행하도록 지지해준다면 충분합니다. 우리는 왕의 불행을 슬퍼할 것입니다. 우리는 왕을 멀리 데려간 사람들에 대해 법의 심판을 촉구합니다. 그렇다고 해도 제국은 조금도 흔들리지 않을 것입니다. 행정과 사법활동도 조금도 느슨해지지 않을 것입니다. 프랑스의 안위가 걸린 일에 힘을 합치기 바랍니다. 국가의 재앙을 이용해서 패거리의 이익을 구하려는 자들을 감시하십시오. 모든 폭력을 막고, 세금을 제대로 징수하고 물자를 원활히 유통시키기 위해 그리고 사람들과 모든 재산을 안전하게 지키기 위해 여러분의 힘을 합쳐 노력해주시기 바랍니다. 죄인들에게 법을 보여주시고, 일반의지의 힘으로 헌법의 권위를 강화하십시오. 지금 모든 도당이 동료 시민들의 피를 요구하고 있습니다만, 제아무리 폭풍우가 몰아쳐도 프랑스인들이 질서를 확실히 지키고 헌법을 더욱 소중하게 여기는 모습을 똑똑히 보여주시기 바랍니다. 그리고 여러분에게 닥친 위험이 결국 여러분의 행복을 방해하는 적들에게 되돌아간다는 사실을 보여주시기 바랍니다. 파리는 프랑스 전역에 모범이 될 수 있습니다. 왕의 출발을 알고서도 파리는 조금도 동요하지 않았기 때문입니다. 파리는 완전히 평온한 상태를 유지하면서 우리 적들을 절망하게 만들었습니다.

모든 열강 앞에서 우리가 겪은 음모를 잊게 만드는 것은 오직 너그러운 태도입니다. 프랑스 인민은 예속상태에서도 당당했습니다. 그들은 자유의 덕성과 영웅적 태도를 만천하에 보여줄 것입니다. 헌법의 적들도 그 사실을 알기를 바랍니다. 만일 우리 제국의 영토를 다시 한번 예속시키려 한다면, 국민 전체를 죽여야 가능할 것입니다. 물론 전제주의가 이 같은 시도를 할 가능성이 있습니다. 그러나 우리는 그것을 물리칠 것입니다. 비록 그것이 잠시나마 역겨운 승리를 거둔다 할지라도, 우리는 결국 그것을 파괴하고 말 것입니다.

국회의장 알렉상드르 보아르네,

비서 보리에, 레니에, 르 카를리에, 프리코, 그르노, 메를.

〈6권에 계속〉

1790년 9월 20일	국회는 그동안 제정한 법과 명령을 헌법에 통합할 7인위원회 구성
29일	국회는 8억 리브르어치 아시냐 지폐 발행 결정
10월 6일	루이 16세는 에스파냐 국왕 카를로스 4세에게 은밀히 쓴 편지에서 성직자 시민헌법에 대한 증오심 표현
12일	국회는 생도맹그 식민지 의회를 해산하고 노예제 합법화
13일	'진리의 친구들Amis de la vérité' 또는 '사회동인Le Cercle social'이 팔레 루아얄에서 첫 모임 개최
21일	국회는 백합꽃 문양의 백기 대신 삼색기를 국기로 제정
24일	에스파냐는 프랑스 왕의 지지를 받지 못하자 영국의 최후통첩에 굴복, 북아메리카의 누투카 만에서 영국의 교역권 인정
26일	페르센 백작은 루이 16세의 도피계획을 구상하기 시작
29일	국유재산을 파리 코뮌에 매각 생도맹그 북부에서 흑백 혼혈인 봉기 발생
30일	주교들의 『성직자 시민헌법에 관하여 국회의원인 주교들이 설명하는 원칙』 배포
11월 3일	국유재산의 판매, 평가, 지불방법에 관한 법 제정
4일	아프리카의 마다가스카르 섬 동쪽, 인도양 남서쪽의 일 드 프랑스Île de France(오늘날의 모리셔스 섬)에서 봉기 발생
10일	파리 시정부와 코뮌 의회는 대신들의 해임 건의
20일	대신들의 해임과 임명. 외무대신 몽모랭 유임. 전쟁대신 뒤포르타이, 법무대신 뒤포르 뒤테르트르, 해군대신 플뢰리외 백작, 내무대신 르사르 임명
22일	오스트리아 군대가 별 저항을 받지 않고 벨기에 지방을 침입

25일	생도맹그에서 흑인 노예 봉기 발생
26일	국유재산을 퐁투아즈, 오를레앙, 에탕프, 플레시 피케, 빌뇌브의 시정부들과 파리 도에 매각(이후 계속해서 여러 시정부와 도에 매각)
27일	국회는 종교인들에게 '국민, 법, 왕' 그리고 성직자 시민헌법에 대한 맹세 의무 부과, 왕은 이를 12월 26일에 승인 파기법원 조직
29일	국회는 마르티니크 의회 활동 정지와 일뒤방(윈드워드 제도)에 특사 파견 결정
12월 1일	구체제의 지사직에 대한 봉급 지불 정지
2일	공공 지출 삭감 오스트리아 군대가 브뤼셀에 입성
3일	루이 16세는 프로이센의 프리드리히 빌헬름 2세에게 밀서를 보내 유럽의 군사력으로 자기 권위를 회복시켜달라고 요청
4일	바르르뒤크의 구빈작업장에 업동이 100명의 생필품 보조 센에우아즈 도에 구빈작업장 설치 지원
5일	소액 화폐 제조에 대한 논의
8일	특권 폐지 기념 메달 제작
11일	국고에 4,500만 리브르 특별지원
12일	노르 도에 옛 벨기에 군대 장병들의 무단침입에 대한 대책 논의
15일	관직매매제도와 세습제도 폐지
16일	모든 도의 구빈작업장 지원금 1,500만 리브르 확보
18일	국민방위군에 소총 지급
19일	바스티유 정복자들, 과부들, 자녀들에 대한 보상금 지급
21일	대군령大君領 폐지, 장 자크 루소 동상 건립 결정
22일	모든 간접세와 입시세 계속 징수
23일	옛 영주들의 부동산 수입 상환금 정산

27일	국회의 11월 27일 결정에 따라 종교인 의원 59명이 맹세
29일	'인민의 친구' 장 폴 마라가 군주정을 반대하는 격렬한 기사 게재
1791년 1월 4일	종교인 의원들의 맹세 마지막 날, 다수가 거부
9일	아비뇽의 국민방위군이 혁명에 적대적인 카르팡트라를 점령
	50리브르짜리 아시냐 80만 리브르어치 발행
	70세 이상 노인연금 결정
11일	소액 화폐 발행
12일	파리 도와 센에우아즈 도 경계 확정
	오스트리아 군대가 리에주 공국 점령
16일	국회는 옛 프랑스 기마헌병대la maréchaussée de France를 국립헌병대 gendarmerie nationale로 개편
20일	전국의 도, 코뮌, 캉통의 법원 조직, 형사법원 설치
21일	국회가 전국에 성직자 시민헌법에 대해 비방금지 지시
28일	국민방위군에 소총 9만 7,903정 지급
30일	뒤부아 크랑세Dubois-Crancé가 자코뱅 클럽에서 왕의 도주계획 고발
2월 2일	각 도 선거인단은 헌법에 따라 주교 선출 시작
4일	모든 도시마다 그리고 몇 개 코뮌마다 치안판사와 상업재판소 설치
6일	50리브르, 100리브르 단위 아시냐 지폐 발행
9일	해양탐사 중 실종된 해군장교 라페루즈 백작 수색을 위해 해외공관의 협조요청과 원정대 파견
19일	왕의 고모들의 망명 여행
21일	국회에서 망명에 관한 법을 논의
23일	콩데 공이 보름스에 정착, 망명자들의 군대를 조직
28일	국회는 아르네르뒤크에서 잡힌 왕의 고모들의 망명에 대해 토론
	생탕투안 문밖 사람들이 뱅센 성으로 가서 공사를 방해함

	튈르리 궁에 '단도의 기사들' 집결
3월 2일	동업조합, 동업조합 간부 단체, 도장인 제도, 입시세관, 소비세 폐지, 영업세 신설
	수입 수출 상품에 대한 관세 부과
3일	국회가 교회 소유의 은제품을 화폐 주조에 사용하도록 결정
5일	반역죄를 재판하기 위해 오를레앙에 한시적인 최고법원 설치법 제정
7일	국회는 여성의 섭정 금지법 논의
9일	반역죄 혐의자들을 오를레앙 최고법원으로 이송
10일	성직자 시민헌법 제2장의 제22조(주교는 보좌주교와 사제를 자유롭게 임명) 부활
	교황 비오 6세는 교서 Quod Aliquantum에서 성직자 시민헌법 규탄
12일	국회는 선서 사제와 비선서 사제의 명단 작성을 명령
13일	파리에 1월 25일 이전의 재판을 담당하도록 6개 형사법원 설치
15일	프랑스와 교황청의 외교 단절
	고벨이 파리 주교로 선출됨
16~18일	툴루즈에서 소요사태 발생
17일	파리 도는 파리 시정부에 국유재산의 경영과 양도에 관한 권한 인정
20일	총괄징세청부업 제도 폐지
27일	국회는 왕이 임명하는 위원 여섯 명에게 국고 관리를 맡기는 법 제정
3월 29일~4월 2일	미라보 병환과 중독설, 병사
3일	파리 도가 국회에 생트주느비에브 신축교회를 팡테옹으로 만들고, 거기에 미라보를 안장하자고 건의
	내무대신 밑에 통화위원회 설치
4일	팡테옹에 "위대한 인물들에게 / 조국은 감사한다"를 새기는 법 통과
	미라보의 장례식 거행
5일	국회는 유언에 명시하지 않은 경우 균등상속을 명령

9일	화폐의 앞면에 "프랑스인의 왕 루이 16세", 뒷면에 제단 앞에 서 있는 프랑스 상징을 새기는 법 제정
12일	옛 페이 데타pays d'Etats(구체제 납세구)의 빚을 국가가 청산
13일	여러 가지 영주권 폐지 그리고 상환 가능한 영주권의 상환 교황 비오 6세는 재차 성직자 시민헌법 규탄
14일	폐지된 단체, 공동체, 시설이 계약한 빚 청산 약의 오남용 방지법 제정
15일	맹세하지 않은 공교육 담당자, 병원이나 감옥의 전속 사제의 자격 정지
16일	포병부대의 진급에 관한 법 제정
17일	루이 16세는 비선서 사제인 몽모랑시 추기경에게 부활절 성체배령을 받음
18일	가족과 함께 생클루 궁으로 가려는 루이 16세를 국민방위군과 군중이 저지
20일	파기법원 설치
21일	라파예트의 파리 국민방위군 사령관직 사임, 이튿날 철회 마르티니크 봉기에 참여한 선원과 병사들이 생말로 성 감옥으로 이송
23일	국립세관 공사 설립 루이 16세가 헌법에 대해 국회에 편지 보냄, 국회의장의 답장 이어짐
27일	국회는 내각의 조직, 기능, 책임을 규정
28일	해군의 조직, 입대와 진급에 관한 법 제정
5월 1일	육군장교와 사병들이 군 기강을 해치지 않는 단체에 가입할 자유 보장 해군장교의 직능과 급여 결정
3일	팔레 루아얄에서 교황 비오 6세의 허수아비 화형식을 치름 브르퇴이가 레오폴트 2세에게 프랑스에 군사개입 요청 아시냐 위조범에 관한 법 제정
6일	5리브르짜리 아시냐 발행
7일	국회에서 식민지 문제에 대해 토론 시작

	신앙의 자유 인정
8일	볼테르의 유해를 로미이Romilly 교회로 이송
9일	수동시민들의 청원, 집단적 청원을 금지하는 르 샤플리에 법안 토론
10일	국가 안보를 해치는 범죄를 심판할 최고법원 설치
15일	식민지 문제에 대한 토론 종결, 노예제 유지
16일	로베스피에르가 제헌의원의 입법의원 출마금지법을 제안
17일	파리 시정부가 코르들리에 수도원에서 같은 이름의 클럽을 추방
	5리브르짜리 아시냐 발행에 사용할 종이 제작
	동전 주조
18일	6억 리브르어치 아시냐 지폐 발행
20일	동전을 주조할 거푸집을 새로 장만할 때까지 옛 거푸집 사용
21일	조폐국의 조직, 금화와 은화 주조의 감독
22일	청원에 관한 르 샤플리에 법 통과
24일	국회는 혁명을 지지하는 아비뇽과 반혁명의 카르팡트라를 중재할 위원 세 명 선출
27일	83개 도에 대해 부동산세와 동산세 할당
28일	초대 입법의회 구성에 관한 법 제정
30일	국회는 볼테르의 유해를 팡테옹에 안장하기로 결정
6월 1일	국회 방청객의 정숙 의무 부과
2일	파리 형사법원 설치, 구성원의 급여 결정
	미합중국과 새로 무역협상 개시
4일	83개 도에 10만 명의 예비 병력 할당(해군 2만 5,000명, 육군 7만 5,000명)
5일	국회는 왕의 사면권 박탈
6일	5리브르짜리 아시냐 발행에 사용할 종이 제작
9일	아드리엥 뒤포르가 파리 형사법원장에 당선

10일	로베스피에르가 파리 형사법원 검사에 당선
12일	기초의회에서 입법의원 선출을 위한 선거인단 선거 시작
13일	입법의회 조직법 제정 모든 공무원에게 헌법에 대한 맹세 의무 부과
14일	동업조합 폐지, 노동자 파업과 동맹을 금지하는 르 샤플리에 법 통과
15일	식민지에 대한 국회 명령 아르투아 백작이 코블렌츠에 정착, 콩데 공은 보름스에 군대와 체류
19일	국회의 6억 리브르어치 아시냐 발행 명령
21일	자정부터 1시 사이 루이 16세 도주 시작, 밤 11시 이후 바렌에서 붙잡힘 왕의 도주소식을 들은 국회는 모든 사람, 물자, 무기, 탄약, 금은, 말과 마차의 국경 통과를 금지하는 명령을 각 도에 전달